ALDO ANTONICELLI

L'ODISSEA DELLA FREGATA LA REGINA (1838-1840)

Il viaggio di circumnavigazione del globo di un bastimento della Marina del Regno di Sardegna: cronaca di un fallimento

AUTORE

Aldo Antonicelli, nato il 15 dicembre 1951, diploma di perito industriale in telecomunicazioni. Da sempre interessato alla storia navale, in anni recenti ha approfondito con sistematiche ricerche d'archivio i suoi studi in materia. I suoi interessi comprendono in particolare la marina a vapore della metà del secolo XIX, l'evoluzione dell'artiglieria navale e la storia della Marina sabauda tra i secoli XVII e XIX, tematiche sulle quali ha pubblicato su riviste specializzate italiane ed estere diversi articoli. Collabora con le riviste Storia Militare, Mariner's Mirror e Bollettino dell'Ufficio Storico della Marina. Dal 2018 collabora con il "Laboratorio di Storia Marittima e Navale (NavLab) - Dipartimento di Antichità, Filosofia, Storia e Geografia - Università degli studi di Genova". È socio della "Society for Nautical Research" e della "Società Italiana di Storia Militare". È socio aggregato della sezione di Torino dell'ANMI (Associazione Nazionale Marinai d'Italia) Tra le sue pubblicazioni vi sono: *"A US privateer of 1812 in the Royal Sardinian Navy"*, The Journal of The Britannia Naval Research Association, vol. 4, n° 4, 2010, *"I cannoni di Lissa"*, Storia Militare n° 223, Aprile 2012. Albertelli Editore, *"L'Ariete corazzato Affondatore"*, Storia Militare n° 225, Giugno 2012. Albertelli Editore, *"The Compression Carriage or Hardy Carriage"*, The Mariner's Mirror, Journal of the Society for Nautical Research, vol. 99:3, Agosto 2013, Oxon, Gran Bretagna, *"From galleys to Square Riggers: The modernization of the navy of the Kingdom of Sardinia"*, The Mariner's Mirror, Journal of the Society for Nautical Research, vol. 102:2, May 2016, Routledge, Gran Bretagna, *"Le campagne antipirateria nel Mar Egeo della Marina del Regno di Sardegna tra il 1826 e il 1828"*, in Emiliano Beri (a cura di) *"Dal Mediterraneo alla Manica, contributi alla storia navale dell'età moderna"*, Società Italiana di Storia Militare, 2022, Nadir Media.

NOTE EDITORIALI

PUBLISHING'S NOTES

LICENSES COMMONS

RINGRAZIAMENTI

L'autore ringrazia il personale e i funzionari dell'Archivio di Stato di Torino, Sezioni Riunite e sezione di Corte, e della Biblioteca Reale di Torino per il loro generoso aiuto nel corso delle ricerche effettuate per la stesura di questo libro.

L'ODISSEA DELLA FREGATA LA REGINA (1838-1840)

Di Aldo Antonicelli. ISBN code: 97888932729475
Prima edizione marzo 2022 Code.: **SPS-096** Cover & Art Design: Luca S. Cristini & Anna Cristini

STORIA is a trademark of Luca Cristini Editore, via Orio 35/4 - 24050 Zanica (BG) ITALY. www.soldiershop.com

L'ODISSEA DELLA FREGATA LA REGINA (1838-1840)

Il viaggio di circumnavigazione del globo di un bastimento della Marina del Regno di Sardegna: cronaca di un fallimento

INDICE

INTRODUZIONE

Nel 1838, per decisione del re Carlo Alberto[1], la fregata *Regina* della Marina del Regno di Sardegna intraprese la circumnavigazione del globo.

La crociera si inquadrava nell'azione che il re aveva intrapreso allo scopo di promuovere quella che oggi definiremmo "l'immagine" del suo Regno presso le maggiori potenze europee, obiettivo da perseguire anche tramite l'invio delle navi della Marina al di fuori del bacino ristretto del Mediterraneo, nel quale, peraltro, già svolgevano l'importante opera di mostrare la bandiera e di proteggere il commercio nazionale.

La nave era al comando del capitano di vascello di 1° classe Giuseppe Albini; a bordo, oltre a due naturalisti, vi era anche il ventiduenne principe Eugenio Emanuele di Savoia-Carignano, che era stato avviato da giovanissimo ad una carriera nella Marina e che all'epoca aveva il grado di capitano di vascello di 1° classe.

La crociera avrebbe dovuto portare la fregata lungo la costa orientale dell'America del Sud e, una volta doppiato capo Horn, nell'Oceano Pacifico e nell'India britannica, da dove avrebbe poi fatto rotta per il Capo di Buona Speranza e da lì sarebbe tornata nell'Oceano Atlantico per rientrare poi a Genova dopo aver risalito la costa occidentale del continente africano.

La *Regina* non riuscì però a portare a termine la crociera e dovette far ritorno in patria dopo una lunghissima sosta nel porto brasiliano di Rio de Janeiro.

Nella peraltro assai scarsa letteratura dedicata alla storia della Marina del Regno di Sardegna dell'ottocento, poca attenzione è stata dedicata dagli studiosi alle finalità della crociera e ai motivi che ne provocarono l'interruzione.

Le prime sono genericamente indicate di carattere scientifico e naturalistico, con studio e raccolta di esemplari di fauna e vegetazione. I secondi sono invece semplicisticamente attribuiti ai danni riportati dalla nave nel corso di una forte tempesta che la colse quando si trovava a nord delle isole Falkland (o Malvinas secondo la dizione spagnola), danni che la costrinsero a riparare nel porto brasiliano di Rio de Janeiro e da lì, dopo una lunghissima sosta, a far rientro a Genova[2].

Dall'esame dei documenti relativi alla crociera conservati dall'Archivio di Stato di Torino, principalmente nei fondi "Ministero della Marina" e "Ministero per gli Affari Esteri del Regno di Sardegna", si evince invece come alle iniziali finalità di carattere scientifico e di promozione dell'immagine del Regno di Sardegna e di Casa Savoia, mostrando «la bandiera [del Regno di Sardegna] dove non è mai apparsa»[3] si aggiungevano altri due obiettivi: il pri-

---

1 Carlo Alberto (1798-1849) salì al trono il 27 aprile 1827 succedendo a Carlo Felice.

2 Si veda, ad esempio, Emilio PRASCA, *La Marina da guerra di Casa Savoia, dalle sue origini in poi*, Forzani & C., Roma, 1892, pag. 114, che parla genericamente di «avarie sofferte» e Lamberto RADOGNA, *Cronistoria delle unità da guerra delle Marine preunitarie*, Ufficio Storico della Marina Militare, Roma, 1981, p. 482; Pierangelo MANUELE, *Il Piemonte sul mare, La Marina sabauda dal medioevo all'Unità d'Italia*, L'Arciere, Cuneo, 1997, a pag. 152 riporta testualmente quanto scritto da Prasca. Curiosamente, le vere cause che provocarono la lunga sosta della *Regina* a Rio de Janeiro e il suo rientro a Genova sono invece riportate da studiosi non specialisti, quali Teresa ISEMBURG, *Viaggiatori naturalisti italiani in Brasile*, Milano 1989, pp. 30-31, e Antonio MOTTIN, Enzo CASOLINO in *Italianos no Brasil, Contribuições na Literatura e nas Ciências séculos XIX e XX*, EDIPUCRS, Porto Alegre, 1999, pag, 147.

3 MMQ I V, mazzo 3 ; ottobre 1838, *Projet d'Instrution pour M.re le Chev.r Albini Major General Commandant la Frégate La Reine*, f.to G. Des Geneys.

mo era quello di dare al principe Eugenio l'opportunità di acquisire una buona esperienza marinara, il secondo era una missione diplomatica e commerciale affidata dal Primo segretario, ossia ministro, degli Affari Esteri al capitano Albini. Su sua richiesta e con l'approvazione del re Carlo Alberto, il comandante della *Regina* era incaricato non solo di portare alle loro sedi i primi consoli che il regno di Sardegna inviava in Cile e in Perù, ma anche di ottenere il consenso delle Repubbliche dell'Ecuador e del Messico all'istituzione di consolati sardi nei porti, rispettivamente, di Guayaquil e di Acapulco; con queste due repubbliche avrebbe anche dovuto cercare di stipulare trattati commerciali che prevedessero reciproche condizioni doganali di favore per i mercantili battenti la bandiera sabauda e per le navi dei due stati sudamericani.

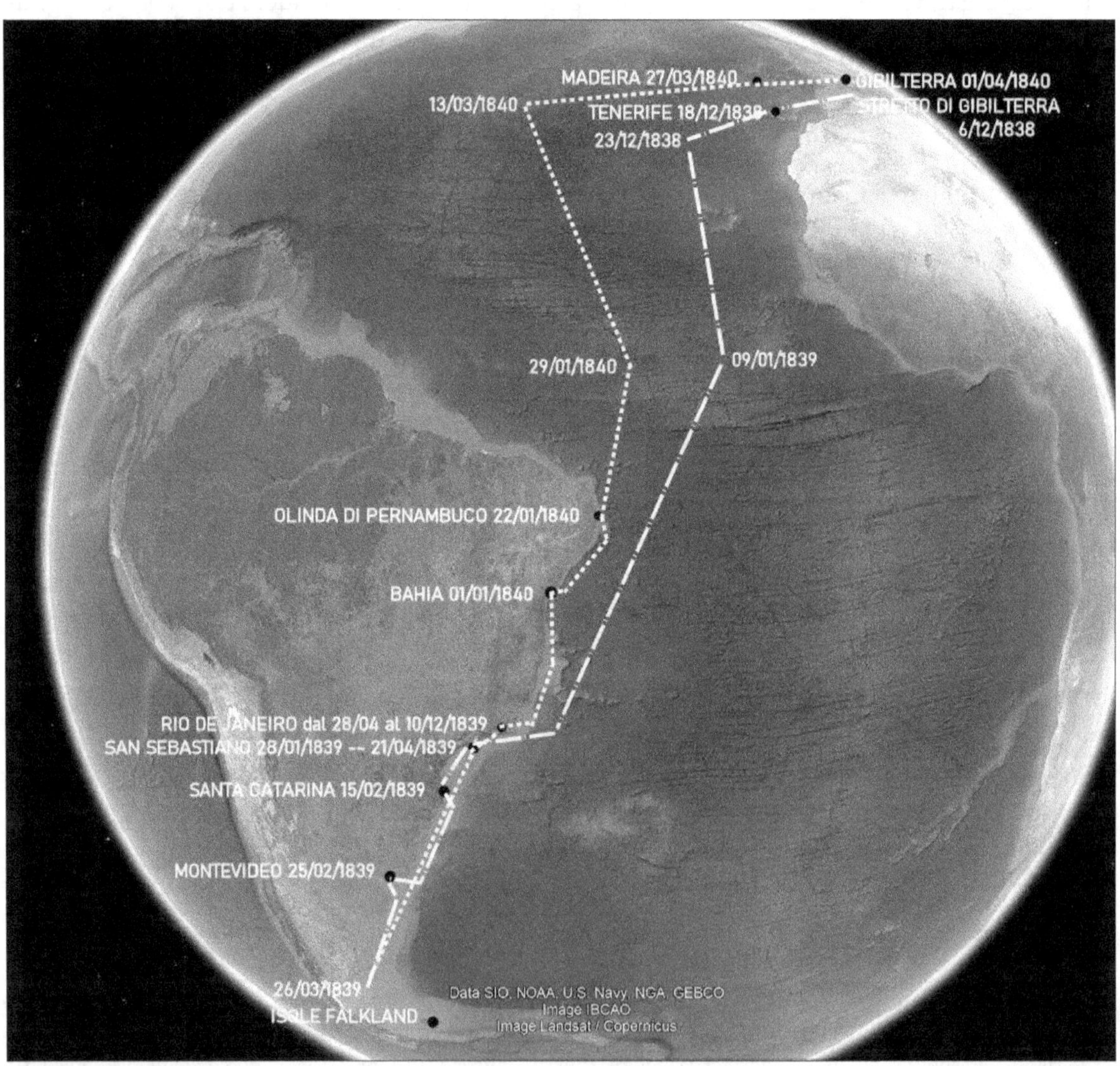

▲ **Figura 1** L'itinerario seguito dalla *Regina*. Il percorso di andata è indicato con la linea tratto-punto e quello di ritorno con la linea punteggiata.

Si trattava di un incarico che richiedeva un certo tatto e doti diplomatiche, in quanto all'epoca Carlo Alberto era riluttante a riconoscere ufficialmente le repubbliche nate dalle ex colonie spagnole dell'America centro-meridionale.
Per quanto riguarda invece l'interruzione del viaggio della fregata e il suo susseguente e inglorioso rientro a Genova, la relazione del viaggio compilata dall'Albini e l'abbondante corrispondenza intercorsa tra lui e l'Ammiragliato a Genova nel corso della permanenza della fregata a Rio de Janeiro, dimostrano che essa non fu causata dai danni subiti nel corso della tempesta che la colse, danni che furono abbastanza limitati e sarebbero stati facilmente riparabili nell'arsenale di Rio de Janeiro, ma i gravi e preesistenti problemi strutturali della nave che vennero alla luce durante i lavori di riparazione cui la fregata fu sottoposta nel porto brasiliano e i cui effetti avevano cominciato a manifestarsi fino dalle fasi iniziali della crociera. In particolare, si scoprì che il legno di una parte delle strutture interne ed esterne della carena era seriamente deteriorato (marcio come si diceva all'epoca) e non garantiva più la tenuta dei vari elementi strutturali dello scafo.
Il fatto che le cattive condizioni in cui si trovava lo scafo della *Regina* non fossero state rilevate durante i lavori di allestimento, causò un grave imbarazzo alle autorità della Marina e suscitò l'ira del sovrano che, come vedremo, giunse a parlare di un premeditato atto di sabotaggio.
Gli esaustivi e meticolosi rapporti inviati alla Segreteria degli Affari Esteri dal viceconsole Alessandro Alloat, reggente la Legazione del Regno di Sardegna a Rio de Janeiro, rivelano come la lunga permanenza a Rio de Janeiro del principe Eugenio abbia preoccupato sia la delegazione francese che il console generale del Regno di Napoli, entrambi timorosi che dietro di essa si celassero in realtà mire di casa Savoia per un matrimonio tra il principe e una delle sorelle dell'imperatore del Brasile Pedro II, sulle quali vi erano già delle mire francesi e borboniche.
Dai dispacci del viceconsole emerge anche che il comportamento dell'Albini non fu esente da ombre e che le difficoltà che si trovò ad affrontare nel corso delle riparazioni della sua nave lo portarono, nel tentativo di allontanare da sé ogni responsabilità circa le condizioni in cui si trovava la nave e la sua decisione di interrompere la crociera, ad immaginare inesistenti «complotti», orditi ai suoi danni dai rappresentanti del corpo diplomatico straniero residenti a Rio de Janeiro e dai responsabili dell'arsenale brasiliano, complotti il cui obiettivo sarebbe stato quello di costringerlo ad interrompere il viaggio. Alcune sue poco meditate affermazioni nei confronti del principe Eugenio, cui tentò, inutilmente, di attribuire una parte della responsabilità nella sua decisione di tornare a Genova, crearono anche sgradevoli attriti tra i due.
Le affermazioni del viceconsole sul carattere di Albini, che potrebbero essere attribuite ad un suo malanimo nei confronti dell'ufficiale, trovano invece una puntuale conferma nelle lettere scritte a suo fratello da uno degli ufficiali della *Regina*, il sottotenente di vascello marchese Giovanni Ricci. Ricci tratteggia un ritratto poco edificante del capitano della *Regina*, convalidando quanto scrisse Alloat, oltre a descrivere dettagliatamente lo stato di inquietudine dell'equipaggio ed alcuni gravi episodi di indisciplina, malamente gestiti da Albini, dei quali quest'ultimo non fece assolutamente menzione sia nei dispacci inviati all'Ammiragliato che nel resoconto finale della crociera che compilò al ritorno a Genova.

Il fallimento della crociera ebbe importanti effetti per la Marina: la scoperta delle cattive condizioni in cui si trovava la fregata e il disappunto del re costrinsero il suo Comando a esaminare lo stato delle altre unità, con la scoperta che anch'esse presentavano più o meno gravi problemi strutturali. Oltre a dare impulso ad una importante, e costosa, attività di raddobbo, lo stato di deperimento delle navi della squadra fu la molla che a distanza di pochi anni portò alla realizzazione del bacino di carenaggio nel porto di Genova, il primo costruito in Italia, una struttura indispensabile per effettuare in sicurezza i raddobbi e il carenaggio dei bastimenti. La realizzazione di questa struttura, importante non solo per la Marina militare ma anche per quella mercantile, si può quindi considerare una conseguenza diretta e positiva del peraltro umiliante fallimento della crociera di circumnavigazione del globo della fregata *Regina*.

CAPITOLO 1
LA MARINA DEL REGNO DI SARDEGNA

Con l'annessione al Regno di Sardegna della ex Repubblica di Genova, sancita nel 1814 dal Congresso di Vienna, al vice-ammiraglio conte Giorgio Andrea Des Geneys[4] fu affidato il compito di ricostruire la Marina sabauda, che nel periodo dell'esilio della casata in Sardegna si era ridotta a pochi piccoli bastimenti a propulsione mista vela/remi, per metterla in grado di proteggere le coste e il commercio marittimo dello Stato dagli attacchi dei corsari delle Reggenze barbaresche di Tripoli, Tunisi ed Algeri.

Nonostante finanziamenti sempre molto ridotti, in quanto il grosso delle spese dello stato sabaudo andava all'esercito, Des Geneys riuscì in pochi anni a creare una squadra di navi a vele quadre e d'alto bordo di tutto rispetto, pur nei limiti di una marina di secondo ordine. Nel 1819 la squadra sabauda era composta dalle due grandi fregate *Commercio di Genova* e *Maria Teresa* da 58 cannoni, la più piccola *Cristina* da 38 o 40 cannoni, le corvette *Tritone* da 20 cannoni e *Nereide* da 16 o 18 cannoni, oltre ad alcuni bastimenti minori, golette-cannoniere, cannoniere, scorridori e quattro ormai obsolete mezze-galere. Tutte queste unità furono progettate dall'ingegner Giacomo Biga[5] che ne diresse la costruzione nel Cantiere della Foce, il cantiere navale realizzato a Genova dal governo francese alla foce del torrente Bisagno che fu preso in carico dalla Marina sabauda.

In quegli anni il Regno di Sardegna si avvalse spesso dall'appoggio britannico per concludere trattati di pace con le Reggenze e per risolvere eventuali contenziosi insorti con esse[6]. Nel 1825 però, per risolvere una divergenza insorta con la reggenza di Tripoli, fu deciso il ricorso alla forza e fu inviata una squadra composta dalle fregate *Commercio di Genova* e *Cristina*, dalla corvetta *Tritone* e dal brigantino *Nereide* al comando del capitano Sivori; nella notte tra il 27 e il 28 ottobre del 1825 nove lance della squadra attaccarono il porto di Tripoli e diedero alle fiamme un brigantino e due golette beilicali. Il giorno successivo, il Bey accettò di trattare e la disputa fu risolta.

L'anno precedente l'ambasciatore sabaudo in Gran Bretagna aveva comunicato che il Governo britannico aveva la sensazione che il governo sabaudo si affidasse troppo alla sua protezione e trascurasse di aumentare le sue difese navali, e avvertì che era sempre possibile che con il mutare delle condizioni politiche l'appoggio britannico potesse venire a mancare[7].

---

4 Giorgio Andrea Agnés Des Geneys (1762-1839). Entrato nella Marina sabauda nel 1773, Des Geneys partecipò alla guerra contro la Francia rivoluzionaria. Nel 1798 seguì i Savoia nell'esilio in Sardegna, dove gli fu affidato il comando di ciò che rimaneva della Marina sabauda, composta perlopiù di unità a remi. La sua vigorosa azione nella difesa, non sempre vittoriosa, dell'isola dagli attacchi dei corsari barbareschi gli guadagnò la fiducia di Vittorio Emanuele I e un grande prestigio.

5 Giacomo Biga (1760-1827) lavorò nell'Arsenale di Napoli, per la Repubblica Romana, per l'Arsenale di Venezia, per la Repubblica Italiana e per il Regno d'Italia per poi divenire ingegnere costruttore in capo del Genio Navale della Marina Sarda. *Dizionario Biografico dei Liguri*, I, Genova, Consulta Ligure, 1992, p. 574. Su cortese segnalazione di Paolo Giacomone Piana.

6 MPE, Trattati, Trattati diversi, 1° addizione, mazzo 5; *3, 17 e 29 aprile 1816 Trattati di pace e di amicizia tra S.M. e le Reggenze di Algeri, Tunisi e Tripoli conclusi e firmati a nome di S.M. da Lord Exmouth ammiraglio del Re della Gran Brettagna* [sic] *e relative dichiarazioni dei Bey di Tunisi e di Tripoli.*

7 MPELM, Gran Bretagna, mazzo 108; 21 settembre 1824, San Martino di Agliè a Sallier de la Tour, Primo Segretario di Stato per gli Affari Esteri.

In tempi molto rapidi, con l'approvazione del re Carlo Felice, a dicembre del 1824 fu autorizzato un programma navale che prevedeva la costruzione nel periodo 1825-1829 di due fregate di primo rango, due da 44 cannoni e di due corvette o brigantini[8].

Nel 1827 fu completata la prima corvetta, l'*Aurora* da 20 cannoni. L'anno successivo entrarono in servizio le due fregate *Beroldo* e *Haute Combe*, il cui armamento era stato aumentato da 44 a 50 cannoni[9]; nel 1828 fu completata la seconda corvetta, l'*Euridice* da 44 cannoni[10], che subito dopo fu riclassificata fregata di terzo rango, e nel 1829 le due fregate gemelle di primo rango *Carlo Felice* e *Regina*, da 60 cannoni[11], tutte costruite nel Cantiere della Foce. Poiché l'ingegner Biga morì improvvisamente di polmonite a gennaio del 1827, non è chiaro chi effettivamente progettò i bastimenti, ma è probabile che sia stato il Biga stesso, mentre il suo successore, l'ingegnere Filippo Deleve[12], ne curò la costruzione e il completamento.

Il rafforzamento della squadra fu però solamente temporaneo, in quanto pochi anni dopo si dovettero radiare le ormai vecchie fregate *Commercio di Genova*, *Maria Teresa* e *Cristina*. A differenza delle fregate utilizzate durante le guerre napoleoniche, che avevano l'armamento principale d'artiglieria collocato sul ponte di coperta, con alcuni pezzi di calibro inferiore posti sul cassero e sul castello, le fregate della Marina sarda appartenevano ad un nuovo tipo introdotto nelle principali Marine a partire dal 1815-'18, che era dotato di due batterie d'artiglieria complete, una sul ponte coperto di batteria e una sul soprastante ponte di coperta, che era il risultato del raccordo di quelli che sulle fregate di vecchio tipo erano stati il cassero e il castello[13].

Tra il 1834 e il 1837 alle unità a vela furono aggiunti due battelli a vapore a ruote, gli avvisi *Gulnara*, costruito in Gran Bretagna, e *Ichnusa*, costruito nel cantiere della Foce ma dotato di macchine acquistate in Gran Bretagna. Unità di scarso valore bellico, inizialmente furono armati solo con pochi cannoni di piccolo calibro, erano utilizzate per il trasporto di posta, passeggeri e merci tra Genova e la Sardegna.

Des Geneys rimase il Comandante in Capo della Marina sabauda fino alla sua morte[14]. Nonostante i suoi indubbi meriti, i suoi biografi sono concordi nel descriverlo come un uomo dal carattere autoritario e dispotico, insofferente di ogni opposizione, cosa che impedì la crescita di ufficiali dotati di intraprendenza e capaci di assumersi responsabilità e che fossero in grado di sostituirlo. Inoltre negli ultimi anni di vita le sue capacità mentali si affievolirono e si circondò di adulatori, scartando per le cariche più importanti ufficiali capaci in favore di altri meno abili ma raccomandati da coloro che gli erano più vicini.

Una prova che le promozioni degli ufficiali venissero richieste da Des Geneys anche per

8 FMM, Regi Viglietti, registro 138, 22 dicembre 1824.

9 Nel 1831 l'*Haute Combe* fu ribattezzata *Des Geneys* in onore del comandante della Marina.

10 Ferdinando SANFELICE DI MONTEFELTRO, *I Savoia e il mare*, Cosenza, Rubettino Editore, 2009, pag. 84, trattando di questo gruppo di nuove costruzioni non cita l'*Euridice* ma una inesistente *Cuvidia*.

11 MMQ I V, mazzo 33; 13 novembre 1835, *Quadro dei bastimenti componenti la R.a Squadra armata, sotto gli ordini del Sig. contrammiraglio Conte Serra.*

12 L'ingegnere Filippo Deleve fu nominato "sotto ingegnere costruttore di 2° classe" il 29 dicembre 1827.

13 Come nel caso della *Regina* e del *Carlo Felice*, le fregate di nuovo tipo "a due batterie" potevano avere a poppa un corto cassero.

14 Il comando Generale della Marina e alcuni dei suoi uffici amministrativi avevano sede a Genova nel palazzo Ronco, sito in via Ponte Reale. Nello stesso palazzo si trovava la residenza personale dell'ammiraglio Des Geneys; in seguito al trasferimento dell'Ammiragliato in altra sede, il palazzo Ronco divenne l'Albergo Feder. Attualmente è un casa d'abitazione privata.

motivi che poco avevano a che fare con le loro capacità viene da un memorandum contenente le sue annotazioni sul carattere e le capacità di tutti gli ufficiali della Marina: del capitano di Vascello di 1° classe Giuseppe Albini, Des Geneys annotò che, nonostante la sua grande anzianità nel grado, era dispiaciuto di non potergli concedere la promozione che sotto tutti gli aspetti meritava, e sperava che il re gli avrebbe dimostrato il suo favore, anche perché «il a à sa charge une nombreuse famille»[15].

Des Geneys morì l'8 gennaio 1839, dopo pochi giorni di malattia; per qualche mese il comando della Marina fu affidato provvisoriamente al contrammiraglio Luigi Serra e da giugno, definitivamente, al vice-ammiraglio Alberti di Villanova.

L'influenza che Des Geneys esercitava risulta evidente dall'esame della corrispondenza del Primo Segretario (ministro) di Guerra e Marina con l'Ammiragliato: con Des Geneys vivente, il ministro generalmente si limita a fare da tramite tra lui e il sovrano, permettendosi al massimo di suggerire o consigliare qualcosa all'Ammiraglio. Con i suoi successori, invece, quasi improvvisamente il ministro diviene molto più propositivo e autorevole, impartisce disposizioni ed entra decisamente anche nei dettagli dell'organizzazione, del materiale e delle operazioni della Marina.

Anche se in generale erano ottimi marinai, gli ufficiali della Marina costituivano un corpo chiuso, poco permeabile da stimoli esterni. È impietoso il ritratto che ne dà Gonni:

> «il corpo degli ufficiali della Marina Sarda dal 1815 era cresciuto nel suo tecnicismo nautico, chiuso, isolato da ogni influenza che al corpo medesimo non appartenesse; che non aveva mai agito se non a proprio talento come se fosse fine a sé stesso, senza aver mai tollerato che giudici estranei alla propria cerchia ne potessero sindacare l'operato»

Gonni prosegue affermando che Des Geneys, alla sua morte, lasciò in eredità «la tradizione del regime personale e di una disciplina di carattere arbitrario, principale fonte di dissensi e discordie incontinenti.»[16].

Gli ufficiali provenivano da tutti le regioni del regno sabaudo. Nel 1840, su 71 ufficiali compresi tra il grado di guardiamarina di 2° classe e quello di capitano in 2° di vascello (esclusi quindi quattro capitani di fregata, sette capitani di vascello e 2 contrammiragli) 18 risultavano nati a Genova e 2 nel resto della Liguria, 14 nella contea di Nizza, 6 a Torino e 12 nel resto del Piemonte, 11 in Sardegna, dei quali 4 a Cagliari, 1 nell'isola della Capraia e 6 in quella della Maddalena, 1 in Savoia. Vi era infine un ufficiale nato in Toscana e sei nati all'estero, ma dei quali alcuni erano sicuramente di nazionalità italiana.

Sottufficiali e marinai erano riuniti nel Corpo Reale Equipaggi e nella Compagnia Artiglieri di Mare, che a gennaio del 1839 contava 1.427 tra ufficiali, sottufficiali, marinai e artiglieri. Vi erano inoltre il battaglione di fanti di Marina Real Navi con 752 effettivi e il Corpo Artiglieria da Costa che contava 131 unità. Infine vi erano i 113 operai delle maestranze dell'Arsenale e dell'Artiglieria navale.

La maggior parte dei sottufficiali e dei marinai provenivano dalla Liguria, dalla Contea di Nizza e dalla Sardegna; i sardi erano prevalentemente originari delle isole La Maddalena e Capraia.

15 MMQ IV, mazzo 29; 12 agosto 1837, Des Geneys, *Proposition pour les Officiers du Corps Royal Equipages.*
16 Giuseppe GONNI, *Cavour Ministro della Marina*, Zanichelli, Bologna, 1926, pp. 15-16.

Percentualmente, la provenienza dei circa 1.138 marinai arruolati tra il 1828 e il 1833 risulta così suddivisa: 21,7% Sardegna, 12,9% Genova città, 44,8% resto della Liguria, 14,5% Contea di Nizza (Nizza e Villafranca), 1,5% Piemonte e Savoia; il 4,6% proveniva da stati esteri, sia italiani che europei.

Fino al 1834 le operazioni della Marina sabauda furono limitate al Mediterraneo, dove peraltro i suoi bastimenti furono molto attivi, sempre però nel quadro di un bilancio molto risicato che limitava al massimo le unità che di anno in anno erano poste in armamento e la durata dei periodi di armamento stessi.
Le unità sarde furono ampiamente impiegate per mostrare la bandiera e in visite nei porti delle Reggenze barbaresche a scopo intimidatorio e di deterrenza, in crociere di protezione delle coste dello stato per contrastare veri o presunti progetti di sbarco di fuoriusciti politici sardi e italiani e per trasportare il personale consolare nelle nuove sedi che la Segreteria per gli Affari Esteri andava via via stabilendo nelle principali città e porti del Mediterraneo, in particolare nelle Reggenze e nel Levante, arrivando fino ad Odessa quando un accordo commerciale negoziato con la Sublime Porta con l'intermediazione britannica aprì il Mar Nero al commercio marittimo genovese[17].
Tra il 1826 e il 1828 alcune unità furono inviate nelle acque dell'arcipelago greco per proteggere i bastimenti nazionali che commerciavano con gli scali del Mar Nero dagli attacchi dei pirati greci che, nel corso della guerra di liberazione dalla dominazione ottomana, attaccavano e depredavano i mercantili di qualsiasi nazione. Si trattò comunque di crociere che durarono cinque o sei mesi al massimo e solitamente i bastimenti facevano ritorno a Genova quando terminavano le scorte di provviste poiché, per motivi di risparmio, i comandanti non erano autorizzati ad acquistare viveri in loco.

17 25 ottobre 1823, T*rattato di amicizia e commercio fra S.M. il Re di Sardegna e S.M. Imperiale Mahmud, Imperatore di Turchia* e *Nota ufficiale della Porta Ottomana, rimessa a S.E. Lord Strangford, Ambasciatore d'Inghilterra, e Plenipotenziario di S.M. il Re di Sardegna, sulla libera navigazione dei bastimenti sardi nel Mar Nero* in *Raccolta dei trattati e delle convenzioni commerciali in vigore tra l'Italia e gli Stati stranieri, compilata per cura del Ministero per gli Affari esteri di S.M. il Re d'Italia*, G. Favale e Comp.,Torino, 1862, pp. 58-64. Edoardo GAUTIER DI CONFIENGO, «Viaggi e missioni della Marina del Regno di Sardegna (1815-1861)» in *Atti del convegno La Marina dal Regno di Sardegna al Regno d'Italia*, Roma, 2009, Ufficio Storico della Marina Militare, p. 32.

CAPITOLO 2
LE PRIME CROCIERE OCEANICHE DELLA MARINA DEL REGNO DI SARDEGNA

Nel 1834 ebbe luogo la prima importante crociera di un bastimento della Marina del Regno di Sardegna al di fuori del Mediterraneo.

La fregata *Des Geneys*, al comando del capitano di vascello Tito Olzati, si recò a Rio de Janeiro per portarvi il conte Palma di Borgofranco, incaricato di affari e console generale in Brasile, e il viceconsole Alessandro Alloat. Dopo aver sbarcato il diplomatico, Olzati aveva ordine di recarsi a Buenos Aires e a Montevideo per prendere informazioni sulla situazione politica, economica e commerciale degli stati sudamericani, sul numero di soggetti nazionali che vi si erano stabiliti e sulle condizioni della navigazione mercantile sarda. Sulla via del ritorno, avrebbe dovuto visitare i porti brasiliani di Bahia e di Pernambuco.

Salpato da Genova il 25 febbraio, il *Des Geneys* giunse a Rio de Janeiro il 3 maggio; il 23 ripartì alla volta di Montevideo, dove sostò per un mese per riparare o sostituire alcune parti dell'alberatura che si erano danneggiate o spezzate nel corso della navigazione, un problema che si presentò diverse volte nel corso della permanenza del bastimento nelle acque sudamericane. Ritornato a Rio de Janeiro, il 9 settembre iniziò il viaggio di ritorno e giunse a Genova il 12 dicembre. Fu la crociera di maggior durata compiuta fino ad allora da un bastimento della Marina sabauda.

Il compito affidato al conte Palma non era «tanto di annodare con quel governo [del Brasile] particolari politiche relazioni [ma di] favorire ed estendere il più che si può il commercio dei Regi stati con quella parte delle Americhe» in modo da offrire ai sudditi sabaudi un'alternativa alle possibili perdite che avrebbero sofferto nel commercio mediterraneo a causa dalla nascita del Regno di Grecia[18].

L'incaricato d'affari comunicò che la navigazione commerciale nazionale in Brasile era molto attiva ma soffriva perché il monopolio sulle esportazioni di prodotti brasiliani esercitato dalle marinerie britannica e statunitense rendeva praticamente impossibile ai bastimenti sardi che trasportavano in Brasile i prodotti di esportazione nazionali trovare dei carichi per il viaggio di ritorno ; secondo Palma per agevolare il commercio marittimo sardo sarebbe stato urgente stabilire uffici consolari negli stati del Rio della Plata[19]. Il suo suggerimento fu accolto e nel 1835 venne stabilito il consolato sardo a Buenos Aires e nel 1836 quello a Montevideo.

Palma scrisse anche che in Brasile molti bastimenti sardi si dedicavano alla tratta degli schiavi negri che era tacitamente consentita dal governo brasiliano, ma Des Geneys precisò che, secondo le informazioni che aveva ricevuto, si trattava di bastimenti che avevano bandiera brasiliana o delle repubbliche sudamericane anche se gli equipaggi della maggior parte di essi erano molto probabilmente costituiti da «sudditi sardi vagabondi che purtrop-

18 Consolati nazionali in genere, Brasile, mazzo 7; 3 febbraio 1834, cit. in Mariano SACCHI, *La costruzione della rete consolare sarda nelle Americhe 1815-1860*, Annali della Fondazione Luigi Einaudi n° 40 (2006), p. 350.
19 FMM ADC, mazzo 294; 5 settembre 1834, Palma di Borgofranco a Des Geneys.

po si trovano numerosi»[20]. L'Ammiraglio era dell'opinione che sarebbe stato utile mantenere permanentemente di stazione in quei mari un bastimento anche piccolo della Marina per reprimere il traffico negriero, una misura che fu suggerita anche da Olzati. In alternativa sarebbe stato proficuo ripetere la crociera sia per sorvegliare la regolarità dei comportamenti dei capitani mercantili sia per aumentare il rispetto dei governi e dei commercianti sudamericani nei confronti dei naviganti e dei commercianti sardi[21].

Come riferì Olzati nella sua relazione finale sulla crociera, l'arrivo della fregata sarda nei paesi sudamericani aveva avuto non solamente un'influenza vantaggiosa sul commercio nazionale ma aveva anche dato prestigio alla bandiera dello Stato, grazie anche alle numerose visite che l'ufficiale aveva fatto ai governanti degli Stati visitati[22].

A Rio de Janeiro Olzati fu ricevuto dal ministro degli Esteri e dal giovane imperatore Pedro II[23]; a Montevideo dal presidente dell'Uruguay e a Buenos Aires[24] dal ministro di Guerra e Marina e degli Affari Esteri, seppure in forma privata.

Nel 1836 un secondo bastimento sardo, la fregata *Euridice* al comando dal capitano di fregata Francesco Serra, intraprese una lunga crociera nelle acque dell'America Meridionale. Poiché gli scopi della sua missione, che vennero discussi tra il re e Des Geneys, furono all'origine della successiva decisione di inviare un bastimento della Marina a compiere la circumnavigazione del globo, è opportuno soffermarcisi brevemente.

All'inizio dell'anno Carlo Alberto decise di inviare una fregata nelle acque dell'America Settentrionale e Meridionale per «la protection du Commerce et l'instruction des Officiers et Marins de son escadre». Des Geneys riteneva però inutile inviare la fregata nel Nord America in quanto il suo commercio marittimo era monopolizzato dalle marinerie degli Stati Uniti, della Francia e dell'Inghilterra, con le quali i commercianti sardi non avrebbero potuto mettersi in concorrenza. La visita dei porti statunitensi pertanto non avrebbe portato alcun beneficio commerciale anche se sarebbe stata comunque utile all'istruzione degli ufficiali, mentre i porti che presentavano un maggior interesse dal punto di vista commerciale erano quelli dei nuovi stati e repubbliche del Centro e del Sud America.

L'ammiraglio propose a Villamarina due possibili itinerari da sottoporre all'approvazione di Carlo Alberto. Nel caso in cui il sovrano avesse deciso di inviare comunque la fregata negli Stati Uniti, l'itinerario prevedeva che la nave facesse scalo nei principali porti della costa orientale degli Stati Uniti per poi recarsi a Buenos Aires e a Rio de Janeiro e quindi intraprendere il viaggio di ritorno. Se il re avesse invece deciso di rimandare la visita degli Stati Uniti ad una missione successiva, la fregata avrebbe dovuto recarsi direttamente in Brasile e fare scalo a Rio de Janeiro, Montevideo e Buenos Aires per poi doppiare Capo Horn e toc-

---

20 Ivi; 31 luglio 1834 n° 2.056, da Des Geneys al Primo Segretario di Guerra e Marina Emanuele Pes di Villamarina.

21 MAE, divisione 3, Rapporti con le autorità interne del Regno centrali o periferiche, Guerra e Marina, Lettere ricevute, Copialettere, Protocolli, Ammiragliato, Corrispondenza, mazzo 1449; 1° gennaio 1835, Des Geneys a Villamarina.

22 Ibidem; 1° gennaio 1835, Des Geneys a Solaro; trasmette il rapporto completo del 16 dicembre 1834 del comandante del *Des Geneys*. Nel suo rapporto Olzati si dilungò molto anche su quali tra i prodotti d'importazione più necessari in Brasile fossero quelli che avrebbero potuto essere forniti dal commercio sardo.

23 Pedro II (1825- 1891) divenne imperatore del Brasile all'età di 6 anni in seguito all'abdicazione del padre, Pedro I; venne posto sotto la tutela prima di un Consiglio di Reggenza e poi di un Reggente unico eletto dal Parlamento. Una legge appositamente approvata abbassò l'età in cui sarebbe stato dichiarato maggiorenne da 18 a 15 anni e nel 1840 salì ufficialmente al trono.

24 Mentre il *Des Geneys* era ormeggiato a Montevideo, Olzati si recò a Buenos Aires accompagnato da alcuni dei suoi ufficiali a bordo di un bastimento britannico; nel corso della sua permanenza concorse a risolvere alcune liti legali, sia tra commercianti locali e alcuni capitani nazionali che tra gli stessi capitani nazionali.

care i porti cileni di Callao e Valparaiso e i porti della California, che erano «seules contrées de cette partie du nouveau monde les plus fréquentes par nos Bâtiments de Commerce».

Una volta visitata la California, il comandante sarebbe stato libero di decidere quale rotta seguire per far ritorno in patria, scegliendo se dirigere verso sud, doppiare nuovamente Capo Horn e attraversare l'Atlantico, oppure se attraversare il Pacifico, recarsi alle Indie Orientali e poi doppiare il Capo di Buona Speranza e risalire la costa occidentale dell'Africa[25].

Il secondo itinerario dava quindi facoltà al comandante della fregata di decidere se effettuare una vera e propria circumnavigazione del globo.

Per quanto riguardava la fregata da utilizzare, data la lunghezza della crociera Des Geneys propose l'*Euridice* sia perché essendo di 3° rango aveva un equipaggio numericamente inferiore a quelli delle più grandi fregate di 1° e 2° rango, cosa che avrebbe consentito un notevole risparmio nelle paghe e nelle provviste[26], sia perché ad un «équipage moins nombreux réunit toutes les qualités nautiques propres à cette longue et sourient orageuse navigation.»[27]. Per comandarla fu scelto Serra in base alla turnazione al comando tra i capitani di fregata[28].

La decisione finale di Carlo Alberto fu di limitare la crociera della fregata alla costa orientale del Sud America, poiché il commercio nazionale con le Indie orientali non aveva ancora raggiunto uno sviluppo tale da richiedere la visita di un bastimento da guerra in quell'area. Lo scopo principale della missione sarebbe stato quello di porre fine agli atti di «brigantaggio» (intendendo probabilmente il contrabbando) ai quali si dedicavano alcuni capitani nazionali ai danni dei loro armatori[29].

Le istruzioni definitive compilate da Des Geneys per il comandante Serra prevedevano perciò che l'*Euridice* costeggiasse le coste orientali dell'America meridionale dall'equatore fino al 46° o 47° grado di latitudine sud, ossia dalla foce del Rio delle Amazzoni a quella del Rio della Plata, salvo portarsi ancora più a sud qualora Serra avesse avuto notizia dell'esistenza di un commercio sardo con i porti della Patagonia. Comunque per quanto riguardava le località brasiliane in cui recarsi Serra avrebbe dovuto consultare Palma e aderire a sue eventuali richieste sempre che esse non fossero contrarie alle istruzioni.

Per quanto riguardava la durata della crociera, Des Geneys indicò a Serra un limite di 15 mesi, compresi i tre circa che avrebbe impiegato a ritornare in patria. Come data di ritorno fissò quindi la fine di settembre o l'inizio di ottobre 1837, salvo che circostanze particolari e impreviste non avessero richiesto il prolungamento della sua permanenza in Sud America.

25 FMM ADC, mazzo 295; 25 febbraio 1836 n° 603, Des Geneys a Villamarina. Le intenzioni e le decisioni di Carlo Alberto in materia di Marina possono essere solamente dedotte dai riferimenti che ad esse si fa nella corrispondenza tra il Comando Generale della Marina (l'Ammiragliato) e i vari ministeri. Nel fondo Ministero della Marina dell'ASTo non si trovano infatti note o lettere provenienti dal sovrano.

26 FMM RSM, registro 353; 21 maggio 1836, relazione n° 58 bis. I registri delle relazioni a S.M. contengono la raccolta delle relazioni presentate al re dal ministro di Guerra e Marina in sede di Consiglio di Conferenza. «Istituito nel 1815, il Consiglio di Conferenza dei ministri era un organo consultivo del quale facevano parte i ministri dell'interno, degli esteri e di guerra, nonché i ministri di Stato che il sovrano avesse ritenuto opportuno farvi intervenire in relazione alle materie trattate. Nel 1817 si aggiunse anche il ministro delle finanze, nel 1818 il consiglio fu posto sotto la diretta presidenza del sovrano. Il consiglio fu regolarmente riunito dal gennaio 1832, con l'ascesa al trono di Carlo Alberto, e dotato di un nuovo regolamento», Archivio di Stato di Torino. Alla partenza da Genova alla volta del Sud America l'*Euridice* aveva un equipaggio di 280 uomini; una fregata di 1° rango quale il *Carlo Felice* aveva invece fino a 400 uomini di equipaggio.

27 FMM ADC, mazzo 295; 25 febbraio 1836 n° 603, Des Geneys a Villamarina.

28 FMM RSM, registro 353; 4 giugno 1836, relazione n° 59.

29 FMM ADC, mazzo 295; 25 febbraio 1836 n° 603, nota di pugno del Ministro a margine.

Per consentire al maggior numero possibile di ufficiali di ampliare le proprie conoscenze professionali approfittando di quella «non ordinaria spedizione», oltre a quelli previsti dalle tabelle d'armamento Des Geneys dispose che ne fossero imbarcati due o tre in soprannumero ed altrettanti allievi della Scuola di Marina[30].
Carlo Alberto intervenne personalmente nella fase preparatoria della crociera perché voleva che essa, oltre agli obiettivi commerciali, diplomatici e di addestramento, avesse anche una valenza scientifica. Quando Villamarina a maggio gli sottopose per l'approvazione le istruzioni che Des Geneys aveva preparato per il capitano Serra, il re lo incaricò di informare per il tramite del ministro per gli Affari Interni, Carlo Beraudo di Pralormo, l'Accademia delle Scienze e l'Università di Torino della prossima partenza dell'*Euridice* e dell'itinerario che avrebbe seguito, affinché i due istituti potessero valutare se incaricare il suo comandante di qualche ricerca scientifica oppure se inviare un naturalista o uno studioso per raccogliere informazioni e campioni di interesse naturalistico «ad esempio di quanto praticasi dai Governi Esteri in simili circostanze...e perché siano proficue simili bellissime ed altrettanto utili straordinarie missioni.»[31].
A metà luglio Villamarina comunicò alla Segreteria delle Finanze che il sovrano lo aveva informato di aver concesso l'autorizzazione ad imbarcarsi sull'*Euridice* in qualità di naturalista e con trattamento da ufficiale il sig. Verany, che Carlo Alberto pochi mesi prima aveva ricevuto in udienza particolare nel corso del suo soggiorno a Nizza Marittima[32].
Nella corrispondenza tra i ministri e l'Accademia delle Scienze relativa alla crociera dell'*Euridice* non si fa cenno al naturalista nizzardo; non è possibile quindi comprendere se Verany sia stato scelto personalmente dal sovrano in base alla sua conoscenza diretta dello studioso oppure se gli sia stato segnalato dall'Accademia delle Scienze o dal professor Giuseppe Gené, docente di Zoologia all'Università di Torino e direttore del Museo di Zoologia dell'ateneo torinese, che ebbe Verany come aiutante e allievo quando questi era diciannovenne. L'episodio dimostra comunque l'interesse del sovrano per la scienza e la storia naturale che lo porterà in seguito a decidere di inviare un bastimento della Marina a compiere la circumnavigazione del globo[33].
L'Accademia delle Scienze di Torino preferì invece affidare il compito di effettuare una serie di rilevamenti barometrici e della declinazione magnetica, oltre a rilevare regolarmente le temperature dell'aria e dell'acqua, al capitano Serra. Allo scopo, l'Accademia fornì a Serra

30 FMM RSM, registro 353; 21 maggio 1836, relazione n° 58 bis.
31 FMM CL, registro 295; 25 maggio 1836 n° 296, da Villamarina a Des Geneys e n° 297, da Villamarina a Pralormo.
32 FMM CL, registro 295; 14 luglio 1836 n° 434, da Villamarina alla Regia Segreteria delle Finanze. Carlo Alberto visitò la Riviera di Ponente e la città di Nizza Marittima tra il 6 e il 24 aprile, soggiornando a Nizza tra il 12 e il 24. Il 23 ricevette in udienza «un jeune naturaliste fort distingué nommé Verani [sic], qui a formé [a Nizza] un Cabinet d'Histoire naturelle assez remarquable.» Il giovane scienziato, che all'epoca era impiegato a Nizza come "saggiatore del marchio", gli sottopose alcuni suoi disegni di molluschi che si trovavano lungo la costa, alcune specie dei quali aveva identificato per la prima volta, disegni che il re trovò «fort intéressant»; Francesco SALATA, *Il Diario di due viaggi di Re Carlo Alberto nel 1836*, Società Nazionale per la Storia del Risorgimento - Comitato Piemontese, Chiantore, Torino, 1932, p. 45. Giovanni Battista Verany (1800-1865). Inizialmente si interessò di ornitologia ma poi si dedicò allo studio degli animali marini e in particolare dei cefalopodi; aprì a Nizza un piccolo museo privato di storia naturale. Quando fu ricevuto in udienza, Verany non era del tutto sconosciuto a Carlo Alberto, poiché pochi anni prima gli aveva inviato alcuni uccelli da lui impagliati, ricevendone in cambio una lettera di elogio e una tabacchiera d'oro, Michele LESSONA, *Conversazioni Scientifiche*, Treves, Milano, 1869, pp 67-69. Fu membro corrispondente dell'Accademia delle Scienze di Torino. Le raccolte di Verany confluirono nel 1863 nel Museo di Storia Naturale di Nizza
33 Nel 1837 Carlo Alberto inviò un naturalista all'isola della Capraia per «compléter l'ouvrage du docteur Morris sur la Sardaigne»; Francesco SALATA, *Carlo Alberto inedito, il diario autografo del re,* Mondadori, Milano, 1931, pp. 341-42.

una serie di strumenti scientifici fatti costruire appositamente, con le relative istruzioni per l'uso[34]. Il marchese Lascaris di Ventimiglia, vicepresidente dell'Accademia, fece anche imbarcare sull'*Euridice* due casse di bottiglie e due botti contenenti vino piemontese allo scopo di verificare se il vino, che costituiva «uno dei più ricchi prodotti» del regno, potesse essere trasportato in grandi viaggi oltre l'equatore senza deteriorarsi e determinare il modo migliore «di prepararli siccome il fanno con felice resultamento, altre nazioni da lunga pezza occupate di siffatto lucroso commercio»[35].

La missione del capitano Serra era dunque più complessa di quella della quale era stato incaricato Olzati nel 1834: oltre a prendere informazioni sui governi e sulle condizioni politiche ed economiche dei paesi visitati e proteggere il commercio sardo, avrebbe anche dovuto verificare che la condotta dei capitani dei bastimenti e dei commercianti nazionali stabilitisi negli stati sud-americani non portasse discredito al Regno[36].

L'*Euridic*e salpò da Genova il 4 agosto del 1836. A bordo, oltre a Verany, vi era anche un passeggero, il console brasiliano a Napoli Dell'Hoste, che aveva chiesto di poter approfittare del viaggio dell'*Euridice* per tornare provvisoriamente in patria[37], e un giovane ufficiale dell'esercito sardo, il tenente del 2° reggimento della brigata di Savoia conte Alfredo de Bouffier, che aveva chiesto il permesso di unirsi alla spedizione per acquisire nuove conoscenze[38].

La fregata arrivò a Rio de Janeiro il 16 ottobre. L'11 dicembre salpò alla volta di Montevideo dove rimase fino al 16 febbraio 1837. Serra, dopo essere tornato a Rio de Janeiro per rimpiazzare il «biscotto», ossia le gallette, che si era deteriorato e per far fumigare la fregata che si era riempita d'insetti, il 1° giugno salpò per dirigersi verso la foce del Rio delle Amazzoni, dove il 9 luglio diede fondo nel porto di Bélem rimanendovi fino al 22. Ritornato a Rio de Janeiro, il 19 settembre salpò per rientrare in patria, avendo a bordo il conte Palma che rientrava in Europa, ufficialmente per motivi di salute[39].

La nave arrivò a Genova il 22 gennaio 1838 dopo un'assenza di un anno e sei mesi. Durante la crociera non si registrò alcuna avaria importante e la salute dell'equipaggio si mantenne generalmente buona; solamente nel corso della sosta che l'*Euridice* fece a Bélem cominciarono a manifestarsi alcuni casi di scorbuto, che colpì i cannonieri e i soldati, ma non i marinai, ma al ritorno a Rio de Janeiro tutti i malati guarirono rapidamente.

34 FMM CL, registro 295; 6 luglio 1836 n° 4.651, Pralormo a Villamarina; *Commissioni d'istruzioni che la Ra Academia* [sic] *delle Scienze...propone al Sig. Comandante la Ra fregata l'Euridice.*

35 FMM CL, registro 295; 6 luglio 1836 n° 4651, Pralormo a Villamarina. Accademia delle scienze di Torino, Archivio storico istituzionale, categoria 6, corrispondenza, classe 2, corrispondenza, sottoclasse 2, rapporti con ministeri ed enti pubblici, rapporti con la Regia Segreteria di Stato, s.d., f.to Lascaris.

36 FMM ADC, mazzo 295, *Projet d'Instruction pour Mons.r le Chev.r Serra Commandant la frégate l'Euridice, approuvé par S.M. le 23 mai 1836.* Nel caso Serra avesse constatato che la condotta di qualche soggetto nazionale non fosse consona all'onore della bandiera, era autorizzato a servirsi dell'opera dei consoli sardi per ottenere dai Governi dello stato in cui erano insediati il suo arresto e riportarlo in patria a bordo della fregata.

37 FMM RSM; 18 giugno 1836 relazione n° 58. Il console ottenne il passaggio anche grazie al fatto che era insignito dell'ordine sabaudo di San Maurizio e Lazzaro.

38 FMM ADC, mazzo 295; 30 maggio 1836, De Sonnaz comandante la brigata di Savoia a Villamarina. Nel comunicare a Sonnaz l'approvazione del re all'imbarco del tenente, Villamarina sottolineò che l'ultima cabina disponibile a bordo era stata ceduta dai guardiamarina al naturalista e perciò Bouffier avrebbe dovuto sistemarsi come meglio avrebbe potuto. FMM CL, registro 295; 13 luglio 1836 n° 428, Villamarina a De Sonnaz.

39 Secondo il suo successore, conte Gaetano Valentino di San Martino, che assunse l'incarico alla fine del 1840, il conte Palma aveva lasciato «un tristo nome» a Rio de Janeiro; MPELM, Brasile, mazzo 2, 9 aprile 1841, San Martino a Solaro. Il conte Palma faceva affari commerciali e concedeva la nomina a viceconsole dietro il pagamento di somme di denaro. Anche il viceconsole Alessandro Alloat, che sostituì ad interim Palma nel periodo 1835-1839, asserì che le nomine a viceconsole erano vendute per poche centinaia di scudi. Giulia BARBIERI, tesi di laurea, *I rappresentanti del Regno di Sardegna in Brasile (1834-1859),* pag. 66, tesi.cab.unipd.it/43960/, on line.

Verany e De Bouffier non rientrarono con la fregata. Verany a marzo aveva chiesto a Serra il permesso di sbarcare a Buenos Aires dove aveva trovato il modo di occuparsi delle sue ricerche e da dove avrebbe potuto far ritorno in Europa più rapidamente[40]. De Bouffier aveva invece chiesto di sbarcare all'arrivo della fregata a Rio de Janeiro per tornare in patria imbarcandosi sul primo bastimento mercantile che avesse fatto rotta per l'Europa. Serra acconsentì in quanto durante la navigazione si era reso conto che il carattere del giovane ufficiale non «conformava nulla affatto con quello del mio stato maggiore» e temeva che se fosse rimasto a bordo sarebbero potuti sorgere dei contrasti[41].

Il fatto che Bouffier, che nella sua lettera di presentazione il comandante della brigata Savoia aveva definito giovane e vigoroso e disposto a svolgere a bordo tutti i servizi compatibili con un ufficiale, avesse problemi di convivenza con gli ufficiali di Marina dimostra come fosse talvolta difficile per chi non era abituato alla vita di mare sopportare i lunghi mesi di forzata coabitazione in spazi necessariamente ristretti nei quali era difficile mantenere anche un minimo di "privacy" e, forse, quanto in particolare potesse essere difficile la convivenza con gli ufficiali della Marina. In margine alla lettera con la quale la Segreteria per gli Affari Esteri chiedeva se Palma sarebbe potuto tornare in patria a bordo della *Euridice* lo stesso Des Geneys annotò che «le persone estranee alla Marina sono di troppo incomodo al Servizio della medesima.»[42]. Questa affermazione appare strana se si considera che fino ad allora i bastimenti della Marina erano stati regolarmente utilizzati per portare i consoli sardi alle loro sedi, anche se in tragitti della durata notevolmente inferiore. La palese insofferenza nei riguardi di persone non appartenenti alla Marina diverrà più evidente nel corso della crociera di circumnavigazione della *Regina*.

Nella sua relazione sul viaggio, più scarna di quella di Olzati, Serra annotò che a Rio de Janeiro i sudditi sardi erano poche centinaia la cui principale occupazione era girare per le strade e le campagne a vendere "paccottiglia", ma il loro numero non era esattamente conosciuto perché molti non si curavano di registrarsi al consolato.

In quanto al commercio marittimo, Serra era certo che quello sardo, che consisteva principalmente in olio, vino e carta, non sarebbe mai diminuito, sia perché il Brasile doveva importare quasi tutto, sia perché «i Sardi possono navigare con meno spesa, perché vivono male, gli Equipaggi sono meno pagati e si contentano di guadagnare meno che le altre Nazioni»[43].

I capitani dei bastimenti mercantili sardi che arrivavano a Rio de Janeiro solitamente non erano provvisti di fondi sufficienti per acquistare carichi di ritorno e dovevano quindi contare solo sui ricavi della vendita del carico trasportato da Genova, che spesso erano insufficienti ad acquistare i ben più cari prodotti di esportazione brasiliani, per cui erano costretti a lunghe soste in porto in attesa di concludere un affare favorevole; Serra sottolineò inoltre che il loro vero guadagno proveniva dal contrabbando che «hanno il talento di saperlo fare». A Buenos Aires i sudditi sardi erano in maggior numero, ma come a Rio de Janeiro

40 FMM RSM, registro 353; 27 giugno 1837 relazione n° 248.

41 FMM ADC, mazzo 295; 6 marzo 1838, *Rapporto del Comandante della Regia Fregata l'Euridice, sulla Campagna fatta alle Coste del Brasile, negli anni 1836 e 1837.*

42 FMM ADC, mazzo 295, annotazione a margine della lettera del 24 dicembre 1836 da Solaro a Villamarina.

43 Nel 1821 il console francese a Genova osservò che i marinai genovesi viaggiavano con grande economia ed avevano meno pretese; citato in Angelo La Macchia, *Aspetti dell'economia marittima genovese nei primi decenni della Restaurazione*, in Rosario Battaglia, Salvatore Bottari, Angelo La Macchia (cur), Porti e traffici nel mediterraneo (1695-1861), Milano, 2018, p. 12.

molti di essi non si registravano al consolato. Il commercio interno di cabotaggio del Rio de La Plata era gestito prevalentemente da genovesi ed era facile trovare persone che comprendevano e parlavano genovese.

Il comandante dell'*Euridice* si soffermò anche sulle società di colonizzazione. In quell'epoca in Brasile furono create numerose società private di colonizzazione il cui scopo era di attirare emigranti europei: le società pagavano il costo del viaggio degli emigranti e prospettavano loro un ingaggio con il cui salario avrebbero potuto ripagare il debito contratto. Si trattava però di speculazioni in quanto i salari percepiti erano estremamente bassi e gli emigrati non erano perciò in condizioni di saldare il debito nei tempi stabiliti, diventando così una sorta di schiavi. Una di tali società attrasse nel 1835 un gruppo di sudditi sardi nella provincia di Santa Caterina[44].

Serra riferì in particolare di una società di colonizzazione creata a Bahia da un gruppo di "proprietari" e sulla condizione in cui erano venuti a trovarsi i coloni una volta arrivati, condizione che era poco dissimile da quella degli schiavi; la società li manteneva in attesa di assegnarli a coloro che ne facevano richiesta e da quel momento percepiva le loro paghe per recuperare la spesa sostenuta più un margine di guadagno. Il debito di ciascuno aumentava quindi con il prolungarsi del periodo in cui rimaneva in attesa di essere ingaggiato. Sei mesi prima dell'arrivo dell'*Euridice*, a Bahia erano sbarcati circa 200 coloni reclutati a Genova dal console brasiliano; molti di loro si trovarono presto in condizione di estrema miseria dalla quale furono salvati solamente grazie all'intervento del console sardo Crocco che riscattò i loro contratti.

Serra riferì anche sui fuoriusciti politici sardi e italiani e sulla società della Giovane Italia, che secondo lui a Rio de Janeiro esisteva più di nome che di fatto. A settembre del 1837 informò l'Ammiragliato che il brigantino *Mazzini*, che aveva a bordo Giuseppe Garibaldi e Luigi Rossetti e un equipaggio di 46 uomini di differenti nazionalità, tra i quali anche un marinaio disertore dell'*Euridice*, era salpato da Rio de Janeiro con bandiera brasiliana e aveva catturato una goletta brasiliana con un carico del valore di 120-130.000 franchi[45].

Serra commentò che a Rio de Janeiro i fuoriusciti politici erano considerati alla stregua di pirati e che gli italiani in genere erano definiti "carcaman" che significava poco meno che ladro[46].

Il viaggio del *Des Geneys* e quello dell'*Euridice* si svolsero senza particolari problemi; le due navi soffrirono solo avarie di poco conto[47], mentre i loro equipaggi e gli ufficiali svolsero sempre i loro compiti con zelo e alacrità.

Sia Olzati che Serra si dimostrarono comandanti competenti e autorevoli, dotati di capacità di adattamento e svolsero accuratamente i compiti loro assegnati. Entrambi instaurarono buoni rapporti con le autorità locali e con i comandanti delle navi da guerra straniere che stazionavano nei vari porti del Sud America che visitarono. Mantennero anche buoni rap-

44 G. BARBIERI, pp 88-92.

45 MAE, Divisione 3, Rapporti con le autorità interne del Regno centrali o periferiche, Guerra e Marina, lettere del ministero di Guerra e Marina alla Segreteria degli Affari Esteri, mazzo 1862; 23 dicembre 1837 n° 1018, Villamarina a Solaro, *Estratto di rapporto del Cav.re Serra, da Rio de Janeiro il 23 settembre 1837.* Giuseppe Garibaldi e Luigi Rossetti erano impegnati a sostenere l'effimera repubblica separatista di Rio Grande che si era ribellata al governo brasiliano.

46 FMM ADC, mazzo 295; 6 marzo 1838, *Rapporto del Comandante della Regia Fregata l'Euridice, sulla Campagna fatta alle Coste del brasile, negli anni 1836 e 1837*; FMM RSM, registro n° 276; 29 ottobre 1837 relazione n° 276.

47 Prima di intraprendere il viaggio di ritorno, sul *Des Geneys* si dovette riparare una piccola falla provocata dalla fuoriuscita della stoppa di calafataggio inserita tra alcuni corsi di fasciame.

porti con il personale diplomatico sardo e in particolare con il conte Palma, all'occorrenza modificando i loro itinerari per aderire alle sue richieste nei limiti concessi loro dalle istruzioni ricevute.

Le due crociere si possono quindi considerare un buon successo sia per gli aspetti pratici che per quelli di prestigio.

Come abbiamo visto, nei loro rapporti entrambi i comandanti si soffermarono sul commercio marittimo nazionale con i paesi visitati.

Il commercio marittimo ligure con i paesi dell'America meridionale aveva cominciato a svilupparsi a partire dal 1830, andando ad affiancarsi e poi superare quella che fino ad allora era stata una delle sue principali attività, il trasporto del grano dai porti russi del Mar Nero e del Mar d'Azov, che era entrato in crisi a causa della concorrenza della flotta mercantile della Grecia quando questa ottenne prima l'autonomia e poi l'indipendenza dall'Impero ottomano e delle condizioni della pace che concluse il conflitto tra quest'ultimo e l'Impero russo del 1828-'29. Costretti a cercare altri spazi commerciali, armatori e commercianti si erano rivolti all'America del sud.

Nei loro rapporti, Olzati e Serra non scendono in molti dettagli sulla navigazione commerciale sarda. Questi ci vengono dati dalla corrispondenza dei consoli nazionali che periodicamente allegavano ai dispacci inviati al ministero per gli Affari Esteri dei prospetti che riassumevano il numero di bastimenti nazionali entrati e usciti dai porti delle loro sedi; pochi di questi prospetti sono stati conservati, ma sono sufficienti per dare un'idea del volume e delle caratteristiche del commercio marittimo sardo e della tipologia dei bastimenti utilizzati.

Per quanto riguarda Rio de Janeiro, da un riepilogo del movimento totale dei bastimenti di «Gran Cabotaggio» negli anni 1837 e 1838[48] risulta che in entrambi gli anni la marineria sarda era al quinto posto (tab. n° 1) dopo Portogallo, Gran Bretagna, Stati Uniti e Brasile e prima della Francia.

Tab. n° 1: «Bastimenti di Gran Cabotaggio» arrivati e partiti da Rio de Janeiro negli anni 1837 e 1838

Nazionalità	1837		1838	
	N° bastimenti arrivati	N° bastimenti partiti	N° bastimenti arrivati	N° bastimenti partiti
Portogallo	143	109	122	124
Gran Bretagna	139	102	132	147
Stati Uniti	80	74	137	129
Brasile	71	74	46	31
Regno di Sardegna	53	61	41	41
Francia	38	31	35	30
Argentina	28	15	18	16
Danimarca	28	40	29	32
Orientale (Montevideo)	21	41	25	41
Città anseatiche	28	40	29	32

48 MPECN, Rio de Janeiro, Mazzo 1; 15 gennaio 1839, Alloat a Solaro.

Svezia	19	35	24	23
Spagna	13	30	13	24
Austria	11	3	10	4
Belgio	10	6	10	5
Olanda	7	3	6	3
Cile	2	--	3	--
Regno delle Due Sicilie	1	1	1	1
Stato pontificio	1	1	1	1
Granducato di Toscana	--	6	--	5
Russia	--	2	--	2
Prussia	--	1	--	1

Maggiori dettagli si ricavano da un rapporto del 1835 relativo al porto di Montevideo, nel quale sono riportati il tipo, la stazza, le date di arrivo e i porti di provenienza e, parzialmente, di destinazione del naviglio sardo, oltre ad un riepilogo del movimento mercantile delle altre nazioni (tab. n° 2)[49].

Tab. n° 2: Numero di bastimenti esteri (esclusi quelli del Regno di Sardegna) giunti nel porto di Montevideo nel 1835

Nazionalità	N° bastimenti arrivati	Tonnellate di stazza totali	Stazza media
Stati Uniti	68	15.995	235
Inghilterra	54	10.571	196
Brasile	77	9664	126
Francia	33	6.828	207
Portogallo	19	2174	114
Amburgo	5	1012	202
Svezia	3	823	274
Danimarca	5	695	139
Brema	4	662	166
Prussia	2	440	220
Olanda	2	426	213
Cile	1	328	328
Spagna	3	298	99
Belgio	1	274	274
Regno delle Due Sicilie	1	203	203
Russia	1	180	180

Sotto l'aspetto del tonnellaggio totale giunto nel porto di Montevideo, gli Stati Uniti si collocavano al primo posto, seguiti dall'Inghilterra, mentre sotto l'aspetto numerico il primo posto spettava al Brasile, i cui bastimenti avevano evidentemente una stazza media minore.

49 MPECN, Montevideo, mazzo 1, *Stato dimostrativo Generale delle Importazioni, Estrazioni, Entrate e Sortite dei Bastimenti Nazionali nel Porto di Montevideo durante l'Anno 1835.*

La marineria sarda si collocava al secondo posto con 58 bastimenti arrivati per un totale di 11.400 t di stazza totale[50].

Quanto alla tipologia, si contano 45 brigantini, 4 navi, 8 brigantini-goletta e 1 goletta; la stazza media era di circa 200 tonnellate, con un minimo di 70 t del brigantino-goletta *Felice* e un massimo di 393 t. della nave *Eolo*.

Grazie al grande dettaglio dei dati contenuti nel rapporto si può ricostruire, anche se in modo parziale avendo disponibili i dati relativi ad un solo anno, il tipo di commercio effettuato dai bastimenti nazionali.

Dei 58 bastimenti giunti, 32 arrivavano dall'Europa di cui 18 direttamente da Genova e i rimanenti da altri porti europei quali Barcellona, Cadice, Malaga, Marsiglia e Tarragona, nei quali probabilmente avevano fatto scalo dopo essere salpati da Genova.

I rimanenti 26 giungevano da porti brasiliani o sudamericani: Bahia 2, Buenos Aires 4, Paraguanà 2, Pernambuco 2, Piuma 1, Porto Alegre 2, Rio de Janeiro 6, Salò 1, Santa Caterina 3, Santos 3.

Dei bastimenti che arrivavano a Montevideo dai porti sudamericani, molti esercitavano il commercio tra questi porti, o su base stabile oppure prima di ripartire per Genova dopo una permanenza più o meno protratta nelle acque dell'America meridionale.

È il caso del brigantino *Artemisia* del capitano Giuseppe Sconnio che arrivò a Montevideo proveniente da Barcellona il 14 marzo, il 10 giugno salpò per Rio de Janeiro, fece ritorno a Montevideo in data imprecisata per salpare nuovamente alla volta di Rio il 13 ottobre e ritornò a Montevideo proveniente da Buenos Aires il 24 dicembre.

Il brigantino *Cesare Augusto* del capitano Pietro Ferraro arrivò a Montevideo da Genova il 1° settembre; il giorno successivo salpò per Buenos Aires da dove fece ritorno l'8 dicembre e il 9 dicembre salpò alla volta di Genova.

Il brigantino *Mistica Rosa* del capitano Francesco Brissolese sembra invece fosse impegnato esclusivamente nel traffico sudamericano. Arrivò infatti a Montevideo il 23 marzo; il 14 maggio salpò per l'isola di Santa Catarina da dove ritornò a Montevideo il 23 agosto e il 15 ottobre salpò nuovamente alla volta dell'isola.

Il brigantino-goletta *Delfino Vittorioso* del capitano Raimondo Ravenna giunse due volte a Montevideo proveniente da Porto Alegre, il 26 aprile e il 13 agosto, poi probabilmente fece ritorno in Europa perché è dato di ritorno a Montevideo il 18 di dicembre proveniente da Palermo e Porto Alegre.

In generale questi dati confermano quanto riferito sia da Olzati che da Serra sulle caratteristiche del commercio sardo che aveva un ruolo importante nel traffico interno del Rio della Plata[51].

50 Il confronto può essere leggermente viziato per difetto dal fatto che nel conteggio degli arrivi dei bastimenti nazionali, registrati nominativamente, sono stati computati una sola volta quei bastimenti che nel corso dell'anno fecero scalo a Montevideo più volte, cosa che probabilmente non era stata fatta nel prospetto riassuntivo originale del movimento dei bastimenti esteri.

51 Secondo quanto scriveva il console francese a Genova dalla città tre o quattro bastimenti partivano ogni settimana per l'America del sud dove restavano due o tre anni ad esercitare il cabotaggio tra i diversi porti prima di far ritorno in patria. Nel 1828 partirono per il Brasile 33 bastimenti e ne rientrarono solamente 14; La Macchia, *Aspetti*, cit. pp. 15-16, n. 38, p. 16.

CAPITOLO 3
LA CROCIERA DELLA REGINA

3.1 *GENESI E FINALITÀ*

Alla fine del 1837 Carlo Alberto prese la decisione di inviare una fregata a compiere la circumnavigazione del globo. Il comando sarebbe stato assegnato al capitano di vascello di 1° classe Giuseppe Albini[52] e alla crociera avrebbe preso parte anche il principe Eugenio di Carignano, anch'egli capitano di vascello di 1° classe.
La genesi della crociera può essere parzialmente ricostruita in base ai due soli documenti che vi fanno riferimento che è stato possibile reperire all'Archivio di Stato di Torino.
Il primo è una relazione presentata il 7 aprile 1838 dal ministro di Guerra e Marina al re in Consiglio di Conferenza nella quale chiedeva le istruzioni del sovrano in merito ad una richiesta inviatagli pochi giorni prima dal Segretario per gli Affari Esteri Clemente Solaro della Margherita.
Il Segretario per gli Affari esteri chiedeva a Villamarina di comunicargli la data prevista di partenza della fregata destinata ad «una navigazione nell'Oceano Pacifico» in modo che i funzionari che sarebbero stati inviati nelle sedi consolari che si volevano aprire nei principali porti della Colombia, del Perù e del Cile potessero farsi trovare pronti a imbarcarsi[53].
Di norma, in margine alle relazioni presentate veniva scritta una nota che riportava le decisioni prese dal sovrano in merito all'argomento sottoposto alla sua attenzione. Quella riportata in margine alla relazione di Villamarina riferisce che

> «S.M. ha determinato che la Fregata (la di cui destinazione più l'una che l'altra lasciò all'Ammiraglio che parve pronunziarsi pel Beroldo e che il Re approverebbe) si prepari, onde far vela pel mare Pacifico, verso la metà d'Ottobre.
> Dopo d'avere visitati li scali, ove avrà a lasciare li nuovi Consoli, e fatte quelle altre esplorazioni lungo quella costa d'America, che l'Ammiraglio giudicherà convenienti di segnare nelle sue Istruzioni, dovrà la medesima passare alle Indie Orientali, e fare finalmente il suo ritorno doppiando il Capo di buona [sic] Speranza.
> Questo viaggio della fregata potrà regolarsi in modo da essere effettuato in due anni, ed al più 30 mesi dalla data della metà d'ottobre del corrente anno.
> Rimane ferma la combinazione **già verbalmente intesa coll'Ammiraglio** (grassetto dell'autore) nello scorso 9mbre in Genova, per la posizione d'Albini, e di S.A.S. il Principe di Carignano»

---

52 Michele Giuseppe Albini (1780 –1859). Nato a Villafranca Marittima, entrò nella marina sabauda nel 1790 all'età di 10 anni. Da semplice allievo di pilotaggio fu promosso di grado in grado e si distinse al comando di piccoli bastimenti a vela e remi in numerosi combattimenti contro bastimenti corsari barbareschi. Nel 1809 fu promosso «sottotenente di bordo» (promozione che gli fu concessa in riconoscimento del coraggio dimostrato nel salvataggio di una fregata inglese in difficoltà a causa di una burrasca al largo dell'isola della Maddalena); nel 1815 fu promosso luogotenente di vascello; FM P, registro 111, copia di Patente Reale del 2 dicembre 1815. Nel 1824 era capitano in 2° di vascello, nel 1826 fu promosso capitano di fregata e nel 1831 capitano di vascello; Calendari Generali dè Regi Stati.
53 FM RSM, registro n° 354; relazione n° 44 del 7 aprile 1838.

Il secondo documento è un memorandum compilato il 28 ottobre 1839 per il Ministro di Guerra e Marina dalla sua segreteria, nel quale si riassumevano le vicende che avevano portato a scegliere per la crociera la fregata *Regina* anziché il *Beroldo*[54].
Il memorandum riportava integralmente la nota dell'aprile 1838, e sottolineava come da essa si evincesse che «il viaggio di circonnavigazione [sic] venne formato da S.M. nel Novembre 1837 in Genova»[55].
Si può quindi desumere con quasi totale certezza che sia stato Carlo Alberto a decidere di inviare una fregata a fare il giro del globo, probabilmente sulla base della proposta già avanzata da Des Geneys nel 1836 di far tornare a Genova l'*Euridice* attraverso il Pacifico e il Capo di Buona Speranza e del successo del viaggio della stessa *Euridice*, che a novembre 1838 si trovava sulla via del ritorno in patria[56]. Il fatto che, come specifica la nota a margine della relazione di aprile di Villamarina, il re ne abbia discusso verbalmente con Des Geneys sembrerebbe giustificare la completa mancanza di documentazione scritta.
Il memorandum della Segreteria di Guerra e Marina evidenziava inoltre che la nota scritta a margine della relazione costituisse «La prima determinazione Sovrana di cui consta per scritto al Ministero, rispetto al viaggio di circonnavigazione».
Poiché sembra difficile credere che una decisione così importante presa di comune accordo tra il re e il comandante generale della Marina non sia stata comunicata, perlomeno da Des Geneys, al responsabile del dicastero di Guerra e Marina prima di aprile 1838, mentre invece Solaro ne era evidentemente già venuto a conoscenza nei mesi precedenti, si deve ipotizzare che l'annotazione, in perfetto stile burocratico, si riferisca unicamente ad una comunicazione pervenuta ufficialmente e non ad una effettiva ignoranza del ministro circa il proposito di intraprendere la crociera.
Come abbiamo visto, già a novembre il re e l'ammiraglio avevano destinato a comandare la fregata il capitano di vascello di 1° classe Giuseppe Albini, il quale occupava la prima posizione nella lista di anzianità degli ufficiali di stato maggiore della Marina e costituiva quindi una scelta pressoché obbligata data la presenza a bordo di un membro della famiglia reale; inoltre il principe aveva già navigato agli ordini di Albini.
Per quanto riguarda le finalità del viaggio e i motivi per i quali il principe Eugenio di Savoia Carignano[57] vi prese parte, l'unico riferimento documentario si trova nelle istruzioni defi-

54 MMQIV, mazzo n° 33, s.d e s.f., *Disposizioni relative al viaggio di Circonnavigazione*; la minuta di questo documento, che riporta la nota *Rimessa a S.E. il Ministro in data 28 ottobre 1939*, si trova in FMM ADC, mazzo 297.

55 Continuando una consuetudine iniziata dal Carlo Felice, Carlo Alberto ogni anno trascorreva qualche settimana a Genova; il periodico *La Gazzetta di Genova* riporta che negli anni 1837-40 il re e la consorte soggiornarono sempre nella città ligure tra l'inizio di novembre e i primi giorni di dicembre. Nel 1837 il re e la regina giunsero a Genova l'8 novembre e vi si trattennero fino al 7 dicembre; il 1° dicembre Carlo Alberto visitò il Cantiere della Foce dove fu accolto da Des Geneys e dallo Stato Maggiore della Marina (*La Gazzetta di Genova*, n° 89, 8 novembre, n° 96, 2 dicembre 1837 e n° 99, 15 dicembre).

56 Il re era mantenuto costantemente informato del contenuto dei rapporti regolarmente inviati dal capitano Serra. Ad agosto 1837 annotò con soddisfazione sul suo diario che dalle notizie inviate dall'*Euridice* da Rio de Janeiro risultava che dopo la Gran Bretagna e gli Stati Uniti il regno di Sardegna era la potenza che intratteneva il più grande commercio con l'impero brasiliano; F. SALATA, cit., p 335.

57 Il principe Eugenio (1816-1888) frequentò la Regia Scuola di Marina di Genova dal 1830 al 1833, con il titolo di conte di Villafranca; con il grado di guardiamarina di 2° classe partecipò alle crociere di istruzione degli allievi ufficiali e dei guardiamarina a bordo delle fregate *Beroldo* e *Commercio di Genova*; su quest'ultima fu agli ordini del capitano Giuseppe Albini, alla cui responsabilità fu particolarmente affidato da Des Geneys. Nel 1833 fu promosso guardiamarina di 1° classe e imbarcò sulla fregata *Regina*, nuovamente agli ordini di Albini. Il 28 aprile 1834 fu riconosciuto da Carlo Alberto principe del sangue, e gli fu concesso il titolo di principe di Carignano e una propria corte. A luglio fu promosso tenente di vascello e, contemporaneamente, capitano nel reggimento Novara Cavalleria, anche se per volontà del re continuò a far

nitive compilate da Des Geneys per il capitano Albini nell'imminenza della partenza della fregata *Regina*:

> «La mission dont vous [Albini] étés chargé ayant non seulement pour objet de montrer le pavillon du Roi dans les parages ou nos bâtiments de guerre ni ont pas encore paru, mais essentiellement aussi de procurer au Jeune Prince un moyen de augmenter son instruction et d'acquérir de nouvelles connaissance dans toutes les parties qui poivrent lui être utiles ou nécessaires dans les différent services aux quel S.M. peut l'appliquer ; c'est donc à remplir ces intimations royales que vous devez diriger toutes vos sollicitudes »"[58]

Villamarina scrisse che «una spedizione che si altamente attesta tutta la sollecitudine Sovrana per la Regia Sua Marina…il viaggio della R.ª fregata la Regina segnerà un'epoca gloriosa per la Regia Marina Militare e che il vessillo che per la prima volta si mostrerà nè mari dell'altro emisfero vi lascierà [sic] una durevole rimembranza di quella estimazione che la Marina di S.M. seppe acquistare nelle contrade già da essa visitate.»[59].

È evidente come per il ministro lo scopo principale della missione fosse quello di aumentare il prestigio della Marina sabauda e, per riflesso, quello del Regno e della casata mostrando la sua bandiera dove nessun bastimento da guerra sabaudo era mai apparso. Invece il fatto che Des Geneys sottolineasse che le istruzioni riguardanti il principe Eugenio racchiudevano l'intero scopo del viaggio indica chiaramente come per l'anziano ammiraglio la pur importante e probabilmente complessa missione diplomatica e le ricerche scientifiche risultassero del tutto secondarie[60].

L'Ammiraglio aggiunse che Albini non avrebbe dovuto trascurare tutto quello che avrebbe potuto rendere la «longue et interessante navigation» utile all'istruzione sia degli ufficiali e degli allievi ufficiali imbarcati che dei marinai che al loro ritorno erano destinati a divenire il nucleo principale della Marina.

Un aspetto delicato fu quello di determinare quale ruolo avrebbe dovuto ricoprire a bordo della fregata il principe Eugenio, il quale sarebbe stato accompagnato da uno dei suoi scudieri, il capitano di fregata Maurizio Di Villarey[61].

---

parte della Marina. Nei successivi tre anni Eugenio rimase a terra, impegnato a Torino nei suoi doveri di corte. Nel 1837 fu promosso capitano di vascello di 1° classe. Giuseppe GONNI, *Due Ammiragli di Casa Savoia*, Roma, Ufficio Storico della Marina Militare, 1928. Nel 1838 era anche colonnello e comandante onorario del reggimento di cavalleria Piemonte Reale. Nel 1842 ebbe il grado di contrammiraglio e nel 1844 divenne Comandante Generale della Marina, ruolo che mantenne fino al 1851 quando su sua richiesta fu posto a riposo con il grado di ammiraglio.

58 MMQIV, mazzo n° 33; ottobre 1838, Des Geneys, *Projet d'instructions pour M.ʳ le chev.ʳ Albini Major Général Commandant la Frégate La Reine.*

59 FMM CL, registro n° 299; 27 ottobre 1838, Villamarina a Des Geneys.

60 Secondo GONNI, *Due Ammiragli*, cit., fu Eugenio a chiedere di poter partecipare al viaggio di circumnavigazione per lenire il dolore che provava per la morte della sorella Maria Gabriella Massimo d'Arsoli, avvenuta a settembre del 1838. SANFELICE DI MONTEFELTRO, cit., a p. 94, oltre a ripetere quanto scritto da Gonni, asserisce anche che la richiesta di Eugenio «aveva un poco rimescolato le carte dell'organizzazione [della crociera], già da tempo avviata». Ambedue sono in errore, perché, come si è visto, la partecipazione del principe al viaggio era già prevista a novembre del 1837, quando la sorella di Eugenio era ancora in vita e quando ancora nulla era stato fatto per organizzarlo. SANFELICE DI MONTEFELTRO inoltre afferma che la Marina stava preparando «la crociera intorno al mondo, per portare nelle loro sedi i Consoli assegnati alle nuove repubbliche Sudamericane, nonché a Bombay», p. 94; in realtà, come si è visto, il trasporto dei consoli fu deciso solamente dopo che era stato stabilito di effettuare la crociera e non era previsto l'invio di alcun console a Bombay.

61 Nel 1838, oltre a Villarey, gli scudieri del principe di Carignano erano il maggiore di cavalleria Bongioanni di Castelborgo e i capitani Morozzo della Rocca e Pochettini di Serravalle, entrambi del Corpo dello Stato Maggiore Generale;

Poiché Eugenio era tecnicamente pari grado di Albini, a quest'ultimo venne assegnato il titolo di commodoro per porlo in posizione gerarchicamente superiore al principe.
Des Geneys aveva previsto che allo stato maggiore fosse aggiunto un secondo capitano di vascello che potesse eventualmente sostituire Albini se si fosse trovato a doversi assentare dalla nave per impegni diplomatici, oppure in caso di malattia o di altri impedimenti. Secondo l'Ammiraglio il principe di Carignano avrebbe potuto ricoprire «figurativement» quella funzione, mentre Villarey avrebbe potuto invece ricoprire le funzioni di comandante in seconda, oltre a quelle di scudiero di Eugenio. Ovviamente ciò per tener conto del fatto che, nonostante il suo grado, Eugenio non aveva mai ricoperto funzioni di comando, avendo navigato solamente quando era ancora guardiamarina.
Questa attribuzione di ruoli presentava però il problema che qualora Villarey avesse dovuto sostituire effettivamente Albini e contemporaneamente Eugenio avesse dovuto scendere a terra, il suo scudiero non avrebbe potuto accompagnarlo. Des Geneys chiese pertanto al ministro di chiarire quali fossero le intenzioni di Carlo Alberto al riguardo. In risposta, nell'approvare le istruzioni compilate da Des Geneys per Albini, Carlo Alberto fece inserire una parte relativa alla posizione del principe, nella quale sottolineò che si sarebbe imbarcato in qualità di capitano di vascello e «qu'il sera suppléé dans ses fonctions et les rapports que le Capitaine doit au Commodore par le chevalier De Villarey, Capitaine de Frégate et son Ecuyer.»
Solo nella sezione finale delle istruzioni destinate al comandante Albini Des Geneys toccò anche un altro aspetto della spedizione, quello scientifico.
L'importanza che questo aveva per Carlo Alberto è testimoniata dal viaggiatore e scrittore francese Jean Joseph François Poujoulat che il 1° dicembre 1838 venne ricevuto a Genova dal sovrano il quale gli descrisse la rotta che la fregata, che era salpata all'inizio di novembre, avrebbe seguito, gli scopi della crociera e le scoperte scientifiche che si aspettava venissero fatte, e dichiarò che i risultati della spedizione sarebbero stati pubblicati. Poujoulat commentò che grazie a quella spedizione «le royaume sarde, tranquille, éclairé, laborieux, se fortifié par le patriotisme, et marche au développement d'une glorieuse nationalité.» [62].
I naturalisti che avrebbero partecipato al viaggio erano il botanico e geologo Giovanni Casaretto[63] e lo zoologo e imbalsamatore Antonio Caffer [64]. Il nome di Casaretto fu portato all'attenzione del ministro di Guerra e Marina da Giovanni Plana, celebre matematico

Calendario Generale dei Regi Stati, anno 1838, p 176.

62 Jean Joseph François POUJOULAT, *Toscane et Rome, correspondance d'Italie*, Meline, Cans et Compagnie, Bruxelles et Leipzig, 1840, pp 15-16. Poujoulat (1808-1880), collaboratore di Joseph Francois Michaud, storico e pubblicista nativo di Albens in Savoia, fu con lui in Oriente e pubblicò la *Correspondance d'Orient*. I due viaggiatori furono ricevuti dal sovrano perché Michaud era stato insignito dell'Ordine del Merito Civile di Savoia, fondato da Carlo Alberto.

63 Giovanni Casaretto (1810-1879) di famiglia originaria di Chiavari ma residente a Genova; il padre era un facoltoso commerciante con interessi anche in campo marittimo. Si laureò in medicina all'Università di Genova nel 1834 ma non esercitò la professione medica, preferendo dedicarsi agli studi naturalistici. Nel 1836 fece un viaggi in Crimea in compagnia del naturalista francese de Verneuil. Alla fine dell'anno su consiglio di de Verneuil si recò a Parigi, viaggiando da Odessa per via di terra, per perfezionarsi negli studi di botanica, mineralogia e geologia. Dopo un breve periodo di studio in Gran Bretagna tornò a Parigi e a metà del 1838 fece ritorno a Genova. Nel corso del viaggio sostò a Torino dove presentò la domanda di poter partecipare alla crociera della *Regina*. Francesco POGGI, *Pier Francesco Casaretto e la sua famiglia d'origine*, in *Pier Francesco Casaretto, La moneta genovese in confronto con le altre valute mediterranee nei secoli XII e XIII*, Atti della Società ligure di Storia Patria, vol. LV, Genova, 1828.

64 Antonio Caffer, naturalista, nativo di Osasco (Pinerolo). Di lui non sono state reperite notizie biografiche certe; nel 1838 aveva circa 28 anni, aveva compiuto un corso di chimica all'Università di Torino e si era poi dedicato allo studio della zoologia. Divenne assistente del prof. Gené nel museo di Zoologia dell'Università di Torino; FMM RSM, registro n° 354, 9 giugno 1838, relazione n° 69. Negli Annali della R. Accademia d'Agricoltura di Torino del 1863 è ancora presente un Antonio Caffer, Assistente nei Regi Musei.

astronomo e geodeta[65]. Nella lettera che scrisse a Villamarina, Plana disse di non conoscerlo personalmente ma che gli si era presentato con una lettera di raccomandazione del geologo francese Élie de Beaumont[66].

La candidatura di Casaretto fu presentata in Consiglio di Conferenza al re che la approvò, anche perché il suo nome gli era già stato segnalato dal conte Alessandro Saluzzo, presidente dell'Accademia delle Scienze. Nella stessa seduta il re approvò anche la designazione di Antonio Caffer, che probabilmente fu segnalato da Casaretto[67].

Ai due naturalisti Carlo Alberto assegnò la somma di 18.000 lire, tratte dai suoi fondi personali, destinata all'acquisto «degli oggetti di storia naturale…per i Regi Musei» e a coprire le spese che i due scienziati avrebbero dovuto sostenere quando nel corso del viaggio fossero scesi a terra per le loro ricerche. Il ministro degli Interni richiese che in tal caso il comandante della fregata desse loro tutto l'aiuto necessario.

Su proposta del ministro di Guerra e Marina l'amministrazione della somma fu affidata ad una apposita commissione scientifica presieduta dall'Albini e composta, oltre che dai due naturalisti, da tre ufficiali della *Regina*, il 1° chirurgo, dott. Falco, il tenente di vascello Todon e il sottotenente di vascello Ricci. Villamarina, d'accordo con il ministro degli Interni, lasciò al «prudente arbitrio» del capitano della *Regina* decidere i tempi e i modi in cui erogare le somme richieste dai naturalisti.

3.2 *LA SCELTA DELLA NAVE*

La richiesta inviata ad aprile del 1838 al ministero di Guerra e Marina dal ministro Solaro di approfittare del viaggio di circumnavigazione per portare alle loro destinazioni i consoli destinati nel Sud America aggiunse una dimensione diplomatica al viaggio di circumnavigazione e fu la causa, anche se indiretta, del suo fallimento.

Alla fine di febbraio Solaro aveva informato Des Geneys che il re aveva autorizzato l'istituzione di nuovi consolati in Perù, Cile, Messico e Nuova Granata[68]. Il compito dei nuovi consoli sarebbe stato quello di agevolare e favorire la navigazione e il commercio nazionali «anche presso le più lontane nazioni», per cui avrebbero dovuto cercare di ottenere dai vari governi «quelle maggiori assistenze e facilità che ad esempio delle altre nazioni le più favorite sono in stato di ottenere» anche per i sudditi sabaudi. Solaro chiedeva quindi se l'Ammiraglio ritenesse adatte a quello scopo le città portuali di Caracas, Cartagena, Santa Marta, Valparaiso, Lima e Vera Cruz, oppure eventualmente di suggerirne altre[69].

65 Giovanni Plana (1781-1864). Fu nominato astronomo reale da Vittorio Emanuele I; all'Università di Torino insegnò prima astronomia e poi calcolo infinitesimale. Nel 1832 pubblicò uno studio sulla teoria del calcolo del movimento della Luna; realizzò anche il Calendario Meccanico Universale, ossia un calcolatore meccanico di elevata precisione ancora oggi conservato nella Cappella dei Mercanti di Torino. Dal 1851 fino alla morte fu presidente dell'Accademia delle Scienze di Torino. Nella lettera in cui propone Casaretto, Plana accenna al fatto che il giovane studioso genovese aveva già inviato una richiesta di partecipazione alla crociera di circumnavigazione direttamente a Carlo Alberto.

66 Élie de Beaumont (1798 -1874) fu professore all'École des Mines e al Collège de France. Le sue teorie sui cataclismi e sull'origine delle catene di monti, da lui attribuita alla contrazione della crosta terrestre, ebbero notevole influsso sullo sviluppo della geologia, anche se presto furono dimenticate. Treccani, enciclopedia on line.

67 FMM RSM, registro 354; 9 giugno 1838 relazione n° 69.

68 Con la proclamazione dell'indipendenza dalla Spagna nel 1819 (ma la liberazione completa del territorio si ebbe solo nel 1824), il vicereame della Nueva Granada insieme al Venezuela e all'Equador formò la Repubblica di Colombia anche detta della Gran Colombia; dopo il distacco del Venezuela e dell'Ecuador (1830), il nuovo Stato colombiano (comprendente fino al 1903 anche Panama), proclamato nel 1831, fu chiamato fino al 1858 República de la Nueva Granada e, dal 1858 al 1863, Confederación Granadina. Enciclopedia Treccani on line, voce "Nueva Granada".

69 MAE, Divisione 5, Protocolli generali, Registro della corrispondenza con vari uffici e particolari, mazzo 1018; 20 febbraio 1838, Solaro a Des Geneys. Il ministro raccomandò a Des Geneys di conservare il più assoluto riserbo circa l'in-

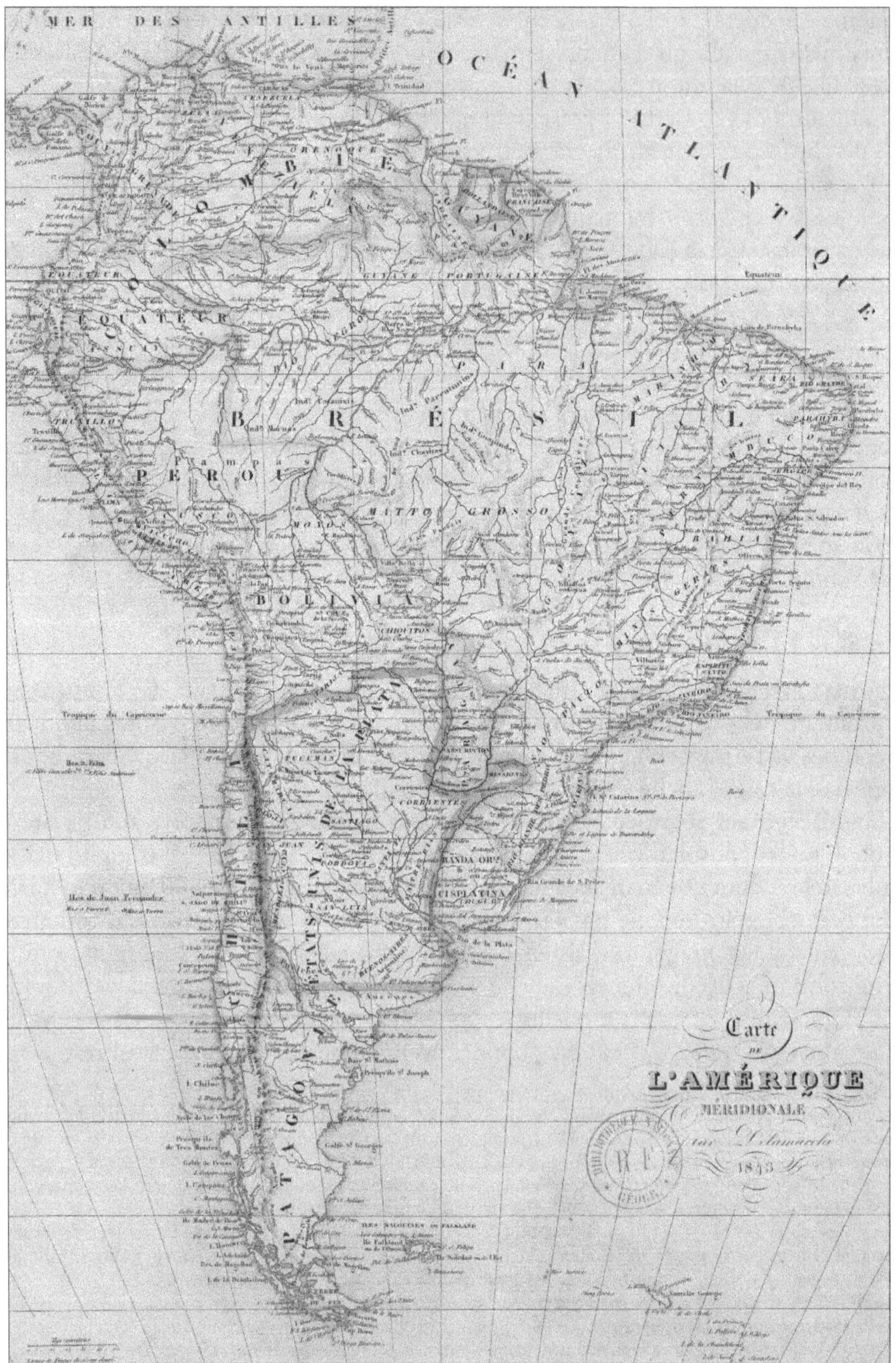

▲ **Figura 2** Carta dell'America Meridionale disegnata da Felix Delamarche nel 1843. Si noti che sebbene siano indicati l'Equador e il Venezuela i loro confini, come quelli della Nuova Granada, non sono tracciati e i due stati sono ancora compresi nella Colombia.

Alla fine di aprile, Solaro informò Des Geneys che era stata decisa l'apertura di un consolato anche nel Messico, a Vera Cruz, e gli chiese se ritenesse utile l'apertura di un consolato anche nell'India Britannica, in particolare a Calcutta[70].
Nella già citata lettera inviata a Villamarina all'inizio di aprile, Solaro chiese se fosse possibile approfittare della fregata destinata «a fare una corsa nè Mari d'America» per far arrivare alle loro destinazioni i nuovi consoli destinati nei principali porti della Colombia, del Perù e del Cile, ossia rispettivamente Gayaquil, Lima e Valparaiso, nei quali il commercio marittimo sardo era in espansione ed era perciò necessario assicurare ai naviganti nazionali assistenza e protezione[71].
Come Solaro spiegò in una successiva lettera, vi erano due motivi all'origine della sua richiesta. Il primo, che però non era quello principale, era che così si sarebbe risparmiata la «vistosa somma» che si sarebbe dovuta pagare per far viaggiare i consoli sui *pacchetti*[72] inglesi che si recavano regolarmente in Sud America, il secondo era il fatto che, dovendosi instaurare delle relazioni commerciali con degli stati non ancora riconosciuti dal regno sabaudo, sarebbe stato più prestigioso se i consoli fossero giunti alle loro destinazioni a bordo di un bastimento da guerra «il quale colla sua presenza ispirasse a quelle popolazioni il dovuto rispetto per il carattere di cui [i consoli] sono rivestiti e facilitasse la loro ammissione»[73].
Villamarina, consapevole del fatto che l'apertura dei nuovi consolati avrebbe avvantaggiato il commercio e la marineria mercantile sardi, concordò immediatamente con le motivazioni esposte dagli Esteri, anche perché dai capitani dei mercantili nazionali che commerciavano con quegli stati aveva appreso che in quei paesi le apparenze erano molto importanti e la considerazione in cui erano tenuti i consoli stranieri era tanto maggiore quanto più considerevole era la spesa sostenuta per il mantenimento delle loro sedi, una spesa che era «eccessiva a cagione della straordinaria carezza [sic] dei viveri»[74].
La richiesta del Solaro era peraltro del tutto normale: anche negli anni precedenti le navi della Marina erano state regolarmente impiegate per condurre consoli o incaricati d'affari nelle loro sedi del Nord Africa o del Medio Oriente oppure, come abbiamo visto, in Brasile.
Carlo Alberto approvò la richiesta del ministro degli Esteri e gli fece comunicare che i consoli avrebbero dovuto trovarsi a Genova entro la metà di ottobre, data di prevista partenza della fregata.
Nel frattempo erano stati designati i consoli destinati a Lima e Valparaiso, rispettivamente

---

tenzione di aprire i nuovi consolati, poiché se la notizia fosse stata resa di dominio pubblico sarebbe stato sommerso di richieste per ottenere gli incarichi, cosa che lo avrebbe messo in imbarazzo in quanto i nuovi consoli erano già stati prescelti.
70 MAE, Divisione 5, Protocolli generali, Registro della corrispondenza con vari uffici e particolari, mazzo 1018; 30 maggio 1838, Solaro a Des Geneys.
71 FMM ADC, mazzo 296, Segreteria di Stato per gli Affari Esteri, 4° Divisione a Villamarina, *Nomina di R.i Consoli al Perù e al Chili*; 3 Aprile 1838. È da notare che, sebbene Guayaquil facesse parte dell'Ecuador, l'oggetto della lettera fa riferimento solo al Perù e al Cile; nel testo è stata poi aggiunta in margine la Colombia, e non si parla più dell'Ecuador.
72 I *pacchetti* (o anche *pacchebotti*) erano i bastimenti, a vela o a vapore, che nell'ottocento effettuavano un regolare servizio di trasporto di passeggeri, della posta e delle merci. Il nome derivava dall'adattamento del francese *paquebot* a sua volta derivato dall'inglese *packet-boat*.
73 MAE, Divisione 5, Protocolli generali, Registro della corrispondenza con vari uffici e particolari, mazzo 1018; 20 aprile 1838, Solaro a Villamarina.
74 MAE, Divisione 3, Rapporti con le autorità interne del Regno centrali o periferiche, Guerra e Marina, lettere del ministero di Guerra e Marina alla Segreteria degli Affari Esteri, mazzo 1863; 14 aprile 1838 n° 304, Villamarina a Solaro, *Trasporto di Agenti Consolari in America*.

Augusto Picolet d'Hermillon e il conte Vincenzo Ceca di Vaglierano[75]. Nella corrispondenza dei mesi seguenti Solaro non accennò più al console destinato a Guayaquil, anche se l'Ammiragliato rimase a lungo convinto che i consoli da imbarcare fossero tre, e non due come invece fu[76]. L'aumento del numero di persone da imbarcare portò a rivedere la scelta del bastimento destinato alla circumnavigazione.

Il bastimento scelto inizialmente dall'Ammiraglio era la fregata di 2° rango *Beroldo* da 50 cannoni[77]. Il *Beroldo* era entrato in servizio nel 1828 e prestò un lunghissimo servizio; nel 1855, essendo ormai obsoleto come nave da guerra, fu convertito in nave da trasporto, veste nella quale si recò anche in India per imbarcare un carico di legno di teak, divenendo così la prima unità della Marina sabauda a doppiare il Capo di Buona Speranza. Andò perduto nel gennaio del 1861 quando, a causa del cattivo tempo, si incagliò irreparabilmente presso punta di Levia in Corsica.

▲ **Figura 3** La fregata *Beroldo.* Per gentile concessione del Museo Navale di Genova Pegli.

75 Francesco Vincenzo Ceca di Vaglierano (1793- 1841). Antonio MANNO, *Il patriziato subalpino,* copia dattiloscritta, ASTo Corte. Ceca era al suo primo incarico consolare: precedentemente era stato assessore presso il Tribunale di Prefettura di Mondovì. Augusto Picolet d'Hermillon, di famiglia savoiarda, era il fratello del console generale sardo a Buenos Aires Enrico Picolet d'Hermillon.

76 Ai due consoli fu riconosciuto uno stipendio annuo di 4.000 Lire che avrebbero cominciato a percepire dal momento dell'arrivo nelle loro sedi, MAE, Divisione 5, Protocolli generali, Registro della corrispondenza con vari uffici e particolari, mazzo 1018; 14 aprile 1838, Solaro al Conte Ceca di Vaglierano. Ad Albini venne destinata la somma di 5.000 Lire per coprire le spese del mantenimento a bordo dei due consoli, dei loro famigliari e servitù. Ibidem; 6 settembre 1838, Solaro a Des Geneys. L'indennità era calcolata sulla base di 4,80 Lire al giorno per ogni membro della famiglia del viaggiatore e di 1,5 Lire per ogni servitore, somme aumentate di un quarto su suggerimento del Des Geneys per tener conto della particolare lunghezza del viaggio.

77 Ufficialmente il *Beroldo* era definita «fregata da 50 cannoni», ma nel 1838 il suo armamento effettivo, desunto da vari documenti d'Archivio, era probabilmente composto da 28 cannoni da 24 lb sul ponte di batteria e 24-26 pezzi tra carronate da 24 lb e cannoni da 12 lb (probabilmente 20 carronate e 4 cannoni) sul ponte di coperta, per un totale di 52-54 pezzi. Nei documenti dell'Archivio di Stato di Torino non si sono trovati riferimenti alle dimensioni e alla stazza della maggior parte dei bastimenti della Marina, compreso il *Beroldo*; per quest'ultimo non sono da ritenersi attendibili i valori riportati da RADOGNA, cit., che successivamente sono stati ripresi da tutte le pubblicazioni relative alla Marina sabauda, in quanto essi risultano superiori a quelli delle contemporanee *Regina* e *Carlo Felice* che essendo di 1° rango e armate con un maggior numero dei più pesanti e voluminosi cannoni da 32 libbre erano invece necessariamente più grandi.

Pur essendo più grande dell'*Euridice*, il *Beroldo* era più piccolo delle fregate di 1° rango *Regina* e *Carlo Felice*. Si trattava comunque di una scelta coerente con quanto aveva insegnato l'esperienza dei viaggi di esplorazione compiuti da britannici e francesi, nei quali le navi di piccole o medie dimensioni, con i loro equipaggi non molto numerosi, avevano dimostrato di essere le più adatte alle lunghe crociere in acque poco o per nulla conosciute. La celebre *Endeavour* del capitano Cook era una piccola nave carboniera della stazza di sole 366 tonnellate, mentre la *Boudeuse*, che al comando di Antoine de Bougainville effettuò la prima riuscita circumnavigazione del globo compiuta da una nave francese, era una fregata da 26 cannoni di 1.030 tonnellate di stazza. La *Beagle,* che aveva compiuto il suo secondo viaggio di esplorazione intorno al mondo tra il 1831 e il 1836 con a bordo il naturalista Charles Darwin, era un piccolo brigantino di 242 tonnellate.
A fronte dell'aumento del numero di persone da imbarcare[78], Albini, che doveva esaminare le condizioni del *Beroldo* per verificarne l'idoneità ad intraprendere il viaggio, fu incaricato da Des Geneys di accertare se sulla fregata, che si trovava nella darsena militare del porto di Genova unitamente alle altre unità della Marina che si trovavano temporaneamente in disarmo[79], vi fosse spazio sufficiente per alloggiare, oltre allo stato maggiore della nave, il principe con il suo seguito e i due naturalisti che si era deciso di aggregare alla spedizione, anche i consoli e le loro famiglie che presumibilmente avrebbero recato con se.
La risposta di Albini fu negativa: le cabine esistenti erano appena sufficienti ad alloggiare gli ufficiali, il principe e i naturalisti. In un viaggio che avrebbe dovuto durare due anni e nel quale si sarebbero percorse circa 50.000 miglia, la maggior parte delle quali in climi caldi, non riteneva opportuno ridurre lo spazio a disposizione dell'equipaggio nei ponti di batteria o di corridoio per ricavare delle cabine nelle quali alloggiare i consoli[80]. Anche se sul cassero fosse stata costruita una tuga per accogliere il comandante della nave e lo scudiero del principe, per i consoli e i loro familiari non vi sarebbe stato altro spazio disponibile a bordo che quello della sala d'armi[81], un locale che però sarebbe stato molto scomodo e non consono alla loro dignità e che comunque non era sufficientemente ampio. Albini concluse il suo rapporto commentando che il *Beroldo* non offriva le comodità e lo spazio delle più grandi «fregate da 60 [cannoni] come sarebbe la *Regina*»[82].

78 Generalmente, oltre agli eventuali familiari e persone di servizio, i consoli portavano con sé nelle loro sedi anche i propri mobili e, se ne disponevano, anche le carrozze.

79 Quando i bastimenti della Marina non erano utilizzati erano mantenuti in stato di disarmo nella darsena dell'arsenale marittimo genovese, generalmente durante l'inverno oppure se non era previsto di doverli impiegare nella campagna estiva. Un bastimento in disarmo era svuotato delle provviste, dell'artiglieria e delle munizioni, la parte superiore dell'alberatura veniva smontata e a bordo rimanevano soltanto pochi marinai e sottufficiali. Quando veniva rimesso in armamento si provvedeva a riequipaggiarlo ma, a causa del fondale molto basso, per reinstallare l'artiglieria era necessario prima farlo uscire dalla darsena e ancorarlo nella rada antistante.

80 Gli ufficiali erano alloggiati nella parte poppiera dei bastimenti, sia sul ponte di batteria che nel sottostante ponte di corridoio; le cabine degli ufficiali di grado inferiore, dette all'epoca *camerini*, erano costituite da tramezzi di legno sottile o addirittura di tela.

81 La sala d'armi era il locale dove erano immagazzinate le armi individuali di bordo e si trovava sul ponte di copertino, dove erano collocati anche i magazzini dei viveri e dei materiali. Era un ponte parziale posto al disotto del più basso ponte continuo della nave, il ponte di corridoio, e si trovava al di sotto della linea di galleggiamento. Era ovviamente una zona malsana e scarsamente ventilata. Data la lunghezza del viaggio è comprensibile la riluttanza di Albini a ridurre lo spazio a disposizione dell'equipaggio, le cui buone condizioni di salute erano essenziali alla sua riuscita.

82 MAE, Divisione 3, Rapporti con le autorità interne del Regno centrali o periferiche, Guerra e Marina, lettere del ministero di Guerra e Marina alla Segreteria degli Affari Esteri, mazzo 1863; 11 aprile 1838 n° 386, *Copia di rapporto fatto dal Cap. di Vascello Cav. Albini a S.E. l'Ammiraglio*, allegato alla lettera del 14 aprile n° 304, Villamarina a Solaro. L'Albini aveva comandato la *Regina* tra l'agosto 1833 e il giugno 1834 nel corso di una lunga crociera nel Levante per portare i consoli sardi a Smirne e Alessandria d'Egitto e l'incaricato d'affari a Costantinopoli, e successivamente nel 1834/35 quando si recò in Inghilterra e ancora tra il dicembre del 1835 e il marzo del 1836. Dall'aprile del 1836 la *Regina* si trovava in disarmo nella darsena di Genova.

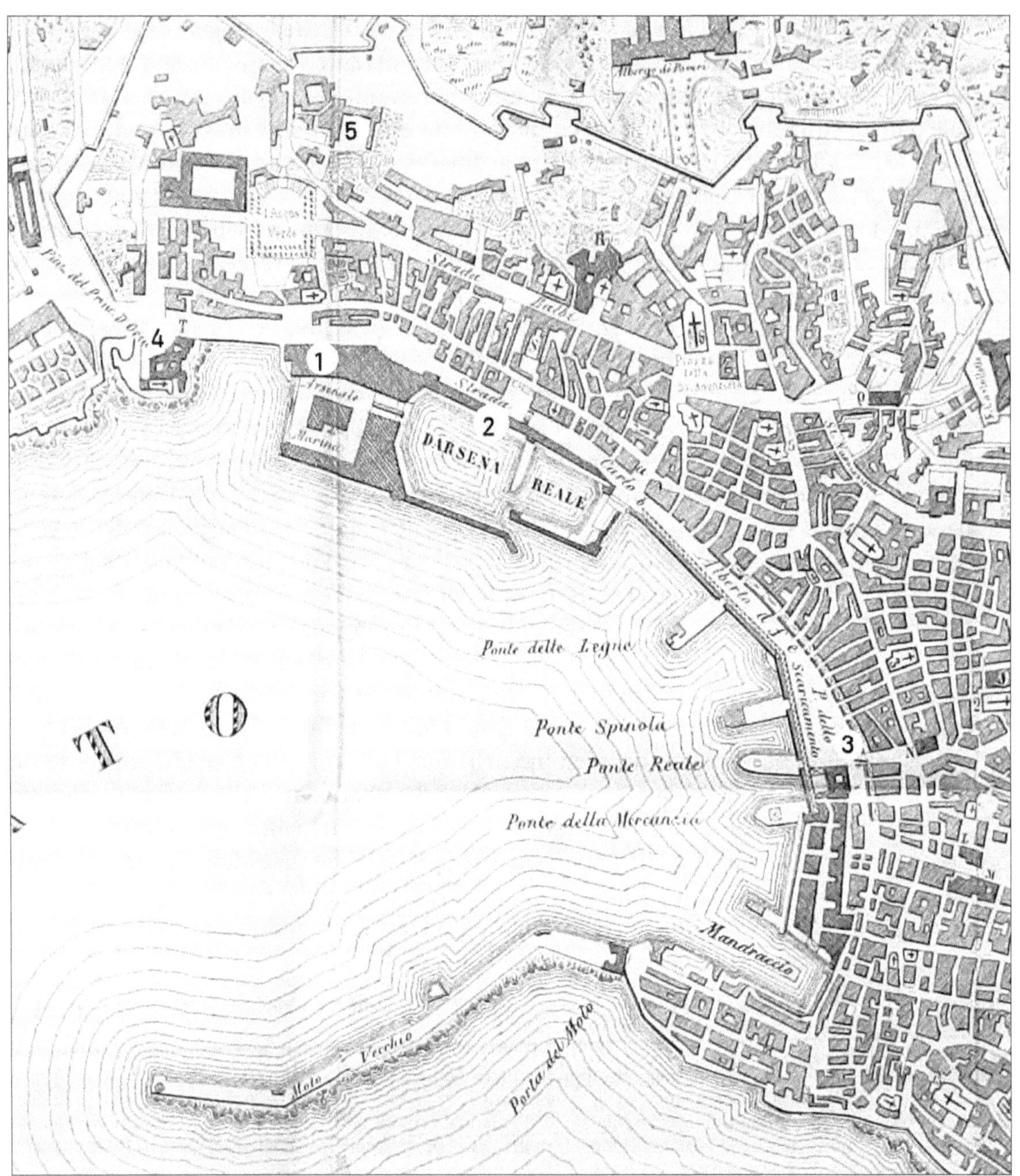

▲**Figura 4** Dettaglio dalla "Pianta di Genova nell'Agosto del 1846" edita dalla Libreria Grondona con l'indicazione dei principali edifici della Marina. Fonte: Wikicommons, elaborazione grafica dell'autore.
[1 arsenale; 2 darsena militare; 3 sede del Comando Generale della Marina (ammiragliato); 4 padiglione (caserma) della Marina di San Tommaso, sito nell'ex-monastero omonimo; 5 Regia Scuola di Marina]

Il ministro degli Esteri concordò che la sistemazione individuata da Albini non era idonea per accogliere i tre consoli, uno dei quali sarebbe stato accompagnato dalla moglie e un altro dalla moglie e dai tre figli, aggiungendo che sarebbe stato preferibile se fosse stato scelto un bastimento dotato di spazi adeguati[83].

83 MAE, Divisione 5, Protocolli generali, Registro della corrispondenza con vari uffici e particolari, mazzo 1018; 20 aprile 1838, Solaro a Villamarina.

Villamarina presentò il rapporto di Albini e le considerazioni del ministro degli Esteri a Carlo Alberto, il quale convenne che il *Beroldo* non sarebbe stato adatto e fece «cadere per la navigazione di cui trattasi la definitiva sua scelta sulla R.ª Fregata la *Regina*, come quella che pure [è] indicata dal Cav.re Albini»[84].
Albini e l'Ingegnere Costruttore di 2° Classe Filippo Deleve, direttore del Genio Navale, furono quindi incaricati di esaminare la *Regina*. Alla fine della visita Albini compilò un rapporto nel quale dichiarava di aver trovato lo scafo, l'alberatura e l'attrezzatura della nave «in servibile stato, meno alcuni oggetti da cambiare ed altri da riparare»" e che erigendo quattro camerini nella *sala del consiglio* vi sarebbe stato spazio sufficiente anche per i consoli[85].
In base a quel rapporto il re confermò la sostituzione del *Beroldo* con la *Regina*.
Lascia perplessi il fatto che nessuno, prima di prendere una decisione definitiva, abbia ritenuto opportuno prendere in considerazione anche il *Carlo Felice*, gemello della *Regina*, allo scopo di accertare quale delle due unità si trovasse nelle migliori condizioni. È probabile che questa mancanza sia da attribuirsi al fatto che Carlo Alberto, nell'accettare la proposta di sostituire il *Beroldo* con un'altra fregata di maggiori dimensioni, avesse citato espressamente la *Regina*, rifacendosi all'osservazione fatta da Albini che in sostituzione del *Beroldo* si sarebbe dovuta utilizzare una fregata «come la *Regina*», e che perciò nessuno abbia osato contraddire il sovrano suggerendo di prendere in esame una eventuale alternativa.
Così si spiegherebbe come il semplice, e forse imprudente, suggerimento dell'Albini di utilizzare una nave citata probabilmente solo perché la conosceva bene avendola avuta al suo comando in precedenza si sia trasformato in una decisione definitiva presa peraltro con eccessiva rapidità.
A parte i problemi strutturali che emergeranno dopo la tempesta che investì la *Regina* al largo delle Malvine, l'inidoneità generale della grande fregata al genere di viaggio cui era destinata, divenne evidente nel corso delle sue prime soste lungo la costa brasiliana. Il sottotenente di vascello Giovanni Ricci, uno degli ufficiali della nave, osservò che

> «I bastimenti di grande stazza come la Regina erano costretti ad ancorarsi a grande distanza dalla terraferma a causa dei bassi fondali dei porti sud-americani ... tutte le nazioni avevano adottato, per i viaggi di esplorazione, navi di minori dimensioni che oltre ad essere più sicuri nella navigazione potevano utilizzare un maggior numero di porti»[86].

Come si è detto a proposito del *Beroldo*, anche per la *Regina* e il *Carlo Felice* non sono stati reperiti documenti d'archivio che ne riportino le dimensioni ma, facendo riferimento alle coeve unità francesi dello stesso tipo, possiamo ipotizzare che avessero all'incirca una lunghezza di 54 metri, una larghezza di 14 e un'immersione di 6.
Notizie precise si hanno invece sul suo armamento, che era composto da 30 cannoni da 32 libbre collocati sul ponte di batteria e da 4 cannoni da 18 libbre e 26 carronate da 32 libbre sul ponte di coperta[87].

84 FMM, Copialettere del ministro, registro 298; 25 aprile 1838 n° 327, Villamarina a Des Geneys.
85 FMM ADC, mazzo 296; 28 aprile 1838 n° 387, Albini a Des Geneys, *Rapporto sulla Regia fregata La Regina*. Manca l'elenco originariamente allegato che riportava le parti da sostituire o da riparare.
86 AIMG, carte Ricci 3-657; 2 marzo 1839, Giovanni Ricci a Vincenzo Ricci.
87 MMQ I V, *Marina Militare, Situazione dei Legni da Guerra al Primo del mese di Novembre 1833*. Ivi; 13 novembre 1835, *Quadro dei Bastimenti componenti la Ra Squadra armata sotto gli ordini del Sig. Contr'Ammiraglio Conte* [Luigi] *Serra*,

▲ **Figura 5** Il modello della *Regina* conservato dal Galata Museo del Mare di Genova. Secondo la didascalia che lo accompagna questo modello, di fattura abbastanza essenziale, fu realizzato nella seconda metà del XIX secolo dagli allievi della Scuola Superiore Navale. Per gentile concessione del Galata Museo del Mare di Genova.

▼ **Figura 6** La fregata *Regina*. Fonte: Gonni, *Due ammiragli di Casa Savoia*.

▲ **Figura** 7 La fregata *Carlo Felice*, gemella della *Regina*. A. Pittaluga, litografia Ponthenier, 1829. Per gentile concessione della Civica raccolta delle stampe Achille Bertarelli, Milano.

Carlo Alberto che, contrariamente a quanto sostenuto da alcuni storici, era molto attento alle questioni che riguardavano la Marina, seguì con attenzione i preparativi per l'imminente crociera e si interessò in modo particolare all'armamento della *Regina* che voleva non fosse in nulla inferiore a quello delle navi da guerra estere, soprattutto britanniche, che avrebbe sicuramente incontrato nel corso della sua navigazione.

Poiché recentemente aveva appreso dai giornali esteri che sulle navi britanniche, sia a vela che a vapore, si stavano introducendo alcuni esemplari dei nuovi «cannoni a bomba alla Paixhans»[88], volle che anche sulla *Regina* fossero installati due o tre esemplari di questo nuovo tipo di artiglieria navale[89].

Des Geneys. Il calibro dei cannoni è espresso in libbre inglesi, trattandosi di pezzi acquistati in Gran Bretagna. Per quanto riguarda l'armamento della *Regina* sono errati i dati di Radogna che riporta 36 cannoni da 18 libbre, 4 da 60 libbre e 20 carronate da 24 libbre.

88 Si trattava dei cannoni-obice ideati dal colonnello d'artiglieria francese Paixhans: erano armi studiate per sparare granate sferiche, dotate di spolette a tempo, con traiettoria orizzontale e con la stessa efficacia delle palle piene dei normali cannoni; questi pezzi furono progressivamente adottati in sempre maggior numero da tutte le Marine. I cannoni-obice navali erano di ferro, ma l'artiglieria da costa sarda ne utilizzava all'epoca alcuni esemplari di bronzo. L'interesse del re per i cannoni-obice risaliva al 1835, quando aveva appreso dai giornali che le Marine estere li stavano adottando; aveva perciò incaricato il ministro di Guerra e Marina di chiedere a Des Geneys se anche le fregate sarde avrebbero potuto esserne dotate; FMM MG, mazzo 286; 9 dicembre 1835 n ° 9234, Villamarina a Des Geneys. Nonostante l'Ammiraglio si fosse detto d'accordo che l'adozione di quei nuovi pezzi sarebbe stata vantaggiosa e si fosse impegnato a prendere informazioni su di essi in Francia, fino al 1838 non aveva fatto nulla per procurarli.

89 FMM ADC, mazzo 296; 9 agosto 1838 n° 630, senza intestazione ma sicuramente di Villamarina a Des Geneys; la let-

Il ministro di Guerra e Marina incaricò perciò Des Geneys di richiedere all'Artiglieria dell'Esercito due dei «cannoni a bomba da 80 [libbre] alla Paixhans» di bronzo che erano stati recentemente installati nella batteria del Molo Vecchio di Genova, per imbarcarli sulla *Regina*. Il Comando d'Artiglieria aderì prontamente alla richiesta dell'ammiraglio e consegnò i due cannoni oltre a 90 granate complete di spoletta. I loro affusti vennero invece costruiti dagli operai dell'Arsenale della Marina[90].

3.3 *L'ALLESTIMENTO DELLA REGINA*

Ad agosto Villamarina sollecitò Des Geneys a far uscire la *Regina* dalla darsena per proseguirne l'allestimento in rada; presumibilmente, il ministro riteneva che si fosse in ritardo nella preparazione della nave[91].

In quei giorni Des Geneys ebbe un ripensamento circa l'itinerario che aveva previsto per la circumnavigazione. Poiché comunemente si riteneva che fosse molto difficile doppiare Capo Horn procedendo da est verso ovest, mentre era molto più facile farlo in direzione opposta provenendo dall'Oceano Pacifico, pensò di invertire il percorso, inviando la *Regina* prima nell'Oceano Indiano attraverso il Capo di Buona Speranza, per poi attraversare il Pacifico e, dopo aver costeggiato la California, il Messico, il Perù e il Cile, doppiare capo Horn e risalire la costa dell'America Meridionale per raggiungere gli Stati Uniti e, dopo averne visitato alcuni porti, attraversare l'Atlantico e rientrare a Genova.

Questo nuovo itinerario avrebbe però costretto i consoli a restare a bordo per quasi due anni, cosa che era difficilmente accettabile, per cui Des Geneys valutò la possibilità di trasportarli a destinazione con la nuova corvetta *Aquila* che si trovava in costruzione e che sarebbe stata varata a settembre del 1838.

Rendendosi conto che la sua proposta giungeva molto tardi, Des Geneys prima di presentarla ufficialmente al re, incaricò il Capo di Stato Maggiore della Marina, il capitano di vascello Giacomo Lampo, di sondare informalmente l'opinione del Ministro tramite il capo della Divisione Marina del Ministero di Guerra e Marina, l'avvocato Maurizio Faissolle. Quest'ultimo riferì a Lampo che Villamarina non riteneva opportuno cambiare l'itinerario, sia perché tutto era ormai stato deciso sia perché l'*Aquila* era già stata destinata a compiere un altro viaggio[92].

Nei primi giorni di ottobre Des Geneys predispose le istruzioni dettagliate per il comandante della *Regina*. Dopo aver ricordato ad Albini che il re desiderava che il viaggio non durasse più di due anni e mezzo e che aveva dato ordine che la fregata fosse pronta a mettere alla

---

tera precisa che la richiesta del re era originata dall'apprezzamento nei riguardi della Marina sarda espresso in un discorso pronunciato recentemente alla Camera dei Lords britannica a proposito della «questione spagnola". Si trattava quasi certamente del discorso pronunciato da Lord Brougham il 10 luglio 1838, in merito al blocco delle coste spagnole messo in atto della Royal Navy nel corso della prima guerra Carlista (1833-1839). Riferendosi ad un ordine dell'Ammiragliato che ordinava di impedire anche alle navi battenti bandiera sarda, comprese quelle da guerra, di avvicinarsi alle coste spagnole del Mediterraneo, nell'eventualità che trasportassero armi destinate agli insorti carlisti, lord Brougham chiese polemicamente se ci si aspettava che «a Sardinian officer, in no respect different from those of this country, would be put out of his course with impunity? Knowing the character of that military nation, could it be supposed, that a Sardinian commander would tamely submit to be stopped by an English force?». *Hansard's Parliamentary Debates,* vol. XLIV, Londra, 1838, pag. 72-73.

90 FMM ADC, mazzo 296; 13 agosto 1838 n° 3357, Des Geneys a Villamarina; Des Geneys stabilì che sulla *Regina* sarebbero stati imbarcati due cannoni a bomba come faceva la Marina Francese. 16 agosto 1838 n° 1.448 Artiglieria, Comando Generale, Materiale, a Villamarina.

91 FMM, Copialettere del ministro, registro 296; 31 agosto 1838 n° 677, Villamarina a Des Geneys.

92 FMM ADC, mazzo 296; 30 giugno 1838 e 4 luglio 1838, G. Lampo a Faissolle, lettere personali.

vela per il 30 di ottobre, data in cui il principe Eugenio si sarebbe imbarcato, l'ammiraglio descrisse dettagliatamente l'itinerario che la fregata avrebbe dovuto seguire (vedi appendice 1). Des Geneys sottolineò che, dal momento che la prima circumnavigazione del globo da parte di una nave del Regno sardo avrebbe suscitato il più vivo interesse, al termine del viaggio Albini avrebbe dovuto compilare una relazione dettagliata. Allo scopo avrebbe dovuto raccogliere giornalmente tutte le osservazioni idrografiche, geografiche e di storia naturale fatte da lui e dai suoi ufficiali nei vari paesi che avrebbe visitato, oltre alle informazioni sul loro commercio e sullo stato dell'architettura navale che avrebbe potuto procurarsi.

Ad Albini fu anche consegnata una copia delle istruzioni che Caffer e Casaretto avevano ricevuto dall'Accademia delle Scienze con la raccomandazione dell'Ammiraglio di accordar loro tutto l'aiuto di cui avrebbero potuto aver bisogno per adempiere al loro incarico.

All'inizio di ottobre una copia dell'itinerario previsto venne inviata al Ministero degli Affari Esteri; sia in questa copia che nelle istruzioni consegnate ad Albini si diceva ancora che la fregata avrebbe fatto scalo a Guayaquil per sbarcare il console che vi era destinato[93]. Solamente verso la metà del mese di ottobre Solaro chiarì che sulla *Regina* si sarebbero imbarcati solo i due consoli destinati a Lima e Valparaiso, in quanto era stato deciso di rimandare la nomina di un console a Guayaquil.

Sulla base dell'itinerario previsto Solaro predispose le sue istruzioni per la parte della missione relativa al servizio consolare. Si trattava di un compito alquanto complesso che praticamente avrebbe dato ad Albini la facoltà di agire come plenipotenziario del Governo del Regno di Sardegna nei rapporti con i governi delle repubbliche della costa occidentale dell'America del Sud.

Oltre a prestare tutta l'assistenza possibile ai due consoli, Albini avrebbe dovuto trattare con il governo della repubblica dell'Equador per la futura apertura della sede consolare a Guayaquil e, una volta giunto a Calcutta, assistere il commerciante genovese Nicolò Carlo Biale che, dietro segnalazione dell'ammiraglio Des Geneys, avrebbe dovuto essere nominato console se le autorità britanniche avessero autorizzato l'apertura del consolato sardo.

Il ministro era consapevole che, come era già accaduto in precedenza all'inviato sardo a Buenos Aires e Montevideo, barone Enrico Picolet d'Hermillon, i governi del Cile e del Perù avrebbero potuto opporre difficoltà ad accettare i due consoli, in quanto l'indipendenza dei due stati non era stata ancora riconosciuta ufficialmente dal Regno di Sardegna[94]. Per quanto riguardava questi due stati, il Governo sardo avrebbe desiderato evitare un riconoscimento formale. A questo proposito il ministro preparò due lettere che, se necessario, Albini avrebbe dovuto consegnare ai governi delle due repubbliche (vedi appendice 2), nelle quali si dichiarava che il riconoscimento ufficiale sarebbe stato superfluo, in quanto l'atto stesso dell'insediamento dei consolati rappresentava un riconoscimento implicito. Nel caso però che questo *escamotage* fosse stato rifiutato, i consoli erano autorizzati a firmare un riconoscimento formale nella forma che avrebbero giudicata più adatta. In questo caso, però, Solaro avrebbe desiderato che non fosse richiesta la ratifica di quel documento da parte del re; solo nel caso in cui i Governi interessati avessero posto quella condizione come inderogabile, pena il rifiuto ufficiale dei consoli, avrebbe dovuto essere accettata.

93 MAE, Divisione 3, Rapporti con le autorità interne del Regno centrali o periferiche, Guerra e Marina, lettere del ministero di Guerra e Marina alla Segreteria degli Affari Esteri, mazzo 1863; 6 ottobre 1838 n° 793, Villamarina a Solaro.

94 Nel caso di Picolet le difficoltà si erano però appianate quando, essendo venuti meno i non meglio specificati motivi che avevano impedito il riconoscimento dell'Argentina e «de la bande orientale dell'Uruguay», Carlo Alberto lo aveva autorizzato a riconoscerli nel modo che i due governi avessero giudicato più opportuno.

Una volta insediati i due consoli, l'Albini avrebbe dovuto recarsi a Guayaquil e aprire con il governo equadoregno un negoziato teso ad ottenere per i bastimenti e commercianti nazionali le stesse condizioni agevolate accordate alle altre nazioni «les plus favorisées», garantendo la reciprocità per i bastimenti e i cittadini equadoregni che si fossero recati nel regno di Sardegna.
Anche se il progetto di aprire una sede consolare a Guayaquil era stato per il momento accantonato, durante lo scalo che vi avrebbe fatto Albini avrebbe dovuto comunque individuare una persona, possibilmente nazionale, alla quale affidare provvisoriamente la gestione degli affari commerciali del Regno; il rappresentante non avrebbe ricevuto un regolare stipendio ma solamente dei rimborsi in base al numero di bastimenti e di soggetti nazionali che si fossero recati in Equador.
Nel caso si fosse reso necessario, un'altra lettera di Solaro indirizzata al governo equadoregno autorizzava Albini a riconoscere l'indipendenza dell'Equador.
Il ministro non prevedeva l'insorgere di particolari difficoltà per l'insediamento del consolato a Calcutta, tranne per il fatto che ancora mancava l'Exequatur[95] del Governo britannico. La cosa era stata infatti discussa già dal ministro del Regno di Sardegna a Londra, conte Giuseppe Nomis di Pollone, con il Foreign Secretary Lord Palmerston e l'Indian Minister sir John Hobhouse, i quali avevano dato il loro assenso verbale, ma l'ufficializzazione dell'approvazione stava ritardando. Nella speranza che le autorità di Calcutta avrebbero comunque accettato l'insediamento provvisorio del console, ad Albini venne fornita la patente di nomina da consegnare a Biale, nel caso le informazioni che avrebbe preso sul posto sul suo conto ne avessero dimostrato l'idoneità a ricoprire il ruolo.
Infine, Solaro incaricò Albini di verificare che i consoli sardi residenti nei porti in cui avrebbe fatto scalo svolgessero la loro attività in modo consono alla loro posizione e di accertarsi che godessero di una buona reputazione[96].
Dopo pochi giorni, Solaro inviò ulteriori istruzioni riguardanti il possibile insediamento di un consolato ad Acapulco, nella repubblica del Messico.
Essendo venuto a conoscenza che la *Regina* avrebbe fatto sosta nel porto messicano, vista la non eccessiva distanza, circa 80 leghe, che lo separava dalla sede del Governo a «Mexico» (Città del Messico), Solaro riteneva che Albini avrebbe potuto recarvisi per ottenere un colloquio con il presidente della Repubblica messicana, al quale avrebbe dovuto riferire l'intenzione del re di Sardegna di insediare consolati in tutti i territori delle colonie spagnole che si erano distaccati dalla madrepatria, allo scopo di favorire le reciproche relazioni commerciali. Qualora la richiesta fosse stata accolta, il capitano della *Regina* avrebbe dovuto individuare ad Acapulco una persona, possibilmente nazionale, da nominare console[97].
Il pressapochismo che caratterizzò l'intera fase di preparazione della spedizione e di allestimento della *Regina* si manifestò anche da parte del Ministro Solaro. Le sue istruzioni

95 Nel diritto internazionale, l'Exequatur è l'atto con il quale uno stato accetta e riconosce un console straniero, ammettendolo a esercitare le sue funzioni nel suo territorio, a godere delle immunità e delle prerogative che gli competono, e a svolgere una attività produttiva di effetti giuridici nell'ordinamento dello stato stesso. TRECCANI.
96 MAE Divisione 5, Protocolli generali, Registro della corrispondenza con vari uffici e particolari, mazzo 1018; 22 ottobre 1838, Solaro a Des Geneys. È probabile che le autorità britanniche di Calcutta avrebbero opposto qualche difficoltà alla nomina di un console: nel 1841, infatti, l'insediamento del primo console sardo, un certo Casetta, sollevò qualche perplessità, perché non se ne ravvisava la necessità dal momento che, ad eccezione di un'unica nave arrivata da Genova, non esisteva al momento alcun commercio tra il Regno di Sardegna e i mercanti locali; *Bengal Catholic Herald*, vol VI, n° 19, Calcutta, Saturday, May 11, 1844, pag. 37.
97 Ibidem; 25 ottobre 1838, Solaro ad Albini.

infatti pervennero a Des Geneys il 22 ottobre, solamente un paio di settimane prima della data prevista per la partenza[98]; l'Ammiraglio le trasmise immediatamente ad Albini con la richiesta di esaminarle e di riferirgli altrettanto rapidamente ogni sua eventuale richiesta di chiarimenti, affinché si facesse in tempo ad inoltrarla al ministro e a ricevere la sua risposta prima della partenza della fregata. Contemporaneamente fece notare a Solaro che il successo della

> «importante e assai delicata questione riguardante l'insediamento di nuovi consolati... è naturalmente subordinato alle circostanze di tempo, dei luoghi e alla situazione più o meno agitata nella quale si troveranno i diversi stati e luoghi di commercio dove i consoli dovranno svolgere le loro funzioni»

ma che, nonostante ciò, «era certo che lo zelo illuminato e l'attività del comandante della fregata non verranno meno»[99].
Le ulteriori istruzioni di Solaro, ricevute pochi giorni dopo, relative alle trattative che Albini avrebbe dovuto intavolare con il presidente del Messico per l'apertura di un consolato ad Acapulco, lasciarono il vecchio ammiraglio molto perplesso. Dopo aver sottolineato che in quei giorni Albini era molto occupato con gli ultimi preparativi del viaggio e che perciò lo sostituiva nel comunicare al ministro la ricezione del suo dispaccio, Des Geneys espresse dubbi sulla possibilità da parte di Albini di poterle eseguire: pur essendo certo che avrebbe fatto il possibile per mettersi in contatto con il Presidente messicano o personalmente o tramite un ufficiale della *Regina*, riteneva che la prevedibile durata dei negoziati e il lungo viaggio di andata e ritorno alla volta della Capitale messicana avrebbe richiesto una sosta ad Acapulco di almeno due mesi, cosa che non era consigliabile poiché la città e i suoi dintorni erano noti per essere poco salubri in determinati periodi dell'anno, e se la *Regina* vi fosse arrivata proprio in quel periodo, la salute del suo numeroso equipaggio avrebbe corso seri rischi per via delle «febbri perniciose» che vi regnavano[100].
Apparentemente Solaro non discusse preventivamente le sue istruzioni con Villamarina, ma le inviò direttamente all'Ammiragliato. Questo fatto, unito al ritardo con il quale le fece recapitare, impedì probabilmente sia al comandante della *Regina* che allo stesso Ammiraglio[101] di comprendere a fondo l'importanza dell'incarico diplomatico che veniva affidato ad Albini. Il ministro per gli Affari Esteri peccava anche di eccessivo ottimismo nel proporre le trattative con la Repubblica Messicana e nel supporre che Albini avrebbe potuto lasciare la sua nave per il viaggio fino a Città del Messico, anche se sulla carta esso non appariva troppo impegnativo. La sottovalutazione dell'importanza degli aspetti diplomatici della missione si manifesterà palesemente nel corso della lunga permanenza della *Regina* a Rio de Janeiro quando Albini si trovò ad affrontare il problema di far comunque giungere i due consoli alle loro destinazioni.

98 MAE, Divisione 3, Rapporti con le autorità interne del Regno centrali o periferiche, Guerra e Marina, lettere ricevute, Copialettere, Protocolli, Ammiragliato, corrispondenza, mazzo 1449; 15 ottobre 183, Des Geneys a Villamarina; Divisione 5, Protocolli generali, Registro della corrispondenza con vari uffici e particolari, mazzo 1018; 19 ottobre 1838, Solaro a Des Geneys.
99 BUGE Sardegna (regno di), Ministero di Guerra e di Marina, registro D.IX21, Guerra e Marina, lettere confidenziali; 24 ottobre1838 n° 634, Des Geneys a Solaro.
100 Ibid; 27 ottobre 1838, Des Geneys a Solaro.
101 Anche le istruzioni definitive di Des Geneys, integrate con le ultime disposizioni relative alla posizione e alle mansioni del principe Eugenio a bordo decise da Carlo Alberto il 27 ottobre, furono inviate ad Albini solamente il 30 ottobre.

Il 1° settembre la *Regina* uscì dalla darsena per ultimare in rada l'allestimento e i lavori di adattamento interno per realizzare le cabine del principe Eugenio e del suo seguito e i «camerini» per gli altri passeggeri[102].

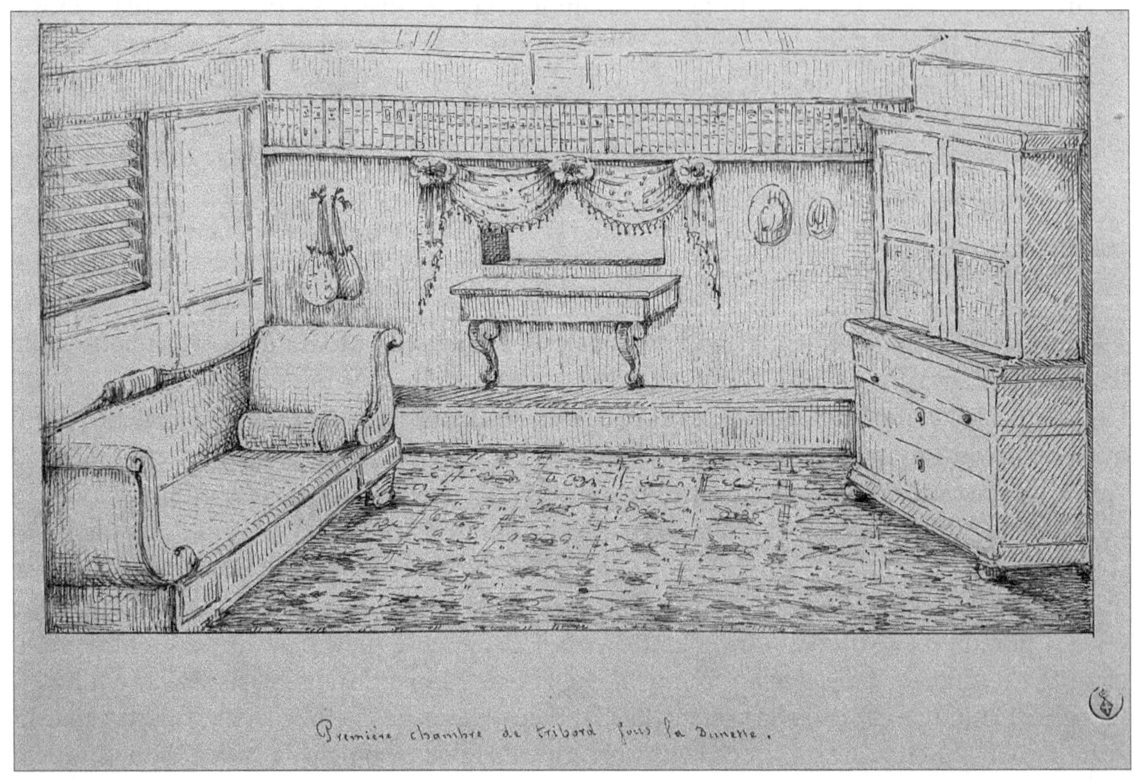

▲ **Figura 8** Il salotto del principe Eugenio a bordo della Regina. Eugenio principe di Savoia Carignano, *Voyage de la fregate la Reine, Amerique meridionale, 1838-40*, album di disegni. Su concessione del ©Mic - Musei Reali, Biblioteca Reale di Torino.

Nei primi giorni dello stesso mese Des Geneys compilò l'elenco definitivo degli ufficiali e impiegati dell'Azienda di Marina assegnati alla fregata[103].

I componenti dello stato maggiore della fregata erano: il primo luogotenente di vascello Francesco Todon[104], incaricato dell'istruzione dei guardiamarina e degli allievi, i luogotenenti di vascello di 1° classe Orazio Di Negro, ufficiale al dettaglio, e Federico Scoffiero, i luogotenenti di vascello di 2° classe Alberto Montegrandi e Ippolito Spinola e il sottotenente di vascello marchese Giovanni Ricci.

Vi era poi un gruppo di ufficiali di fresca nomina: i sottotenenti di vascello Baldassarre Galli della Mantica, Giuseppe Lomellini, Gioacchino Boyl e Pompeo Provana, i guardiamarina di 1° classe Donato Giraud, Ernesto Doria Dolceacqua e Luigi Lampo e i guardiamarina di 2° classe Agostino Descars, Desiderio Sertorio[105], Paolo Vivaldi Pasqua, Pietro Ristori e Ca-

102 MMQ I V, *Stato delle Forze navali di S.M.*; settembre 1838.

103 FMM ADC, mazzo 296; 7 settembre 1838 n° 3380, Des Geneys a Villamarina.

104 Todon era Comandante in 2° e Direttore degli Studi della Regia Scuola di Marina. Aveva già preso parte alla crociera in Sud America dell'*Euridice*.

105 Il diario di Desiderio Sertorio, che copre, purtroppo solo parzialmente, la crociera della *Regina* e la sua successiva, lunga carriera nella Marina, è stato pubblicato nel 1997: Pompeo SERTORIO, a cura di, *Desiderio Sertorio, Vele sarde nel mondo 1838-1854*, Edizioni Tigullio, Santa Margherita Ligure, 1997.

listo Jocelyn. Costoro erano stati promossi al grado attuale solo il 18 settembre 1838, dopo aver superato gli esami per la promozione.
Completavano lo Stato Maggiore il luogotenente Gallo che comandava il distaccamento del battaglione Real Navi, il sotto-commissario contabile Lauro, il cappellano Caffarelli, il chirurgo di 1° classe Falco e il chirurgo di 2° classe Sigaud.
Alcuni degli ufficiali della *Regina* raggiungeranno alti gradi nella Marina. Galli della Mantica (1815-1870) lasciò il servizio nel 1861 con il grado di contrammiraglio e la reputazione di essere uno dei migliori ufficiali superiori. Il marchese Giovani Ricci (1813-1892) divenne Aiutante Generale della Marina e, dopo essere stato messo a riposo nel 1858 col grado di capitano di vascello, tra il 1860 e il 1870 fu deputato, nonché ministro della Marina per soli due mesi tra dicembre 1862 e gennaio 1863. Orazio Di Negro (1809-1872) fu promosso contrammiraglio nel 1860; sostituì Ricci come ministro della Marina ma anche la sua permanenza a capo del dicastero fu di breve durata; il conte di Cavour lo considerava «dopo Ricci il più capace e certo il più autorevole dei nostri ufficiali»[106]. Gioacchino Boyl (1815-1892) fu nominato contrammiraglio nel 1861. Pompeo Provana del Sabbione (1816-1884) nel 1867 venne promosso viceammiraglio e da novembre 1867 a gennaio 1868 fu anch'egli ministro della Marina.
Per provvedersi del vestiario adatto e per pagare i generi alimentari che gli ufficiali portavano a bordo per il proprio consumo, molti di essi dovettero prendere a prestito del denaro dalla cassa di bordo della fregata, impegnandosi a restituirlo ratealmente. Nonostante il fatto che la loro indennità per il «trattamento di tavola»" fosse stata aumentata di un quarto, in previsione della lunghezza del viaggio e dei possibili imprevisti che si sarebbero potuti verificare, tale aumento si rivelò del tutto insufficiente, tanto che al termine della crociera il «capo gamella»[107] dello stato maggiore della fregata riferì che dell'intero debito, ammontante a 16.000 L., nonostante «la più ristretta economia» gli ufficiali erano riusciti a restituirne solo 13.300. Poiché alcuni di loro si trovavano in «grandi strettezze» e non sarebbero stati in grado di pagare le loro quote, chiese l'annullamento del debito residuo, richiesta che il re accolse[108].
L'equipaggio della *Regina* era costituito da 268 tra sottufficiali (piloti, nocchieri, mastri d'ascia, calafati, mastri velieri, ecc.) e marinai ai quali si aggiungevano 40 capi cannonieri e cannonieri appartenenti alle Compagnie Cannonieri di Mare e 46 soldati e sottufficiali del battaglione Real Navi[109]. In totale sulla *Regina* si imbarcheranno 390 uomini, ai quali si aggiungevano il principe Eugenio con il suo entourage e i consoli con i rispettivi familiari e domestici[110].
È probabile che sulla *Regina* siano stati imbarcati anche alcuni forzati, in quanto la tabella delle razioni dei viveri destinate all'equipaggio durante la crociera, modificate e aumentate rispetto a quelle previste normalmente per le navigazioni nel Mediterraneo tenendo conto dell'esperienza del precedente viaggio dell'*Euridice* in Sud America, riporta oltre alle razioni

---

106 Citato da G. ASSERETO, *Dizionario Biografico degli Italiani*, Volume 40 (1991).
107 All'epoca il capo gamella era l'ufficiale incaricato dell'amministrazione della tavola (mensa) degli ufficiali.
108 FMM ADC, mazzo 296; 10 giugno 1840 n° 4764, Villanova a Villamarina. Giugno 1840, *Giornale e conto corrente di Cassa della Regia Fregata la Regina*.
109 FMM ADC, mazzo 296; 19 ottobre 1838 n° 1650, l'intendente Generale dell'Azienda di Marina Manconi a Villamarina.
110 Nella sua corrispondenza Albini parla di 420 persone in tutto.

per l'equipaggio, anche quelle per i forzati, ma non si hanno indicazioni sul loro numero[111]. Il cinque di settembre il contrammiraglio Serra passò in rivista l'equipaggio della fregata[112]. L'ispezione non dovette dare buoni risultati, perché subito dopo venti marinai, tra quelli che erano stati scelti da Albini, furono sbarcati e sostituiti con altri scelti dal contrammiraglio[113]; pochi giorni dopo, inoltre, Albini fu autorizzato da Des Geneys a prelevare altri marinai tra gli equipaggi delle navi della Marina ancorate in rada. Le ragioni di queste decisioni non sono note, ma il fatto che nell'autorizzare Albini a scegliersi altri marinai l'Ammiraglio faccia riferimento a quelli che il commodoro avrebbe «giudicato più idonei alla navigazione che sta per intraprendere»[114], suggerisce che alcuni dei marinai già a bordo non fossero stati ritenuti fisicamente idonei.

I lavori di armamento, approvvigionamento e adattamento interno della fregata accumularono un certo ritardo, poiché solo il 16 di ottobre Des Geneys poté annunciare che erano «a peu-près achevés» e che si attendeva solamente l'arrivo di una parte dei viveri che erano stati ordinati a Nantes e che il primo settembre erano stati imbarcati su un bastimento che li avrebbe trasportati a Marsiglia[115], da dove sarebbero stati portati a Genova da una nave della Marina.

Si trattava di quelle che all'epoca erano definite "conserve alimentari", ossia alimenti a lunga conservazione conservati sotto vuoto in vasi di vetro o in scatola[116], dei quali la città di Nantes era uno dei principali produttori. La Marina sarda dovette ordinarli in Francia in quanto in Italia non vi erano ancora stabilimenti in grado di produrre cibo in scatola (il primo sarà realizzato da Francesco Cirio a Torino nel 1856).

Le "conserve" si sarebbero aggiunte alle provviste già imbarcate: 31 t di "biscotto", ossia gallette ottenute facendo cuocere fino ad indurirlo il pane tagliato a piccoli pezzi, 30 barili di farina acquistata a Marsiglia, 1 t di «Stockfisc» (stoccafisso), 1,8 q di zucchero, 0,92 q di caffè, 1 t di patate, 5 q di cipolle all'aceto, 1.600 litri di vino, 2,4 t di olio di oliva, 429 litri di aceto, pepe e mostarda.

Come antidoto contro lo scorbuto erano stati acquistati da un «salumiere» milanese 12 barili di «saucrauts» (*sauerkrauts*)[117], e 6,3 kg di acido nitrico.

Queste provviste furono integrate quando la *Regina* fece scalo a Tenerife, dove vennero acquistati, oltre a 4,7 q di sale e altri 7 q di patate, anche 16 buoi con il fieno necessario per nutrirli[118].

111 BUGE, Sardegna (regno di), Marina Militare, registro A.IX.14; 22 ottobre 1838 n°3.428, Ammiragliato a Villamarina.

112BUGE, Sardegna (regno di), Marina Militare D.IX.11; 4 settembre 1838, Ammiragliato ad Albini.

113 BUGE, Sardegna (regno di), Marina Militare D.IX.11; 5 settembre 1838 n° 952, Ammiragliato a Albini.

114 BUGE, Sardegna (regno di), Marina Militare D.IX.11; 18 settembre 1838 n° 958, Ammiragliato a Albini.

115 FMM ADC, mazzo 296; 16 ottobre 1838 n° 3423, Des Geneys a Villamarina.

116 Il processo fu inventato dal francese Nicolas Appert nel 1810; contemporaneamente l'inglese Peter Durant brevettò un metodo identico utilizzando però delle scatole di latta invece dei contenitori di vetro impiegati da Appert. Le conserve alimentari in scatola furono sperimentate con successo dalla Marina britannica inizialmente nel 1814 e successivamente nel viaggio nell'artico effettuato nel 1825 dal capitano Parry al comando della *Fury*; quando la nave dovette essere abbandonata, una parte del cibo in scatola fu lasciata a terra e venne utilizzata nel 1829 dalla spedizione del capitano Ross. Da allora il "cibo in scatola" cominciò ad essere prodotto in grandi quantità sia in Francia che in Gran Bretagna.

117 I *sauerkrauts* sono un elemento tipico della cucina tedesca e sono ottenuti facendo fermentare il cavolo tagliato a fette sottili; nel corso del processo di fermentazione il cavolo si arricchisce di vitamina C che previene lo scorbuto. Nel viaggio compiuto dal capitano Cook nel Pacifico tra il 1769 e il 1771, tra i diversi tipi di cibi imbarcati sull'*Endeavour* che si sperava potessero prevenire lo scorbuto vi erano anche 3,5 t di *sauerkrauts* che contribuirono a far sì che nel corso dei tre anni di viaggio non si sia verificato alcun caso di scorbuto.

118 Mantenere a bordo animali da macello che costituivano la provvista di carne fresca era un'antica consuetudine dell'era della vela che fu conservata fino a quando i cibi in scatola prima e la refrigerazione della carne poi non furono adottati su grande scala.

Su richiesta del Ministero degli Affari Esteri, il Papa aveva concesso una speciale dispensa al principe Eugenio e a tutto l'equipaggio della *Regina* affinché potessero mangiare «di grasso» anche al venerdì e al sabato[119].

Sulla *Regina* furono imbarcate anche alcune casse di polvere da sparo piemontese. Si trattava di un esperimento proposto dal comandante dell'Artiglieria di Torino, maggior generale Quagli, per verificare se era vera la radicata convinzione della Marina sarda che la polvere da sparo inglese fosse superiore a quella prodotta in Piemonte perché quest'ultima in mare si deteriorava. Per verificare se ciò corrispondesse al vero, Quaglia aveva proposto di approfittare della lunga crociera; la polvere piemontese sarebbe stata conservata a bordo in casse sigillate nelle stesse condizioni di quella inglese di dotazione e al ritorno campioni delle due polveri sarebbero stati sottoposti a prove comparative tra loro e con polveri analoghe rimaste a terra per verificarne lo stato di conservazione[120].

Il 22 settembre presso la batteria «a fior d'acqua» posta ai piedi della Lanterna fu effettuata, a cura del comando dell'Artiglieria, un'esercitazione di tiro con un cannone a bomba simile a quelli che erano stati imbarcati sulla *Regina* per addestrare i suoi cannonieri[121].

Per lo svolgimento delle rilevazioni scientifiche la *Regina* fu dotata, a cura dell'Accademia delle Scienze di Torino, di una serie di strumenti. Si trattava degli stessi strumenti che l'Accademia aveva in precedenza fornito all'*Euridice* in occasione del suo viaggio in Sud America e che la Marina, pur avendo provveduto a farli riparare dopo il ritorno della fregata, non aveva ancora restituito. Gli strumenti, rimasti in custodia al tenente di vascello Todon presso la Scuola di Marina, furono inviati all'Accademia delle Scienze per essere esaminati e poi rimandati a Genova.

Si trattava di due barometri «alla Gay-Lussac» con sospensione cardanica, ciascuno dotato di un "termometro di correzione", quattro termometri a mercurio con scala centigrada, uno «strumento declinatorio ossia ago calamitato in iscatola d'ottone» per la misurazione della declinazione magnetica e un ago calamitato sospeso in una scatola di vetro, con il quale si sarebbe potuto dedurre l'intensità della forza magnetica contandone le oscillazioni[122].

Oltre alle istruzioni particolari dell'Ammiragliato, dei ministri e dell'Accademia delle Scienze e i rapporti dei comandanti Olzati e Serra relativi alle rispettive missioni nelle acque dell'America Meridionale, ad Albini furono anche consegnati, come di consuetudine, due «Mandati» emessi dai governi britannico e francese che lo autorizzavano ad ispezionare e arrestare le navi mercantili di quelle due nazioni che fossero sospettate di dedicarsi alla tratta dei negri, con l'avvertenza che ciò non lo avrebbe dovuto distrarre dallo scopo principale della sua missione[123].

Infine il ministro Villamarina fece pervenire ad Albini e al chirurgo di bordo una memoria inviatagli dal medico Francesco Rossi relativa al suo nuovo metodo di cura delle malattie veneree che riteneva avrebbe potuto «anche applicarsi agli individui dell'equipaggio della fregata la *Regina* che nel corso della navigazione venissero affetti dal detto morbo»; poiché nella cura delle ulcerazioni prodotte dalle infezioni veneree il metodo del dott. Rossi preve-

119 BUGE, Sardegna (regno di), Marina Militare D.IX; 22 ottobre 1838 n° 976, Ammiragliato a Albini.

120 FMM, Copialettere del ministro, registro 302; 9 maggio 1840 n° 551, Villamarina a Villanova.

121 BUGE, Sardegna (regno di), Marina Militare D.IX.10; 21 settembre 1838 n° 961, Ammiragliato a Albini.

122 FMM ADC, mazzo 296; 22 agosto 1838 n° 8.514, Pralormo a Villamarina; 27 agosto 1838 n° 3.373, Des Geneys a Villamarina; BUGE, Sardegna (regno di), Marina Militare, D.IX.10; 26 ottobre 1838 n° 979, Ammiragliato a Albini.

123 BUGE, Sardegna (regno di), Marina Militare D.IX.10; 30 ottobre 1838, Ammiragliato a Albini.

deva l'impiego della corrente elettrica, Villamarina suggerì all'Ammiraglio di far aggiungere agli strumenti del chirurgo anche una pila galvanica[124].

Il 20 ottobre il ministero di Guerra e Marina poté informare il principe Eugenio della decisione del re di dichiarare la *Regina* pronta a partire il 30 ottobre[125]. Il giorno stabilito Eugenio si imbarcò accompagnato, oltre che da Di Villarey e dal suo maestro di casa, anche da un suo giovane cugino francese, il sedicenne principe Gontran de Bauffremont[126], «scortato» dal suo precettore, dott. Piron. Il gruppo dei passeggeri era completato dal luogotenente Paulucci del reggimento Nizza Cavalleria; circa i motivi della sua partecipazione al viaggio non si è trovata alcuna documentazione, salvo che la sua richiesta di imbarcarsi fu approvata direttamente dal re[127].

Tutto era ormai pronto per la partenza, mancavano solamente i viveri provenienti da Nantes che il piroscafo *Gulnara*, inviato a Marsiglia, avrebbe dovuto portare a Genova. Il comandante della *Gulnara*, Cartagenova, aveva ordine di attendere l'arrivo del bastimento non oltre il 28 ottobre, giorno nel quale avrebbe dovuto comunque salpare per tornare a Genova per non ritardare l'inoltro della posta che il 30 avrebbe dovuto trasportare in Sardegna[128]. In tal caso Des Geneys aveva deciso che la *Regina* avrebbe comunque salpato, ritenendo che i viveri mancanti si sarebbero potuti acquistare nei porti dell'America meridionale[129].

Seguendo le sue istruzioni, il 28 Cartagenova salpò da Marsiglia anche se il bastimento con i viveri non era ancora arrivato; fortunatamente lo incrociò a poca distanza dal porto[130] dove fece subito ritorno per imbarcarli ed arrivò a Genova il primo novembre. Immediatamente dopo il suo arrivo l'Ammiraglio informò Villamarina che per la partenza della *Regina* si attendeva solamente l'ordine del re[131].

3.4 *DA GENOVA ALLA PATAGONIA*

Alle quattro del pomeriggio dell'8 novembre 1838, la *Regina* salpò da Genova.

Il giorno precedente la fregata era stata visitata dal Re che era accompagnato, oltre che dal suo seguito, dall'ammiraglio Des Geneys e dal governatore della città marchese Paulucci[132]. La *Regina* esponeva il «Gran Pavese» e l'equipaggio era schierato in piedi sui pennoni; quando il sovrano discese sulla scialuppa che lo avrebbe riportato a terra tutte le navi della

---

124 FMM, Copialettere del ministro, registro 298; 27 ottobre 1838 n° 872, Villamarina a Des Geneys. Il dottor Francesco Rossi (1766-1841) era professore di chirurgia dell'Università di Torino. All'epoca aveva appena pubblicato *Sperienze sull'azione del sublimato condotto dalle correnti galvaniche nelle malattie sifilitiche inveterate e restie a ripetute cure mercuriali*, Torino, Mussano e Bona, 1838.

125 CDSM, Corrispondenza, fascicoli dal n° 12.254 al 12.255; 20 ottobre 1838 n° 840, Villamarina al Primo Scudiero del Principe di Carignano.

126 MMQ I V, mazzo 33, s.d, *Proposizioni per la formazione dello Stato Maggiore della Regia Fregata la Regin*a. Non sono note le ragioni per le quali il giovane Gontran accompagnò Eugenio, forse si trattò di un tentativo di indirizzarlo ad una carriera navale. Il principe Eugenio di Savoia Carignano era imparentato con la famiglia francese di Bauffremont-Courtenay per parte della madre, Pauline de Quelen de Vauguyon, la cui sorella aveva sposato Alexandre de Bauffremont, 1° duca di Bauffremont. Gontran de Bauffremont (1822-1897) era il figlio di Theodore, principe di Bauffremont, fratello di Alexandre. All'epoca e nei documenti dell'Archivio di Stato di Torino, il nome della casata era reso con la grafia Beauffremont.

127 BUGE, Sardegna (regno di), Marina Militare D.IX.10.; 2 ottobre 1838, Ammiragliato ad Albini. Si trattava del marchese Eugenio Paulucci, luogotenente ed aiutante maggiore in 1° del reggimento Nizza Cavalleria. Calendario Generale dè Regi Stati, 1838, pag. 328.

128 CDSM, Corrispondenza, fascicoli dal n° 12254 al 12255; 20 ottobre 1838 n°840, Villamarina al Primo Scudiero del Principe di Carignano.

129 FMM ADC, mazzo 296; 16 ottobre 1838 n° 3.455, Des Geneys a Villamarina.

130 Ibidem; 31 ottobre 1838 n° 3.442, Des Geneys a Villamarina.

131 FMM ADC, mazzo 296; 1° novembre 1838 n° 3.445, Des Geneys a Villamarina.

132 Il governatore era il marchese Filippo Paulucci delle Roncole (11 settembre 1779 - 25 gennaio 1848), Piero DEL NEGRO, *Dizionario Biografico degli Italiani*, vol. 81.

squadra lo salutarono con la consueta salva di 21 colpi di cannone[133].
Nonostante Albini nella relazione conclusiva del viaggio che compilò al ritorno a Genova, affermasse che la crociera «faceva notizia in tutta Europa»[134], nella stampa europea non si trovano molti riferimenti ad essa. Uno dei pochi riferimenti rintracciati è contenuto nel periodico francese *La Mode*, una pubblicazione di moda e costume, che nel numero del 24 novembre, nel riportare la partenza della fregata, scrisse che il suo viaggio faceva «présager les résultats les plus heureux dans l'intérêt de la science», aggiungendo, forse con una certa esagerazione considerando il poco affetto che i genovesi nutrivano per Casa Savoia, che tutta la popolazione si era radunata sulla riva per salutare la partenza del giovane principe Eugenio.
È più verosimile quanto scrisse il guardiamarina Sertorio che la fregata era circondata da imbarcazioni sulle quali si trovavano i congiunti dell'equipaggio che davano loro quello che avrebbe potuto essere l'ultimo saluto[135].
A causa del vento contrario la nave dovette essere rimorchiata dal piroscafo a ruote *Ichnusa*[136] fino alle 11 di sera, quando finalmente poté sciogliere le vele.
Passate le isole Baleari, la *Regina* incontrò un prolungato periodo di venti contrari e fu solamente il 21 di novembre che, bordeggiando, arrivò al traverso di «Capo di Gatta» (l'odierno Cabo de Gato, che chiude ad ovest il golfo di Almeria), dove il vento contrario rinforzò e Albini fu costretto a mettersi alla cappa fino al 6 dicembre quando finalmente la direzione del vento divenne favorevole per attraversare lo stretto di Gibilterra. Nei giorni in cui rimase alla cappa si verificarono alcuni danni alla prua della nave: si spezzò «il tagliamare nei buchi di sottobarba» e dalla carena si staccarono una ventina dei fogli di rame del rivestimento che ne proteggeva il fasciame dalla corrosione della vegetazione marina.
Nel rapporto che inviò tramite una scialuppa al console sardo a Gibilterra, il quale lo inoltrò a Genova, Albini sottolineò che già nei precedenti viaggi che aveva compiuto con la *Regina* alla volta di Londra e di Costantinopoli dallo scafo si erano staccati alcuni fogli di rame, e che ciò dimostrava che il tagliamare non era ben fissato alla ruota di prua e che tra i due pezzi vi era del gioco[137]. Ciononostante dichiarò di non essere eccessivamente preoccupato perché la parte del tagliamare che si era spezzata non influiva sulla solidità dello scafo ma solo su quella dell'alberatura, in quanto il bompresso era assicurato al tagliamare, che però al momento non dava alcun problema.
Poiché Albini non ritenne opportuno entrare nel porto di Cartagena per eseguire le riparazioni a causa delle «circostanze politiche dello stato»[138], fece rinforzare la legatura del bompresso come meglio era possibile con i mezzi di bordo[139] e proseguì la navigazione.

133 SERTORIO, cit., p. 38.
134 FMM ADC, mazzo 296; 8 maggio 1840, *Rapporto del Comandante della Regia Fregata la Regina partita da Genova per un viaggio di Circumnavigazione e retrocessa per Circostanza imperiosa*. D'ora in avanti Albini, *Rapporto del comandante*.
135 Ibid. La Gazzetta di Genova del 10 novembre si limitò a pubblicare un breve paragrafo nel quale si dava conto della visita effettuata dai sovrani sulla *Regina* e che si concludeva con il succinto annuncio che il giorno successivo la fregata era salpata per intraprendere il viaggio di circumnavigazione.
136 Ivi, p. 39.
137 FMM ADC, mazzo 296; 7 dicembre 1838 n° 396, Albini a Des Geneys.
138 Carlo Alberto fu un convinto sostenitore del movimento reazionario Carlista spagnolo di Carlo di Borbone e nel 1835 il regno sabaudo interruppe i rapporti diplomatici e commerciali con la Spagna. A giugno del 1837 fu emanato l'ordine di interdire l'accesso ai porti dello stato sabaudo a tutte le navi mercantili battenti bandiera spagnola. BUGE, Sardegna (Regno Di) - Ministero di Guerra e Marina, Registro D.IX.21, Lettere Confidenziali 1835-44; 1° giugno 1837 n° 625, a De Villeneuve Generale Ispettore della marina mercantile e del porto di Villafranca. Solo alla conclusione della guerra civile spagnola Carlo Alberto riconoscerà, nel 1849, Isabella II come regina di Spagna.
139 Albini, *Rapporto del Comandante*.

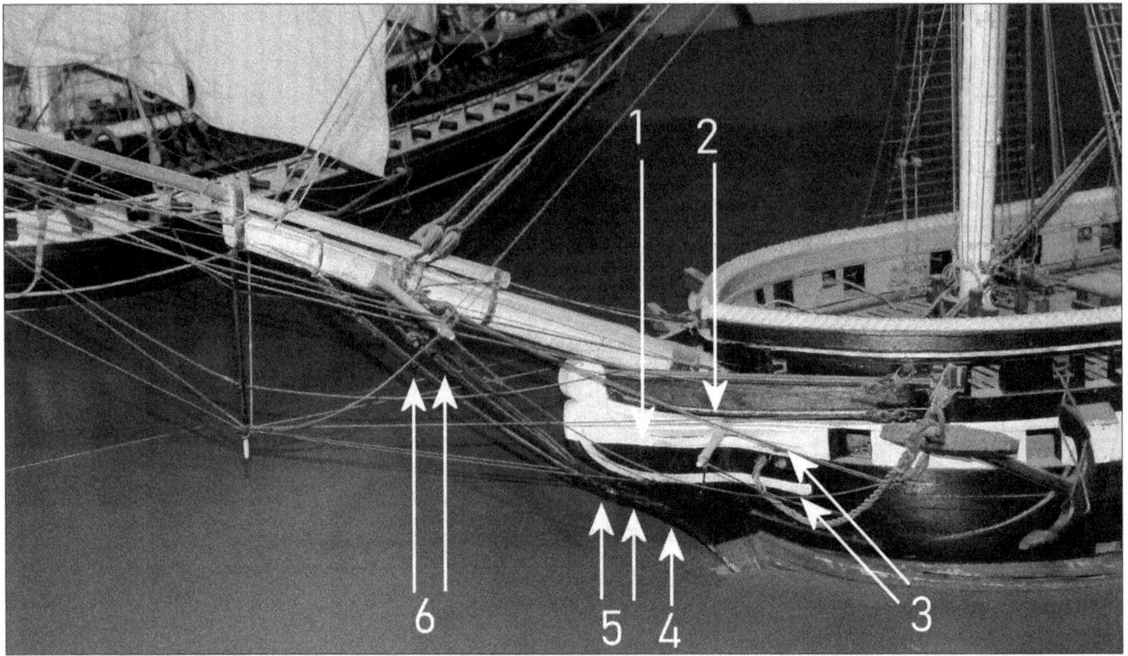

▲**Figura 9** Dettaglio della prua della *Regina*: 1 sperone; 2 fasciame dello sperone; 3 sostegni dello sperone (maschette); 4 tagliamare; 5 buchi di sottobarba; 6 cavi di sottobarba o briglie.

▼ **Fig. 10** Le parti che componevano la struttura della prua di una fregata britannica della prima metà dell'ottocento. Le navi delle altre marinerie avevano strutture simili anche se talvolta differenti nelle dimensioni e nella posizione reciproca dei vari elementi.
1. controchiglia; 2. chiglia; 3. paramezzale; 4. bracciolo; 5. controruota di prua; 6. ruota di prua; 7. riempitori di prua; 8. piede di ruota; 9. gorgiera; 10. tagliamare; 11. freccia dello sperone; 12. riempimenti dello sperone; 13. cappuccino. Disegno dell'autore.

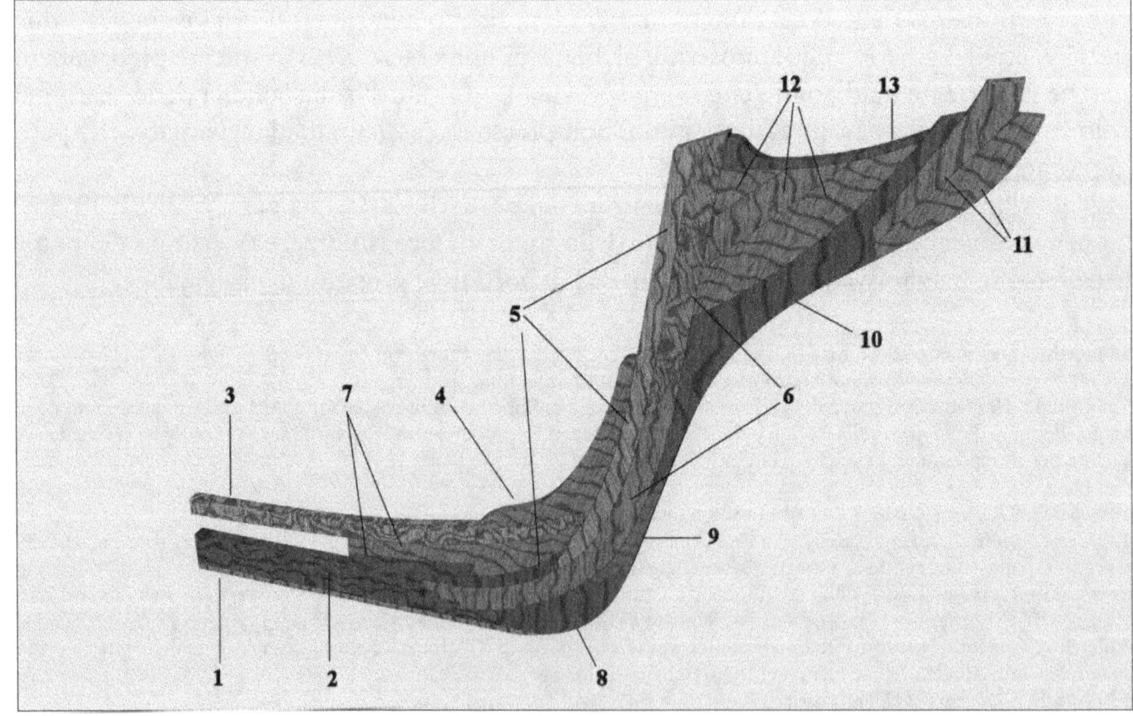

Alla luce di quello che avvenne successivamente, appare alquanto imprudente la sottovalutazione da parte di Albini dell'esistenza di un potenziale problema strutturale grave come il gioco tra il tagliamare e la ruota di prua. Il suo atteggiamento sarebbe stato giustificato nel caso di navigazioni relativamente brevi come quelle alla volta di Londra e di Costantinopoli, ma non in una di lunga durata e impegnativa come la circumnavigazione del globo che avrebbe richiesto un bastimento al massimo dell'efficienza, poiché le possibilità di effettuare grandi riparazioni durante il percorso sarebbero state alquanto scarse.
È molto probabile che sulla sua decisione di continuare la crociera abbia pesato la consapevolezza delle grandi aspettative riposte dalla corte di Torino su quel viaggio e le inevitabili polemiche e accuse che avrebbe dovuto affrontare qualora avesse deciso di interromperlo proprio nella sua fase iniziale per far eseguire le riparazioni.
La *Regina* attraversò lo stretto di Gibilterra il 7 dicembre; nel rapporto che quel giorno inviò a Genova Albini riferì che il principe non si era «sgomentato per nulla» nei 12 giorni di «ben contrastata navigazione [che] avrebbero s'vogliato [sic] qualunque persona.»[140].
Nel suo diario Sertorio registrò che il 10 dicembre si spezzò l'albero di belvedere, che era il più alto dei tre tronchi che componevano l'albero di mezzana[141]; nei suoi rapporti invece Albini non fa alcuna menzione di questa avaria, ma nell'elenco dettagliato delle spese sostenute per l'allestimento della *Regina* nel corso del suo viaggio è riportato il pagamento effettuato il primo di febbraio ad un artigiano dell'isola brasiliana di San Sebastiano per la sostituzione dell'albero "rottosi in navigazione".
Il 18 la *Regina* fece scalo nel porto di Santa Cruz di Tenerife nelle Canarie, dopo 40 giorni di navigazione «ben contrastata» durante i quali aveva già consumato quasi tutti i "rinfreschi", ossia acqua e vino.
Il governatore, seguendo gli ordini ricevuti da Madrid, proibì qualunque contatto con la terraferma a causa dello stato delle relazioni politiche tra il Regno di Sardegna e il governo spagnolo, proibizione che peraltro era già applicata a tutti i bastimenti battenti bandiera sarda ed era una risposta all'analogo divieto imposto alla navigazione mercantile spagnola nei porti sabaudi. Autorizzò comunque l'Albini a rifornirsi di tutto ciò di cui la fregata aveva bisogno; purtroppo ciò impedì ai marinai di rinnovare «le loro piccole provviste di rinfreschi» come contavano di fare.
La salute dell'equipaggio era generalmente buona anche se vi era una ventina di marinai ammalati, di cui la maggior parte di malattie veneree non gravi, un fatto che Albini asserì di aver previsto prima della partenza della *Regina.*
La proibizione di avere contatti con la terraferma frustrò la speranza di Albini di poter irrobustire il tagliamare con due gaffe di ferro che lo abbracciassero, un lavoro che non era possibile eseguire con il solo mezzo della forgia di bordo.
Albini fece anche aggiungere un'altra briglia al bompresso perché non era ancora abbastanza ben fissato[142].
Anche l'attrezzatura della nave stava iniziando a dare problemi, perché si allentavano continuamente le sartie e le ralinghe delle vele per cui Albini scrisse che «sono obbligato di ritagliarle tutte perché non si possono ghindare né bordare a segno»

140 FMM ADC, mazzo 296; 7 dicembre 1838 n° 396, Albini a Des Geneys.
141 SERTORIO, cit., p. 49.
142 SERTORIO, cit., p. 50.

Le sartie erano i grossi cavi che sostenevano lateralmente gli alberi e le ralinghe erano le corde cucite intorno al bordo delle vele per evitare che la tela si strappasse sotto la forza del vento, mentre bordare a segno è l'azione di estendere una vela al massimo della sua ampiezza[143]. Non è chiaro cosa Albini fu costretto a «ritagliare», se le ralinghe o le vele, ma è probabile che si riferisse alle prime in quanto una ralinga troppo lunga avrebbe causato la lacerazione della vela.

I problemi al sartiame dimostrano che l'allestimento della *Regina* fu effettuato con una particolare attenzione al risparmio, un problema costante nella Marina sabauda, e che quindi furono mantenute le attrezzature vecchie o usurate.

Il 21 la fregata lasciò il porto. In quell'occasione la manovra fu comandata dal principe Eugenio e in seguito divenne consuetudine affidargli il comando della manovra di uscita dai porti.

Il 23 dicembre fu attraversato il Tropico del Cancro alla longitudine di 18° 20' e l'11 gennaio 1839 l'Equatore alla longitudine di 21° 40'[144].

In quell'occasione a bordo si tenne la consueta cerimonia che consisteva in un'allegra carnevalata cui partecipavano i membri dell'equipaggio variamente travestiti e nel corso della quale erano battezzati coloro che attraversavano per la prima volta l'equatore. I passeggeri dovevano pagare un riscatto pena una bagnatura che, a seconda del rango del soggetto, andava da un piccolo spruzzo d'acqua ad un tuffo in mare, beninteso solo per i passeggeri meno importanti.

Nel suo diario Sertorio descrive con ricchezza di particolari la cerimonia che si svolse sul ponte della *Regina*, descrizione che è confermata dalle scene raffigurate in due acquarelli dipinti dal principe Eugenio che fanno parte di un album nel quale sono raccolti tutti i disegni e i dipinti che realizzò durante la crociera. Nella fig. n°11 si vede, in basso, l'arrivo del carro che porta i personaggi principali e, in alto, un episodio del successivo battesimo descritto dal Sertorio, quando un ufficiale, fatta armare una pompa da incendio, fece una «strage orribile»[145].

Raggiunta la costa meridionale del Brasile, il 28 gennaio la *Regina* fece scalo all'isola di San Sebastiano, ancorandosi nel canale largo solamente 3,7 km che la separa dal continente. Durante la sosta si rifornì di acqua e di legna e Albini fece rinforzare ulteriormente il tagliamare, mentre Casaretto e Caffer cominciarono le loro raccolte naturalistiche. In particolare Casaretto fece diverse escursioni nella foresta accompagnato da guide locali e da un cannoniere di nome Chiavassa, assegnatogli come domestico e «portatore» delle raccolte che diverrà il suo compagno fisso[146].

Nel corso della sosta si verificò un episodio destinato a far nascere gravi attriti tra gli ufficiali della *Regina* e il console Ceca di Vaglierano e sua moglie i quali, oltre che dai due

143 FMM RSM, registro 354; 21 marzo 1839 relazione n° 184, rapporto inviato da Albini da Santa Cruz di Tenerife il 18 febbraio 1838. Del problema del sartiame Albini non fece cenno nella relazione finale del viaggio né ne parlò più nei rapporti che periodicamente inviò all'Ammiragliato a Genova.

144 Albini calcolava la longitudine secondo il meridiano di Parigi, che era uno dei meridiani di riferimento utilizzati all'epoca; in questa sede i suoi valori sono stati corretti per adeguarli al meridiano di Greenwich che venne universalmente adottato solo nel 1884.

145 SERTORIO, cit., p. 60.

146 FMM ADC, mazzo 296; 8 agosto 1840 n° 7146, Solaro a Villamarina, *Conte generale delle spese relative alle collezioni Botaniche e Mineralogiche del Dr G. Casaretto.*

▲ **Figura 11** La cerimonia per celebrare l'attraversamento dell'Equatore raffigurata in due acquarelli del principe Eugenio. In alto il "battesimo" e in basso l'arrivo del carro sul quale si trovano, da sinistra a destra, lo Zefiro, il Padre Equatore, la Madre e la Linea; il carro è preceduto dal Tropico del Cancro e seguito dal Tropico del Capricorno. Eugenio principe di Savoia Carignano, *Voyage*. Su concessione del ©Mic- Musei Reali, Biblioteca Reale di Torino.

▼ **Figura 12** La *Regina* all'ancora nel canale che separa l'isola di San Sebastiano dal continente. Eugenio principe di Savoia Carignano, *Voyage*. Su concessione del ©Mic- Musei Reali, Biblioteca Reale di Torino.

figli[147], erano accompagnati da due camerieri ed una cameriera. A causa di una lite con la contessa, due dei servitori, Luigi e Teresa Falletti, originari di Asti[148], chiesero di abbandonare la fregata, cosa che Albini autorizzò «onde evitare amarezze pendente il viaggio»[149]. Il sottotenente di vascello Ricci, in una delle molte lettere che scrisse al fratello nel corso della crociera, commentò che il conte si era comportato con i suoi domestici in un «modo vergognoso» tanto che aveva dovuto intervenire personalmente Albini, e che poi tutti sbarcarono, lasciandolo solo[150].

In seguito a questo episodio gli ufficiali della *Regina* vennero a sapere, forse per bocca degli stessi Falletti, che essi non erano affatto al servizio del conte ma che gli avevano pagato 500 Lire affinché li facesse passare per tali, in modo da far avere loro il passaggio e il sostentamento gratuiti. Di conseguenza gli ufficiali, che secondo Albini fino ad allora avevano trattato la coppia con ogni riguardo, cominciarono a manifestare, particolarmente nei confronti della contessa, una certa freddezza. I rapporti precipitarono quando quest'ultima, a causa di una «leggerissima mancanza» nei suoi confronti da parte di un non meglio identificato «giovane ufficiale», lo accusò di essere «un impolito lui e tutti gli Ufficiali». Questa affermazione le attirò «un astio generale da parte dei 16 ufficiali che componevano la loro tavola»[151], astio che nemmeno i tentativi di pacificazione che Albini affermò di aver fatto riuscirono a soffocare. Secondo Ricci la moglie del console era di «origine bassissima, vero *stock-fish*», ma le sue dichiarazioni riguardo ai passeggeri sono da prendere con circospezione in quanto sembra nutrisse forti pregiudizi nei loro confronti, arrivando a definirli «imbarcati a Genova per ingrassare»[152].

Probabilmente i rapporti tra gli ufficiali e la contessa avevano iniziato a essere compromessi fin dalla partenza da Genova a causa del suo comportamento: essa aveva infatti preso l'abitudine di non far colazione alla tavola degli ufficiali, in quanto, come spiegò poi il conte al ministro Solaro, l'ora alla quale era servita, dalle otto alle otto e mezza, le «era troppo incommoda...essendo essa ancora in letto a quell'ora», motivo per il quale il marito le portava la colazione in cabina[153].

Per quanto il passare dei giorni, nonché il cattivo tempo che la nave incontrò, riuscissero apparentemente a far dimenticare l'episodio, esso era destinato ad influenzare pesantemente i rapporti tra il console Vaglierano e gli ufficiali della *Regina* nel corso della lunga sosta a

---

147 A. MANNO riporta che Ceca «morì celibe lasciando prole illegittima che diede luogo a più sentenze del Senato e del Magistrato d'Appello di Torino, per rettificazioni di stato civile». Nella Gazzetta Piemontese dell'11 settembre 1844 è però citata una contessa Adelaide Tolone, vedova del Conte Vincenzo Cecca (il cognome della casata era reso sia con la grafia Ceca che con quella Cecca) di Vaglierano e tutrice di Amedeo, Diomedeo, Ermenegildo, Pompeo e Sofia Cecca di Vaglierano. Sullo stato civile del conte è possibile che Manno sia in errore, oppure che avesse contratto matrimonio morganatico.

148 MAE, Divisione 5, Protocolli generali, Registro della corrispondenza con vari uffici e particolari, mazzo 1019; 26 dicembre 1839, Solaro all'Intendente di Asti.

149 MAE, Divisione 3, Rapporti con le autorità interne del Regno centrali o periferiche, Guerra e Marina, lettere ricevute, Copialettere, Protocolli, Ammiragliato, corrispondenza, mazzo 1449; 23 dicembre 1839, Villanova (nuovo comandante della Marina) a Solaro; cita testualmente quanto scritto da Albini nel diario di bordo della *Regina*. Periodicamente i diari di bordo trimestrali della *Regina* venivano inviati all'Ammiragliato per mezzo di bastimenti mercantili nazionali.

150 AIMG, Carte Ricci; 30 aprile 1839, Giovanni Ricci a Vincenzo Ricci.

151 MAE, Divisione 3, Rapporti con le autorità interne del Regno centrali o periferiche, Guerra e Marina, lettere ricevute, Copialettere, Protocolli, Ammiragliato, corrispondenza, mazzo 1449; 23 dicembre 1839, Villanova a Solaro.

152 AIMG, Carte Ricci; 30 aprile 1839, Giovanni Ricci a Vincenzo Ricci. L'affermazione di Ricci circa «l'origine bassissima» della moglie di Ceca sembra confermare quanto scrive Manno sullo stato civile del conte. Ricci descrive il console come «uomo sucido [sudicio, N.d.A.] e deforme; egli è fornito di una gobba molto pronunciata e di due gambe bizzarramente piegate». Anche i suoi commenti nei confronti del console Picolet sono alquanto acidi: lo definisce infatti «un uomo scaltro, nasconde continuamente il suo carattere, però dopo sei mesi la sua dissimulazione è smascherata».

153 MPECN, Lima, mazzo 1; 12 luglio 1839, Ceca a Solaro.

Rio de Janeiro[154], dove il console, per i motivi che vedremo, deciderà di far ritorno in patria imbarcandosi su un bastimento mercantile diretto a Marsiglia.
Successivamente Solaro riferì al ministro di Guerra e Marina che il console aveva confutato l'accusa di essere stato pagato dai due Falletti per farli passare per suoi domestici: non negava di aver ricevuto dalla sua cameriera una certa somma, ma asseriva che essa costituiva solamente un deposito da lui richiesto a garanzia che la donna e suo fratello «non si sarebbero lasciati allettare dalle migliori condizioni che potessero farglisi nè porti di rilascio e non l'avrebbero abbandonato in viaggio» e che l'avrebbe restituita loro al termine del viaggio[155].
Avendo ricevuto due versioni contrastanti sul reale status dei Falletti, Solaro investì della questione l'intendente di Asti chiedendogli di prendere informazioni sui due Falletti e sui reali motivi per i quali avevano intrapreso il viaggio[156].

La risposta dell'intendente sembra confermare la veridicità di quanto aveva asserito Vaglierano circa l'effettiva posizione dei due: «Giuseppe Faletti» era stato uno studente «che vestiva l'abito chiericale» che aveva poi abbandonato per recarsi a Torino dove aveva conosciuto il conte Vaglierano il quale gli aveva proposto di partire con lui per il Sud America in qualità di segretario particolare. La donna che l'accompagnava era la sorella che era stata assunta come cameriera[157].
Poiché in Brasile i sudditi sabaudi erano numerosi, è del tutto plausibile che i Falletti avessero visto nel viaggio della *Regina* un mezzo per emigrare in Brasile pagando un prezzo sicuramente inferiore a quello che sarebbe costato loro un imbarco su un bastimento mercantile e, probabilmente, con la sicurezza di ricevere un'alimentazione e un trattamento migliori. D'alta parte è però difficile credere che la coppia avrebbe rinunciato alla somma non indifferente consegnata al console, pari ad un quarto dello stipendio annuo del console, solamente perché allettati da impieghi ben retribuiti, che certamente non avrebbero potuto trovare sull'isola di San Sebastiano che contava solo tre o quattro villaggi e una popolazione di 12.000 anime anche se, vista la sua vicinanza alla costa brasiliana, non doveva essere difficile trovare un passaggio su qualche bastimento, anche nazionale, diretto verso i centri più popolosi della costa brasiliana (Rio de Janeiro si trova a soli 135 km di distanza).
Che il Brasile e le opportunità che pareva offrire attraessero i sudditi sardi è testimoniato dal fatto che il 13 febbraio due marinai e un cannoniere disertarono e malgrado le ricerche fatte non furono ritrovati[158]. Per loro non sarebbe stato affatto difficile trovare un ingaggio a condizioni favorevoli sui numerosi bastimenti liguri che praticavano il commercio di cabotaggio tra la madrepatria e il Brasile, oppure trovare accoglienza tra le comunità di fuoriusciti o anche unirsi agli equipaggi dei bastimenti armati dai liberali italiani emigrati che praticavano la guerra di corsa o la pura e semplice pirateria al largo delle coste orientali del Sud America[159]. Il 13 febbraio la *Regina* salpò da San Sebastiano e si diresse a sud verso l'isola di Santa Caterina, dove fece sosta tra il 15 e il 17 febbraio[160].

154 MAE, Divisione 3, Rapporti con le autorità interne del Regno centrali o periferiche, Guerra e Marina, lettere ricevute, Copialettere, Protocolli, Ammiragliato, corrispondenza, mazzo 1449; 17 settembre 1839 n° 418, Albini a Solaro.
155 MAE, Divisione 5, Protocolli generali, Registro della corrispondenza con vari uffici e particolari, mazzo 1019; 3 febbraio 1840, Solaro ad Albini.
156 Ibidem; 26 dicembre 1839, Solaro all'intendente di Asti.
157 MAE, Divisione 3, rapporti con le autorità interne del Regno centrali o periferiche, intendenti, lettere ricevute, mazzo 1616; 4 gennaio 1840 n° 61, Intendenza d'Asti, Gabinetto particolare, a Solaro.
158 FMM ADC, mazzo 296; 8 maggio 1840, *Rapporto del Comandante*.
159 G. BARBIERI, pp 96-99.
160 Precedentemente la principale risorsa dell'isola, che contava circa 6.600 abitanti, era stata la caccia alle balene, ma lo sfruttamento intensivo ne aveva provocato la sparizione ed all'epoca la popolazione viveva di agricoltura e del commercio del legname.

▲ **Figura 13** L'isola di Santa Caterina, disegno di Albini, *Rapporto del Comandante della Regia Fregata la Regina*. Per gentile concessione dell'Archivio di Stato di Torino, Sezioni Riunite.

▼ **Figura 14** La vecchia stazione baleniera abbandonata sull'isola di Santa Caterina. Eugenio principe di Savoia Carignano, *Voyage*. Su concessione del ©Mic- Musei Reali, Biblioteca Reale di Torino.

Ripresa la navigazione, il 19 il tempo peggiorò, con vento forte e pioggia e Albini dovette far rinforzare il sartiame. Il 21 di febbraio si verificò una nuova avaria: dopo una notte di navigazione con mare formato si ruppero alcuni sostegni della polena, che sulla *Regina* non era costituita dalla classica statua o busto ma da un semplice elemento decorativo a voluta. La rottura dei sostegni provocò la perdita di sei delle tavole di fasciame che ricoprivano lo sperone; Albini non fece riparare l'avaria per non rischiare di perdere dei marinai a causa delle onde che lo sommergevano, ma fece soltanto sistemare delle cime per sorreggere le battagliole, in quanto, come spiegò nella sua relazione, lo sperone era una parte esterna dello scafo che non ne minacciava la solidità[161].
In quell'occasione venne però alla luce anche un altro problema: i gabbieri di servizio al bompresso riferirono di aver notato che la polena aveva una leggerissima oscillazione sul piano orizzontale, tanto impercettibile che fino ad allora avevano esitato a farne parola.
Fortunatamente la *Regina* era ormai giunta in vista dell'estuario del Rio de la Plata e il 25 di febbraio gettò l'ancora nel porto di Montevideo, dove trovò ancorata una squadra navale francese impegnata nel blocco di Buenos Aires, oltre a una fregata ed una corvetta statunitensi, una corvetta britannica, una norvegese ed una brasiliana.

▲**Figura 15** La rada e città di Montevideo. Disegno di Albini, *Rapporto del Comandante della Regia Fregata la Regina*. Per gentile concessione dell'Archivio di Stato di Torino, Sezioni Riunite.

161 Albini, *Rapporto del comandante*. Poiché sullo sperone si trovavano i servizi igienici dell'equipaggio, che erano costituiti da nulla di più di una piattaforma orizzontale provvista di fori, e che per coloro che ne usufruivano il fasciame perso costituiva l'unica protezione contro le ondate e il vento, è probabile che i marinai non condividessero completamente l'opinione del loro comandante che la riparazione definitiva potesse essere rimandata.

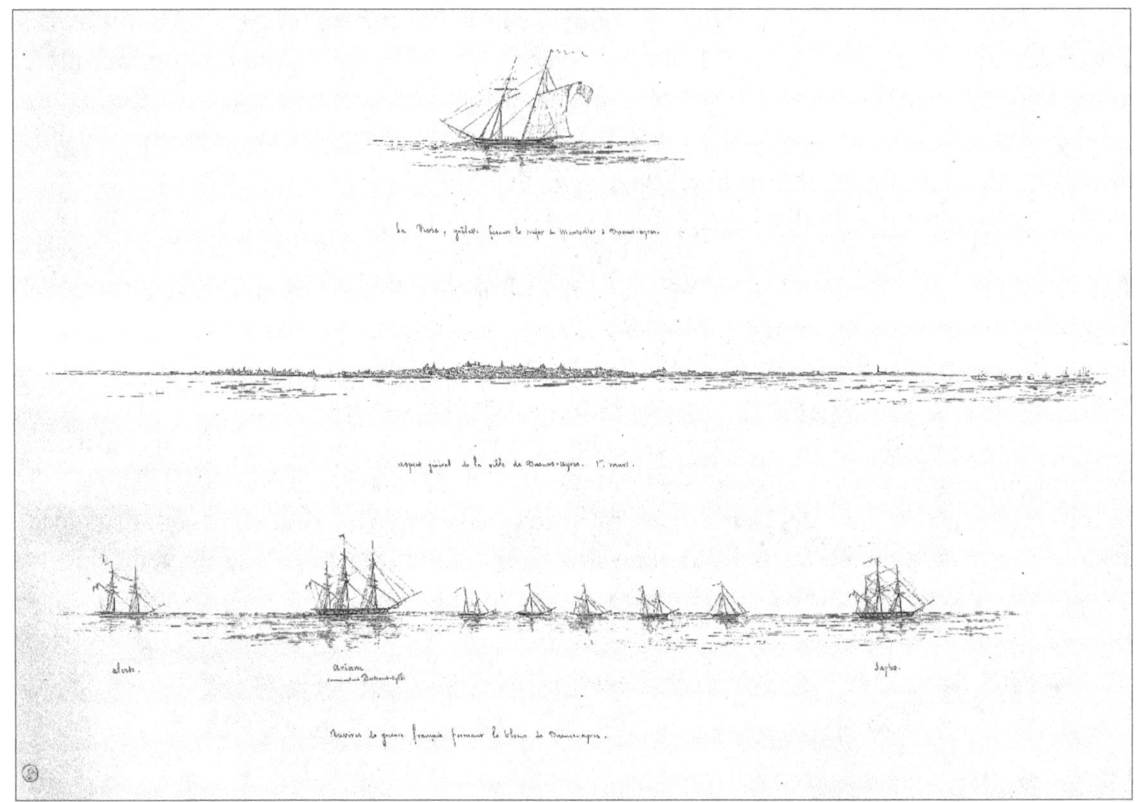

▲ **Figura 16** Buenos Aires (al centro) e le unità della squadra francese impegnata nel blocco della città (sotto). Eugenio principe di Savoia Carignano, *Voyage*. Su concessione del ©Mic - Musei Reali, Biblioteca Reale di Torino.

A bordo della fregata si presentarono il console sardo barone Enrico Picolet d'Hermillon e l'aiutante di campo del comandante la squadra francese, il contrammiraglio Le Blanc, che riferì ad Albini il desiderio di quest'ultimo di recarsi a bordo della *Regina* per porgere il suo saluto al principe Eugenio[162]. Il principe decise invece di recarsi lui stesso, accompagnato da Albini, a incontrarlo sulla sua nave, la fregata *Minerve*; quando Eugenio lasciò la nave francese fu salutato con 19 colpi di cannone. I due ufficiali sardi si recarono poi anche sulla fregata statunitense che rese al principe un saluto di 21 colpi di cannone. Il 28 il principe e alcuni ufficiali della *Regina* accompagnati dal console Picolet si recarono a Buenos Aires, attraversando il blocco francese grazie ad un salvacondotto rilasciato da Le Blanc.

Durante la sosta furono eseguite le riparazioni del fasciame dello sperone. Dal 1° al 3 marzo il tempo peggiorò a tal punto che fu necessario preparare l'ancora di speranza per essere calata, nel caso quella principale non avesse tenuto; a causa del mare grosso lo sperone era frequentemente sommerso e dalla carena si distaccarono altri fogli di rame sempre in prossimità del tagliamare.

La sosta non fu molto apprezzata dall'Albini, che definì Montevideo una «perversa rada» in parte perché era spazzata da forti venti irregolari (il *pampero*) ma principalmente perché era «il soggiorno di tutti i fuoriusciti, non solo dell'Italia, ma dell'Europa intera».

162 Albini, *Rapporto del comandante*. Il primo conflitto tra il generale Juan Manuel de Rosas (1793-1877), dittatore *de facto* della provincia di Buenos Aires, e la Francia fu innescato dall'arresto di due cittadini francesi e dalla chiusura della fabbrica appartenente ad un terzo. Il blocco venne tolto solo nell'estate del 1840 su pressione della Gran Bretagna e le relazioni franco-argentine furono normalizzate nell'ottobre dello stesso anno. Virgilio ILARI, *Storia Militare dell'Argentina 1825-1862*, vol. II, Soldiershop Publishing.

A Montevideo si verificavano moltissime diserzioni tra gli equipaggi delle navi che vi facevano scalo perché non appena l'imbarcazione di un bastimento si recava a terra per gli indispensabili approvvigionamenti e per reintegrare la riserva di acqua, i loro marinai erano avvicinati da sensali che offrivano un imbarco con la promessa di un premio di ingaggio di 30 o 40 «pezzi forti» e di un salario mensile di 14 o 15 «pezzi forti». Nel caso il marinaio fosse ammogliato gli venivano anche promessi sei mesi di alloggio gratuito qualora avesse deciso di farsi raggiungere dalla propria famiglia.
Tali allettanti offerte provocavano naturalmente molte diserzioni, che secondo l'Albini erano più numerose tra i marinai italiani, a causa della facilità di apprendimento della lingua e soprattutto tra i marinai sardi perché i sensali erano «quasi tutti nazionali».
La tradizionale parsimonia della Marina sabauda costò cara all'Albini: avendo rifiutato di noleggiare una goletta locale per farsi portare 100 botti d'acqua al prezzo giudicato esorbitante di 200 colonnati[163], utilizzò il canotto sul quale prendeva sempre posto anche un guardiamarina e la barcaccia al comando di un ufficiale accompagnato da un guardiamarina ed un sottufficiale. Per due giorni il forte vento trattenne le imbarcazioni a terra e quando rientrarono si scoprì che, nonostante la vigilanza, sei marinai erano riusciti a disertare; anche il quartiermastro immediatamente inviato a cercarli non rientrò a bordo. L'Albini si ritenne comunque fortunato perché una fregata francese aveva perso 22 marinai ed una americana 13[164].
Il 16 marzo la *Regina* al comando del principe Eugenio mise alla vela per uscire dalla rada, ma la caduta in mare di un marinaio, prontamente recuperato, fece perdere del tempo e un repentino mutamento della direzione del vento costrinse la nave ad ancorarsi nuovamente. Il giorno successivo la fregata riuscì ad uscire dal porto con vento da Nord Est e si diresse a sud verso le isole Malvine e Capo Horn.

3.5 *LA TEMPESTA*

Nelle prime ore del 26 marzo la *Regina* raggiunse la latitudine di 47° 77' sud e la longitudine di circa 60° 10' ovest. Il vento rinforzò e cominciò a spirare da est.
Il tempo cominciò a peggiorare e alle 2 del mattino del 27, in previsione dello scatenarsi di un fortunale, Albini mutò rotta dirigendosi verso nord per allontanarsi dalla costa della Patagonia. Furono sghindati gli alberi di velaccio e issate le vele di cappa.
A mezzogiorno la fregata venne investita da una forte tempesta che raggiunse la sua massima intensità nel primo pomeriggio, tra le 14 e le 18. La *Regina*, nella ampollosa retorica di Albini, divenne «il bersaglio di un tempestoso mare che atterrito avrebbe il più fiero marino».

---

163 Le monete d'argento da 8 reales (i famosi "pezzi da otto") erano conosciute come dollari spagnoli o pesos ed erano definite colonnati perché su una delle facce avevano impresse le colonne d'Ercole. Nel Regno di Sardegna erano anche definite "piastre" o "pezzi forti". Un colonnato valeva 5,40 lire piemontesi.

164 FMM ADC, mazzo 296; 15 marzo 1839 n° 403, Albini a Des Geneys. I disertori erano i marinai Leggiero, Pelleda, Macabeo, Gaibisso, Periandro, Stene ed Enea ed il quartiermastro Moscardino. Come era d'uso nella Marina sarda non erano i cognomi reali ma erano quasi tutti "nomi di guerra" che venivano utilizzati per evitare le numerose omonimie. I marinai Enea, che era rimasto a terra perché si era ubriacato, e Gaibisso si costituirono successivamente al console sardo a Montevideo, il quale provvedette a farli giungere a Rio de Janeiro dove si reimbarcarono sulla *Regina*. Ivi; 22 settembre 1839 n° 420 e 30 ottobre 1839 n° 427, Albini a Villanova. Anche durante la permanenza dell'*Euridice* avevano disertato sei marinai e due forzati; questi ultimi sarebbero annegati se non fossero stati raccolti da un brigantino britannico. Disertò anche uno dei componenti la banda di bordo che trovò ingaggio nella banda cittadina. FMM RSM, registro n° 353; 27 giugno 1837 relazione n° 248.

▲ **Figura 17** La Regina dà il segnale di partenza dalla rada di Montevideo. Eugenio principe di Savoia Carignano, *Voyage*. Su concessione del ©Mic - Musei Reali, Biblioteca Reale di Torino.

▼ **Figura 18** La posizione della *Regina* il 26 marzo 1839.

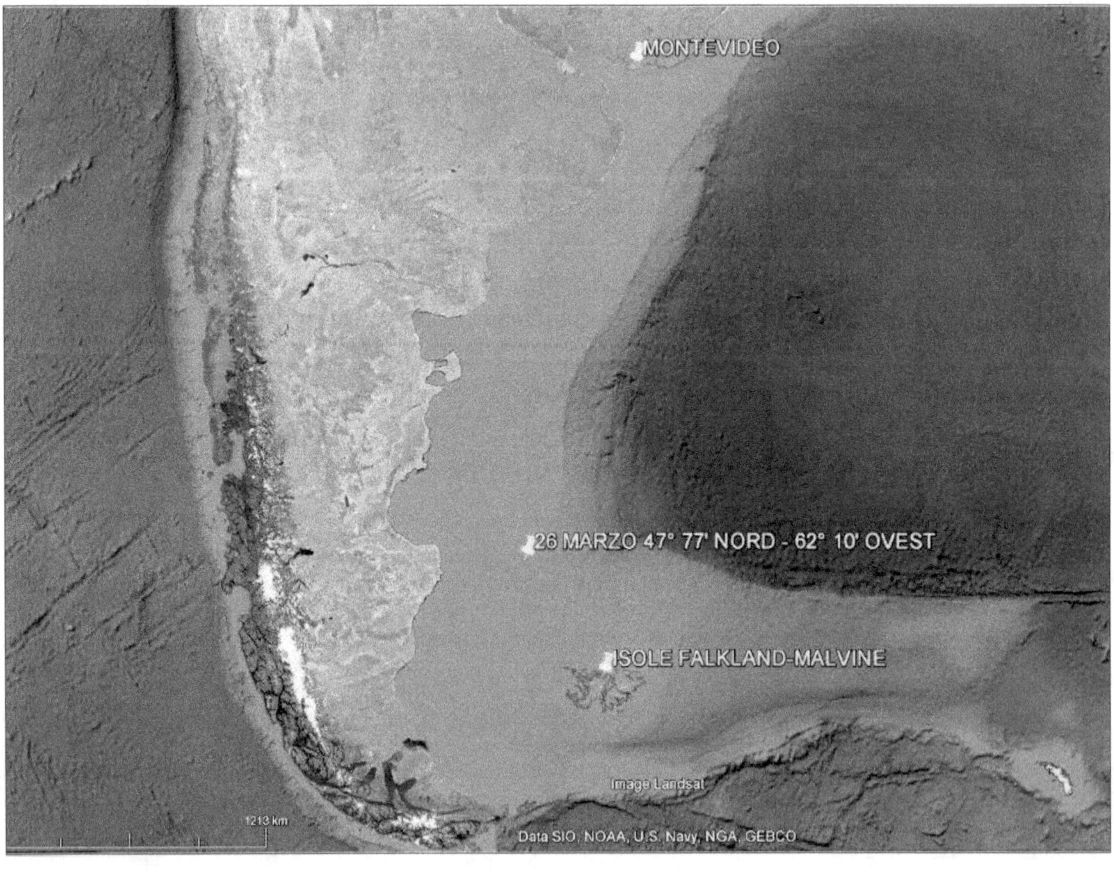

Le ondate che si infrangevano sulla coperta sul lato di dritta provocarono numerose avarie: si staccarono metà del «violino» del bompresso, il «guardacorpo della polena…con tutto il fasciame», il bastingaggio di dritta dalla prora fino all'albero di maestra, il giardinetto sempre del lato di dritta e il «3° canotto», mentre il «canotto di salvamento» fu reso pressoché inservibile. Alle 18 la fregata venne colpita da due ondate «più elevate delle altre»: la prima scavalcò la nave da dritta a sinistra, la seconda allagò l'intero ponte di coperta con una massa d'acqua che arrivava fino all'altezza delle culatte delle carronate. L'acqua si scaricò contro la fiancata sinistra, che tremò sotto l'urto, e fece ingavonare pericolosamente su quel fianco la nave; fortunatamente dopo essere rimasta per qualche minuto in quella posizione la *Regina* riuscì a raddrizzarsi.

▲ **Figura 19** Acquarello del principe Eugenio che raffigura il momento in cui un'ondata eccezionale inonda la coperta della *Regina* facendola ingavonare pericolosamente sul fianco sinistro. Eugenio principe di Savoia Carignano, *Voyage*. Su concessione del ©Mic - Musei Reali, Biblioteca Reale di Torino.

Fortunatamente, l'alberatura resse perfettamente e non si ebbero perdite tra l'equipaggio. A prora, invece, sotto gli incessanti urti delle onde, le maschette e una parte del tagliamare si spezzarono e l'oscillazione trasversale del tagliamare causò l'apertura di una falla al disotto della linea di galleggiamento. L'acqua cominciò a penetrare nella sentina, inizialmente ad un rateo di 11 cm all'ora[165].

165 La falla fu rilevata dal capocannoniere che lavorando nel suo magazzino collocato a prua sentì un forte rumore di acqua che scorreva. Il mastro calafato confermò la presenza di una falla e l'ispezione effettuata da due ufficiali, tra i quali Ricci, portò a scoprire che nella giuntura della ruota con il tagliamare esisteva un movimento sensibile. AIMG, Carte Ricci; 30 aprile 1839, Giovanni Ricci a Vincenzo Ricci.

▲ **Figura 20** Lo stesso episodio in un disegno di Albini; si noti la maggiore accuratezza dei particolari, quali l'alberatura, la velatura di cappa e la scialuppa che, rotto il cavo d'ormeggio, si sta allontanando. Albini, *Rapporto del Comandante della Regia Fregata la Regina*. Per gentile concessione dell'Archivio di Stato di Torino, Sezioni Riunite.

L'Albini fece serrare tutte le vele e mettere la prua a nord per prendere il mare di poppa e non sollecitare la prua, ma dovette ben presto constatare che in quell'andatura le ondate scavalcavano il coronamento e si riversavano sul ponte. Quando un colpo di mare particolarmente violento colpì la poppa l'acqua sfondò i due portelli della fiancata corrispondenti ai camerini del principe, la porta del giardinetto superiore di dritta, tre finestre della galleria e inondò completamente la camera superiore, distruggendo tutto il mobilio che conteneva; la massa d'acqua poi sfondò la paratia della camera e si scaricò lungo il ponte di coperta. Il guardiamarina Sertorio registrò nel suo diario che nel ponte di batteria l'acqua «correva da una parte all'altra con un grandissimo fracasso», mentre nel ponte di corridoio penetrava dagli oblò e filtrava dal sovrastante ponte di batteria. I camerini degli ufficiali erano inondati e tutte le loro cose erano fradice[166]. In seguito si riscontrò che anche quattro bagli del ponte di corridoio si erano spezzati. Albini dovette quindi issare alcune vele di fortuna per dare velocità alla nave e farla correre davanti alle ondate.

Mentre la parte peggiore della tempesta si esauriva, Albini continuò a dirigere approssimativamente verso nord fino al giorno 30 quando rimise la prua a sud; avendo ormai escluso di poter doppiare Capo Horn a causa della falla che si trovava a circa 2 m al di sotto della linea d'immersione, decise di dirigersi verso le Malvine[167] che si trovavano a 580 mn (1.070 km) di distanza[168], dove sperava di poter riparare la falla con i mezzi di bordo.

166 SERTORIO, cit., pag. 82.

167 Albini si riferisce a queste isole con il nome di Maloine, forma italianizzata del francese Malouines (da cui anche il toponimo spagnolo Malvines), che derivava dal fatto che tra le prime navi a farvi scalo ve ne furono alcune provenienti da Saint Malò, tra le quali anche quelle dell'esploratore francese Louis de Boungainville nel 1763. Bernadette HINCE, *The Antarctic Dictionary*, CSIRO Publishing, Australia, 2000, pag.121.

168 FMM ADC, mazzo 296; 7 maggio 1839 n° 405, Albini a Des Geneys. Esistono differenze anche notevoli tra la distanza

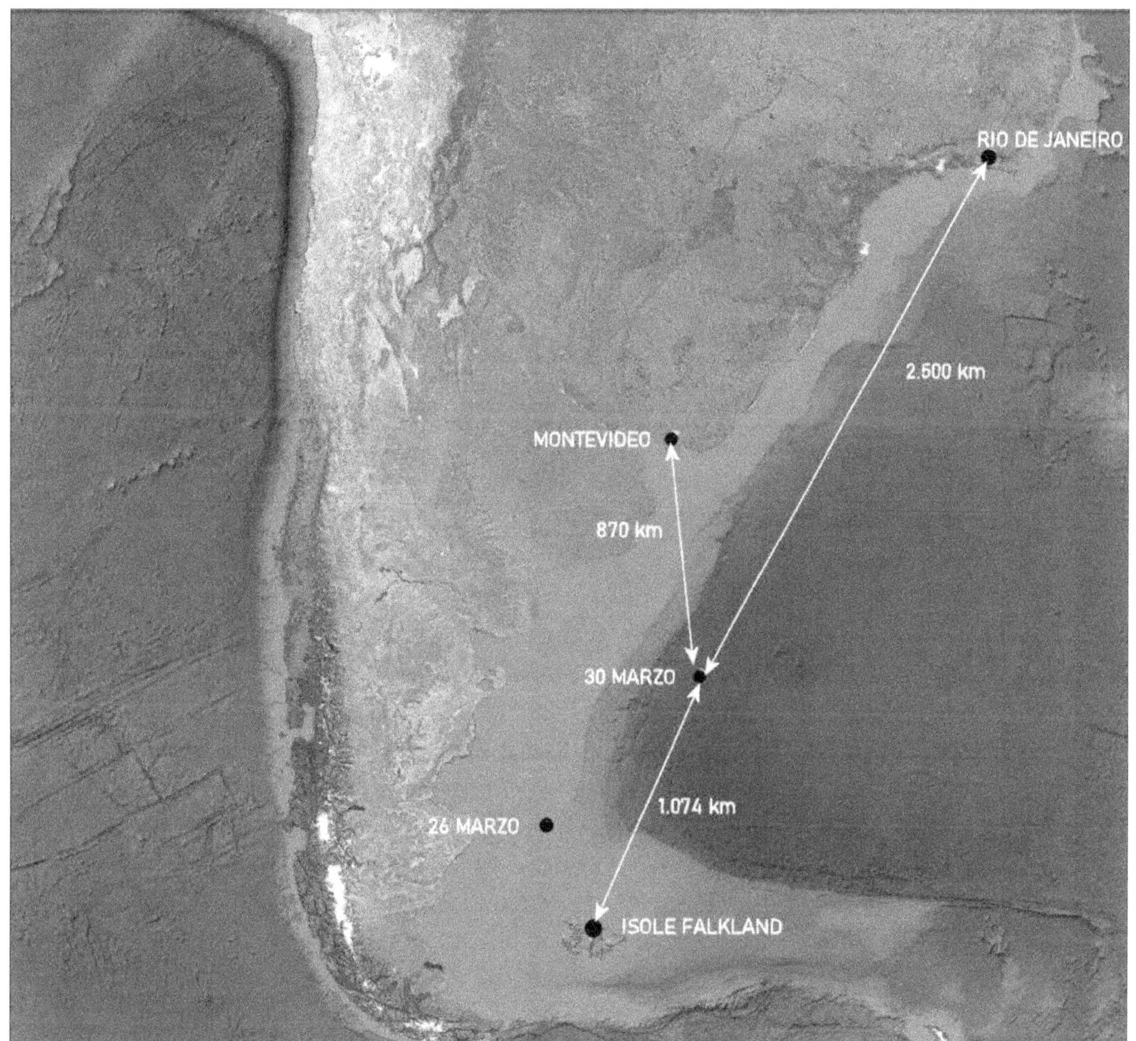

▲ **Figura 21** Posizione approssimativa della *Regina* il 30 marzo calcolata in base alle distanze dalle isole Falkland, da Montevideo e da Rio de Janeiro indicate da Albini.

Sulla nuova rotta, con il mare nuovamente ingrossato, la quantità d'acqua che si riversava all'interno della stiva aumentò, raggiungendo i 40 cm circa all'ora, e si dovettero utilizzare le pompe per una o due ore ad ogni guardia. A detta di Ricci, durante la notte l'equipaggio della *Regina* rimase, comprensibilmente, in uno stato di grande agitazione.

Il 31 Albini convocò in consiglio gli ufficiali di vascello. Secondo il suo rapporto essi non solo furono d'accordo che le condizioni in cui si trovava la nave rendevano troppo pericoloso tentare di doppiare Capo Horn, ma si dimostrarono anche riluttanti a raggiungere le Malvine. Prese quindi la decisione di invertire la rotta e di dirigersi verso un porto nel quale poter riparare la falla che, trovandosi al di sotto del galleggiamento, per essere raggiunta richiedeva l'alleggerimento della parte prodiera della nave, un lavoro che avrebbe potuto essere eseguito solamente in un porto dotato di un arsenale adeguatamente attrezzato.

della *Regina* dalle Malvine e dai porti brasiliani che Albini indicò nel rapporto inviato all'Ammiragliato al suo arrivo a Rio de Janeiro e quelle che invece riportò nel rapporto finale sulla crociera, compilato al suo ritorno a Genova; in questa sede sono state utilizzate queste ultime.

Il porto più vicino era quello di Montevideo che distava solamente 470 mn (870 km) ma che non disponeva di alcuna attrezzatura; l'unica alternativa era Rio de Janeiro che si trovava a 1.350 mn (2.500 km) di distanza ma disponeva di un arsenale e di maestranze qualificate. Sempre secondo Albini, anche il principe Eugenio e altri ufficiali ritennero concordemente che quello fosse l'unico porto nel quale si sarebbero potute effettuare le riparazioni[169].
Il resoconto che Ricci fece al fratello della discussione avvenuta durante il consiglio degli ufficiali è alquanto differente da quello di Albini e vale la pena di soffermarcisi in quanto, se veritiero, mette in luce la poca coesione che esisteva tra gli ufficiali della nave e una certa mancanza di professionalità e una scarsa attitudine ad assumersi responsabilità da parte di alcuni di essi[170].
Ricci racconta che Albini esordì esponendo agli ufficiali la situazione della nave e quella dei viveri, e poi chiese ad ognuno di loro di esporre per scritto la propria opinione circa il da farsi, tenendo in considerazione «la salvezza della nave e le intenzioni del governo».
La descrizione delle reazioni degli ufficiali è poco lusinghiera: «tolto pochi...si emisero opinioni così strampalate da non doverci far caso...». Alcuni propendevano per raggiungere le Malvine, altri suggerivano di non badare alla falla e di proseguire verso Capo Horn e altri di dirigersi invece a Rio de Janeiro. Secondo Ricci due ufficiali, il tenente Di Negro e il «Pilota di bordo» non si pronunciarono perché avevano paura di assumersi una eccessiva responsabilità. Attribuisce ad Albini l'errore di aver fatto precedere il voto alla discussione, per cui «molti non ragionavano ma davano alla disperata il loro voto». Era convinto che coloro che si erano pronunciati per raggiungere le Malvine l'avessero fatto perché ignoravano completamente la reale situazione esistente su quelle isole, che erano praticamente deserte e prive di attrezzature navali.
Prevalse infine la volontà di tornare a Rio de Janeiro, soluzione appoggiata sia dal tenente Todon che dallo stesso Ricci e dal principe Eugenio. Una delle considerazioni che Ricci espose a favore di quella decisione fu che, dovendo la nave essere alleggerita per sollevarne la prua e far emergere la falla, tutti i materiali pesanti avrebbero dovuto essere sbarcati e riposti in un locale coperto, per non lasciarli esposti alle intemperie per il tempo che sarebbe occorso per la riparazione, cosa che non si sarebbe potuta assolutamente fare alle Malvine[171].
Ricci concluse annotando che Albini per prendere una decisione non considerò il numero dei voti espressi, ma le ragioni esposte.
Ricci descrive le condizioni generali della *Regina* che, a parte la falla, erano poco buone: era

169 Il viceconsole Alloat, scrivendo a metà dicembre al ministro degli Affari Esteri, riferì che quando fu presa la decisione di recarsi a Rio, un carpentiere di bordo, tale «Chacalino» (nome successivamente corretto in Monteleone), aveva riferito al principe che quando era partita da Genova la nave si trovava già in cattivo stato. MPECN, Rio de Janeiro, mazzo 1; 15 dicembre 1839 n° 31 e 26 dicembre 1840 n° 34, Alloat a Solaro. L'affermazione del carpentiere è confermata dalle avarie che la *Regina* soffrì nel tragitto tra Genova e Tenerife.

170 Gli *Stati di condotta degli ufficiali della Regia Marina* dell'anno 1840, descrivono Ricci «di mente sagace», conoscitore di francese ed inglese, possessore «di cognizioni in fisica, chimica e letteratura» ma di indole «poco sincera», FMP, registro 691. È possibile che le sue opinioni siano state influenzate da pregiudizi personali, come nel caso dei suoi giudizi sui consoli, ma poiché quanto scrisse durante la permanenza della *Regina* a Rio de Janeiro è corroborato da quanto riferito dal viceconsole Alloat lo si può ritenere attendibile, anche alla luce della sua successiva carriera, che lo vide incaricato di importanti missioni all'estero, quali l'acquisto in Gran Bretagna delle due pirofregate a ruote *Governolo* e *Costituzione* nel 1848/49, l'acquisto di legno di tek in India nel 1851 e l'acquisto sempre in gran Bretagna delle macchine per la pirofregata *Vittorio Emanuele* nel 1854.

171 AIMG, Carte Ricci; 30 aprile 1839, Giovanni Ricci a Vincenzo Ricci. Ricci riteneva che, nonostante la decisione presa, Albini fosse «pronto a cambiare idea al primo leggero ostacolo».

«veramente sdrucita, entra acqua da tutti i lati e ciascun pezzo della nave...ha acquistato movimento perciò nulla è solido a sufficienza». La necessità di utilizzare le pompe giorno e notte affaticava notevolmente l'equipaggio, che da diverso tempo era afflitto da leggere malattie, che il Ricci riteneva dovute ad un'epidemia di influenza, a causa delle quali giornalmente si registravano da 25 a 30 ammalati, con il risultato che tutto il lavoro veniva a gravare su non più di duecento marinai, suddivisi in due guardie.

Una volta presa la decisione di dirigere su Rio de Janeiro, Albini fece quindi mettere la prua a nord con la velatura regolata in modo da non superare la velocità di 8 nodi per non aggravare la falla[172].

Ricci, molto critico ed impietoso verso il suo comandante, osservò che

> «il viaggio fu una continua pena, il generale di un umore infernale brontolò stramazzo per tutto il viaggio e sempre oscillante nelle sue operazioni...ovunque mi rivolgo vedo indecisioni...non sapeva di minuto in minuto cosa dovesse fare or dava un ordine che tosto revocava».

Il 21 aprile la nave raggiunse nuovamente l'isola di San Sebastiano dove Albini decise di sostare per poter esaminare l'effettiva entità della falla. Fu spostata a poppa la metà dei cannoni e delle carronate e della «zavorra volante», ma si riuscì a sollevare la prora solamente di due piedi e 2 pollici al di sopra della linea di immersione[173]. Poiché la falla non era ancora visibile il mastro calafato si immerse e confermò quel che già si sospettava, cioè che vi era del gioco sia tra il tagliamare e la ruota che tra questa e la controruota. Inoltre sondando la parte interna della ruota con una verrina il mastro riscontrò segni inequivocabili dell'esistenza di legno marcio.

Albini rinunciò quindi ad ogni residua speranza di poter effettuare le riparazioni con i mezzi di bordo e la mattina del 23 salpò alla volta di Rio de Janeiro, nel cui porto diede fondo la sera del 27 aprile 1839.

172 MPECN Rio de Janeiro, mazzo 1; 15 dicembre 1839 n° 31, Alloat a Solaro.

173 Albini, *Rapporto del comandante*. Sertorio riporta invece la misura di sette piedi, che appare però eccessiva.

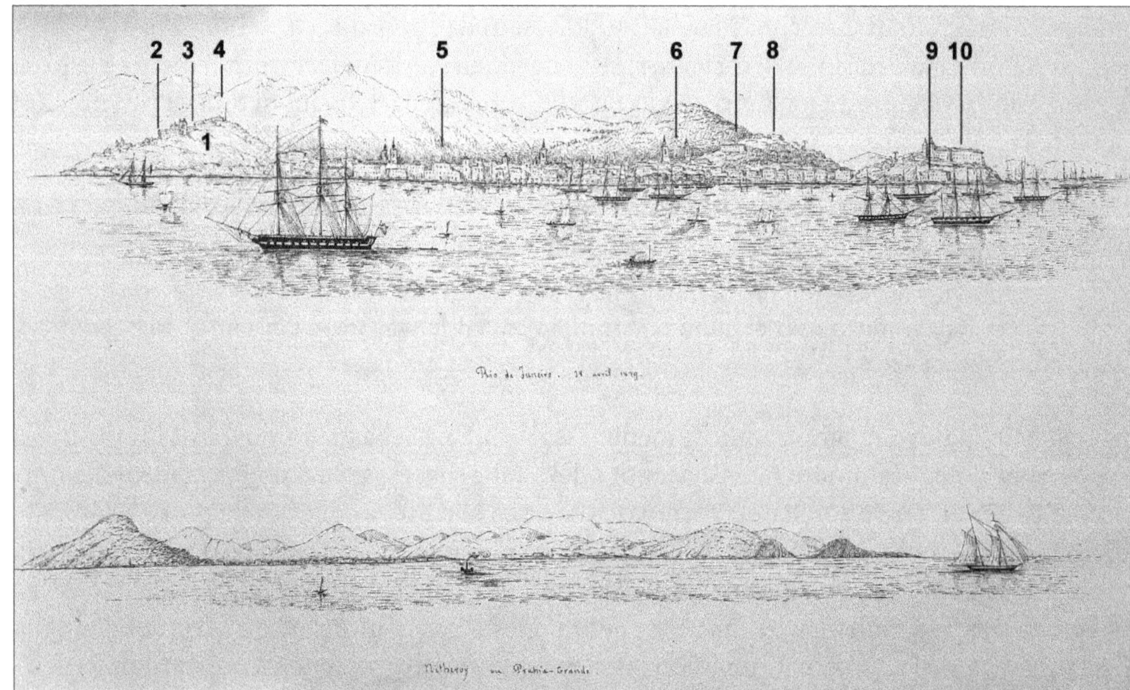

▲ **Figura 22** Rio de Janeiro, 28 aprile 1839. Eugenio principe di Savoia Carignano, *Voyage*. Su concessione del ©Mic - Musei Reali, Biblioteca Reale di Torino. Sono chiaramente identificabili alcuni dei luoghi più importanti della città: 1. collina del castello; 2. convento dei Gesuiti; 3. fortezza di S. Sebastiano; 4. telegrafo; 5. palazzo reale; 6. chiesa della Candelaria; 7. palazzo del vescovo; 8. forte della Nostra Signora della Concezione; 9. arsenale della Marina; 10. convento di San Benito.

▼ **Figura 23** Una vista analoga disegnata da un ufficiale della Marina francese; sulla destra si vede l'Isla das Cobras e il canale che la divideva dalla terraferma, particolari che mancano nel disegno di Eugenio. Fonte Wikipedia.

CAPITOLO 4
RIO DE JANEIRO

4.1 *L'ARRIVO E L'ACCOGLIENZA AL PRINCIPE EUGENIO*

Nel porto di Rio de Janeiro la *Regina* trovò numerose navi della Marina brasiliana (una fregata, una corvetta, un brigantino ed una goletta) e delle Marine britannica (una fregata, una corvetta, un brigantino e un cutter), olandese (una corvetta), portoghese (una corvetta) e statunitense (un cutter). Come riporta Albini, tutte le unità presenti in porto inviarono alla *Regina* «come d'uso…le loro lance ad offrire i suoi [sic] servizi», una cortesia che l'Albini ricambiò quando il giorno successivo giunse in porto il vascello di linea statunitense *North Carolina* da 110 cannoni, proveniente da Valparaiso dopo 38 giorni di navigazione.

I primi giorni di permanenza furono dedicati ai rituali diplomatici, tanto più importanti data la presenza a bordo della nave sarda di un principe reale.

Il giorno successivo all'arrivo la *Regina* scambiò con la fregata e la goletta brasiliane le consuete salve di saluto. Il viceconsole reggente della legazione sarda Alessandro Alloat[174], facente funzioni di incaricato d'affari, si recò immediatamente a bordo per salutare il principe e mettersi a sua disposizione; la sera stessa Alloat fece avvertire il Ministro degli Affari Esteri brasiliano dell'arrivo del principe, informandolo che il principe Eugenio ufficialmente voleva mantenere l'incognito ma avrebbe comunque desiderato incontrare l'imperatore Pedro II. Nonostante l'ufficiosità della presenza di Eugenio, le autorità brasiliane dichiararono immediatamente al console che avrebbero accordato al principe lo stesso trattamento precedentemente riservato ai principi d'Orange e di Joinville[175] nel corso delle loro visite a Rio de Janeiro.

Benché l'entourage dell'imperatore avesse offerto ad Eugenio l'uso delle carrozze e della guardia imperiali e gli avesse messo a disposizione un palazzo, il principe decise che sarebbe rimasto a bordo della *Regina* e che si sarebbe stabilito a terra solamente nel caso che essa avesse dovuto essere abbattuta su un fianco per le riparazioni.

Il 30 aprile il principe, Albini con tutto lo stato maggiore e Alloat furono ricevuti da Pedro II nella residenza imperiale di San Cristoforo (Palácio de São Cristóvão). Scrupolosamente attento a mantenere ufficiosa la sua presenza Eugenio, per recarsi a terra dove lo attendevano le carrozze del palazzo e una scorta di cavalleria, non utilizzò l'imbarcazione imperiale inviatagli per l'occasione ma un'imbarcazione della *Regina*.

---

174 Alloat era giunto in Brasile insieme al conte Palma. G. BARBIERI, cit., p. 58. Quando il conte fece ritorno in Europa il ministero degli Affari Esteri affidò ad Alloat la reggenza del consolato e la rappresentanza diplomatica del Regno presso la Corte brasiliana. Alloat era stato informato dal Ministero della partenza della *Regina* e della presenza a bordo del principe Eugenio, la cui corrispondenza scritta nel corso della prima sosta della *Regina* all'isola di San Sebastian aveva provveduto a inoltrare a Torino.

175 Enrico d'Orange (1820-1879) era il terzogenito di re Guglielmo II dei Paesi Bassi. Arrivò a Rio de Janeiro a gennaio del 1837 a bordo della fregata *Bellona*, sulla quale serviva col grado di tenente di vascello; la sua visita, come quella di Eugenio, fu ufficiosa. Francesco d'Orléans, principe di Joinville (1818 – 1900) era figlio di Luigi Filippo I, re di Francia. Il principe fu avviato tredicenne alla carriera in Marina. Tra il 1837 e il 1838 compì a bordo del vascello *Hercules* una lunga crociera che lo portò a visitare alcune località dell'Africa, quindi Rio de Janeiro nel gennaio 1838 e successivamente le Antille e l'America del Nord. Nel 1843 sposò la sorella di Pedro II, la principessa Francesca di Braganza.

▲ **Figura 24** Palazzo di San Cristoforo. Eugenio principe di Savoia Carignano, *Voyage*. Su concessione del ©Mic - Musei Reali, Biblioteca Reale di Torino.

Il primo di maggio[176] gli stessi parteciparono ad un pranzo offerto dall'imperatore cui partecipò l'intera famiglia imperiale; nel corso del pranzo un brindisi alla salute del re di Sardegna fu proposto dalla principessa Januaria[177]. Dei componenti il corpo diplomatico accreditato furono invitati solo i ministri, per far trovare al principe solo «personnes d'un rang Superieur» in quanto, come spiegò il ministro degli Esteri brasiliano ad Alloat, si voleva dare un segno dell'alta considerazione in cui erano tenuti il re di Sardegna e il principe Eugenio[178].
Il ministro di Francia, barone Rouen, nella sua qualità di decano del corpo diplomatico chiese al principe il modo in cui avrebbe desiderato ricevere i rappresentanti diplomatici stranieri ed Eugenio decise di riceverli separatamente[179]. L'arrivo del principe innescò qualche piccola gelosia tra i rappresentanti diplomatici europei: ad esempio il ministro austriaco, barone D'Aiser, fece capire che avrebbe desiderato avere da parte sua un segno di particolare riguardo rispetto ai suoi colleghi.
Nei giorni successivi il principe si recò anche dal Reggente, Pedro de Araujo Lima, che qualche giorno dopo si recò a bordo della *Regina* per ricambiare la visita.
Alla fine di maggio, Eugenio si recò in gita alla Serra dos Órgãos, una montagna situata a nord di Rio de Janeiro, dove si fermò per qualche giorno[180]. All'inizio di giugno con Villarey e il viceconsole fece una seconda visita all'imperatore e alla fine del mese al palazzo di San Cristoforo venne dato un ballo al quale furono invitati, oltre al principe, alcuni degli ufficiali e i passeggeri della *Regina*[181].

---

176 Esiste lo scarto di un giorno tra le date in cui si svolsero questi avvenimenti riportate dall'Albini e da Alloat; in questa sede si sono utilizzate quelle di quest'ultimo, i cui resoconti appaiono molto più precisi e circostanziati.
177 Januaria di Braganza (11 marzo 1822 –13 marzo 1901) era la figlia secondogenita dell'imperatore Pedro I.
178 MPELM, Brasile, mazzo 2; 7 maggio 1839 n° 15, Alloat a Solaro.
179 Ivi.
180 La Serra dos Órgãos è una catena montuosa che deve il suo nome alla peculiare forma delle rocce che si trovano alla sua sommità, che ricordano le canne di un organo; era una delle mete obbligate dei viaggiatori che visitavano il Brasile. Nel 1939 è stata dichiarata Parco Nazionale.
181 Alloat riferì al ministro degli Esteri che al ballo parteciparono Albini, Villarey e quattro ufficiali e i due consoli e che il principe vi fece «una splendida figura» mentre i tenenti Montegrandi e Lomellini ebbero «il privilegio» di danzare con le principesse. MPELM, Brasile, mazzo 2; 23 giugno 1839 n° 20, Alloat a Solaro.

▲ **Figura 25** Una foto d'epoca della Serra dos Órgãos. Sito web Biblioteque numerique mondiale.

Nel corso della lunga sosta nella capitale brasiliana Eugenio prese l'abitudine di fare giornalmente una passeggiata in carrozza o a cavallo e, per un certo periodo, di recarsi ogni sera a casa del viceconsole; inoltre si recò spesso a visitare il dottor Falco, il 1° chirurgo della *Regina*, che si era ammalato gravemente all'arrivo a Rio de Janeiro e perciò era sbarcato e aveva affittato una casa vicino alla città.

Nel corso di una di queste passeggiate in carrozza accadde un incidente il cui epilogo non mancò di far onore al giovane principe di Carignano. Mentre si recava al palazzo di San Cristoforo accompagnato da Villarey, nel passare un dosso la sua carrozza incrociò una donna a cavallo, una commerciante di commestibili; il timone della carrozza toccò leggermente la donna senza farle alcun male. Il Villarey scese immediatamente per scusarsi e spiegare che non era stata colpa del cocchiere, ma il marito della donna, uno svizzero naturalizzato, e altri due uomini che l'accompagnavano, non soddisfatti, colpirono il cocchiere e insultarono Eugenio. Informato del fatto dal principe, Alloat ne informò a sua volta il ministro degli Affari Esteri che fece emettere un ordine di arresto per la donna e il marito, assicurandolo che sarebbero poi stati condannati alla deportazione. Prima di essere arrestati i due riuscirono a recarsi da Alloat implorando la sua intercessione affinché Eugenio li graziasse, cosa che il principe fece immediatamente, dichiarando al ministro degli Esteri di essere soddisfatto e chiedendogli di mettere i due in libertà[182].

182 MPELM, Brasile, mazzo 2; 15 luglio 1839 n° 22, Alloat a Solaro.

4.2 *LE RIPARAZIONI*

Subito dopo l'arrivo della *Regina*, il ministro degli Esteri de Oliveira, per il tramite del viceconsole Alloat, aveva fatto sapere ad Albini che gli avrebbe fatto mettere a disposizione tutti i mezzi dell'arsenale della Marina militare brasiliana per effettuare le riparazioni della fregata; il 2 maggio la *Regina* ebbe il permesso di portarsi nel braccio di mare compreso tra l'Isla das Cobras e la terraferma, dove si trovava l'arsenale.

L'arsenale era sprovvisto di un bacino di carenaggio e secondo Albini non aveva nemmeno i mezzi necessari per alare una nave su uno scalo di alaggio per metterla in secca, un'operazione che però generalmente si eseguiva solo con bastimenti di piccole e medie dimensioni, in quanto con le navi di grandi dimensioni era molto elevato il rischio che lo scafo si deformasse.

L'unica soluzione era perciò quella di far emergere la falla: prima di tutto fu necessario alleggerire la nave di tutto il peso non indispensabile, e quindi variarne l'assetto longitudinale. Furono sghindati e portati a terra i tronchi superiori dell'alberatura, le vele e i pennoni con tutta la loro attrezzatura e parte dell'artiglieria e la polvere da sparo. I cannoni rimasti a bordo furono concentrati a poppa insieme ad altri materiali e ai lati della prora furono legate delle botti vuote per aumentare la spinta di galleggiamento. L'arsenale brasiliano fornì «pontoni, machine da disbarco e da disalberare». Una parte dei materiali sbarcati fu collocata nei magazzini dell'arsenale ma, poiché questi erano già occupati dei materiali appartenenti alle navi della Marina brasiliana in disarmo, Albini dovette affittare due magazzini, uno per le provviste e l'altro per collocarvi l'infermeria. Vele e sartiame furono invece immagazzinati sulla fregata brasiliana in disarmo *Imperatrice*.

Mentre si dava inizio ai lavori, giunsero nel porto diversi bastimenti che avevano riportato danni nella stessa tempesta che aveva colto la *Regina*, arrivi che Albini segnalò puntualmente nei suoi dispacci all'Ammiragliato a Genova, per dimostrare che la sua nave non era stata la sola a soffrirne. Il 16 maggio ancorarono due navi francesi, la corvetta *Heroine* che nella tempesta aveva perso un canotto e aveva una falla e il brigantino *Alerte* che aveva perso un canotto, e un brigantino portoghese che aveva dovuto gettare in mare tutti i cannoni per alleggerirsi perché si era trovato in grave pericolo di affondare. Di due brigantini mercantili brasiliani partiti due mesi prima da Montevideo non si aveva invece più notizia[183].

Una volta terminato l'alleggerimento, la prora della *Regina* si trovò sollevata sull'acqua di otto piedi[184] e si poté ispezionarla con più accuratezza e dare inizio alle riparazioni.

Quando il capomastro e i mastri di bordo, coadiuvati da dieci operai locali assunti a giornata, cominciarono a smontare le maschette e il tagliamare che si erano spezzati scoprirono con grande sorpresa che il legno sottostante era marcio. Quando furono tolti alcuni corsi del fasciame della prora si vide che erano marci anche metà della ruota, i due apostoli, gli scalmi delle cubie da entrambi i lati e la parte dei corsi di fasciame compresa tra la ruota di prora e i portelli da caccia, sia a dritta che a sinistra[185].

183 FMM ADC, mazzo 296; 16 maggio 839 n° 406, Albini a Des Geneys.

184 SERTORIO, cit., pag. 92.

185 FMM ADC, mazzo 296; 14 luglio 1839 n° 410, Albini a Serra (comandante provvisorio della Marina).

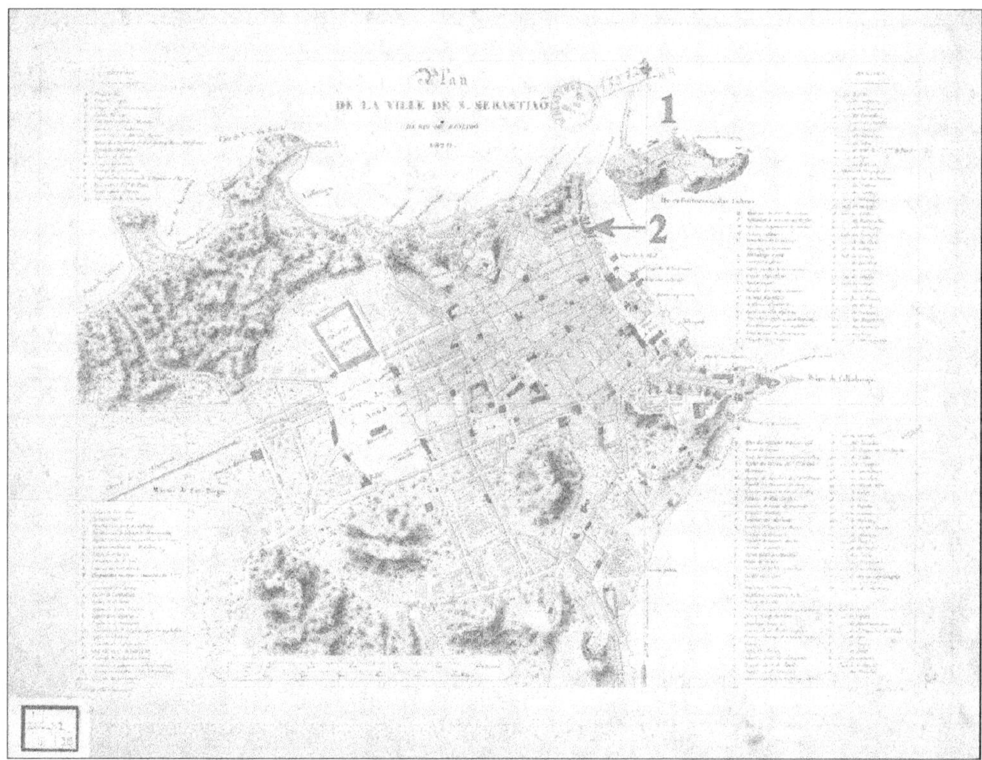

▲ **Figura 26** Mappa della città di San Sebastiao de Rio de Janeiro, comunemente nota come Rio de Janeiro. 1. isla das Cobras; 2. arsenale della Marina brasiliana. *Plan de la ville de S. Sebastião de Rio de Janeiro*. Freycinet, Louis Claude Desausles, (1779-1842). Sito web Biblioteca digital Luso-Brasileira Benché il titolo della carta riporti l'anno 1820, alcune note fanno riferimento all'anno 1824.

▼ **Figura 27** Carta della baia e città di Rio de Janeiro rilevata dagli ufficiali della Regina a luglio/agosto 1839. Albini, *Rapporto del Comandante della Regia Fregata la Regina*. Per gentile concessione dell'Archivio di Stato di Torino, Sezioni Riunite. 1. Isla das Cobras; 2. Arsenale della Marina; 3. Pan di Zucchero.

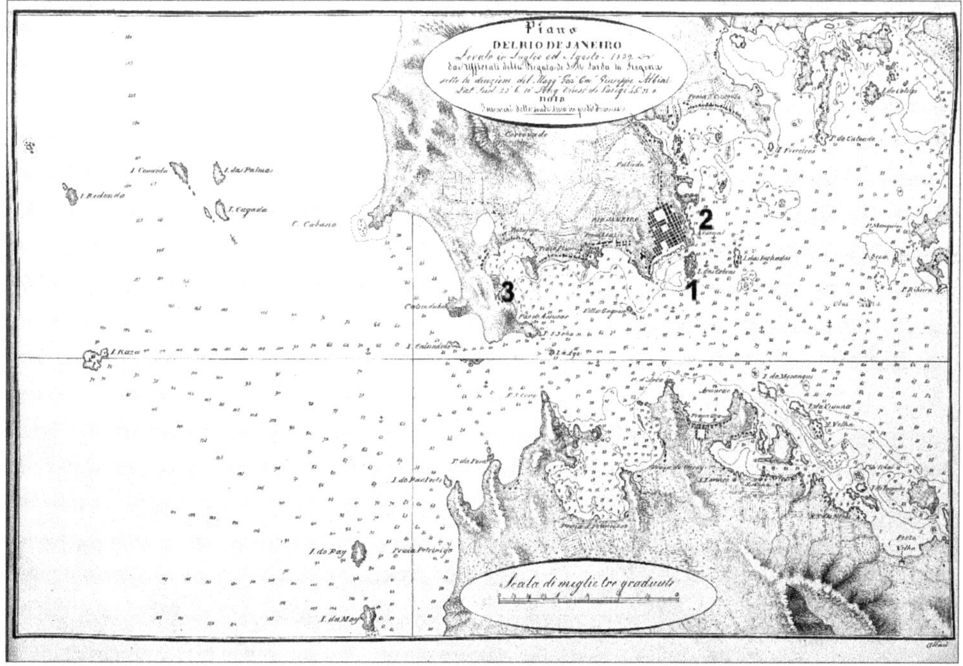

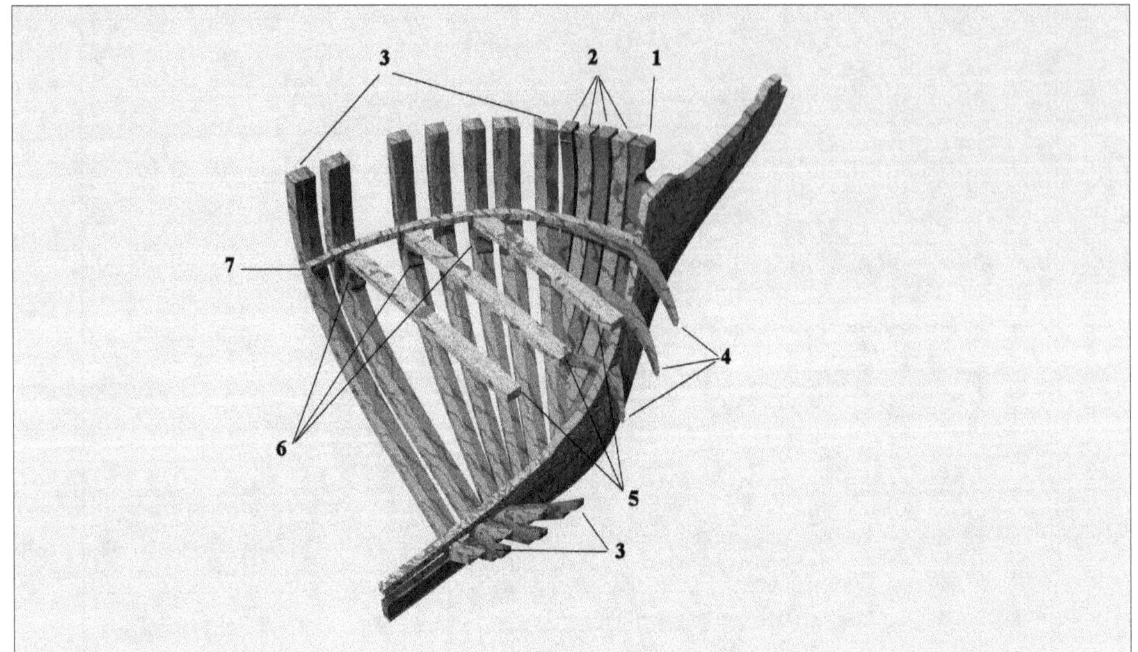

▲ **Figura 28** I principali elementi componenti la struttura prodiera dello scafo di un veliero della prima metà dell'ottocento: 1. apostolo; 2. scalmi delle cubie; 3. quinte o coste; 4. ghirlande; 5. bagli del ponte di coperta; 6. braccioli dei bagli; 7. trincarino. Per chiarezza sono stati omessi i bagli e i trincarini del ponte di batteria. Disegno dell'autore.

Albini, non volendo lasciare la responsabilità della riparazione al solo capomastro di bordo o forse non fidandosene completamente, assunse un mastro carpentiere e un mastro calafato della marina mercantile brasiliana e altri operai; in tutto ormai erano una ventina gli operai impiegati ma il lavoro, nelle parole del Sertorio, «andava lentamente poiché poche persone potevano lavorare però molti, bianchi e neri, erano a bordo a tal scopo»[186]; in seguito anche Albini dovette lamentare la lentezza con la quale le maestranze brasiliane lavoravano[187].

Furono sostituiti i bagli spezzati e venne dato inizio alla costruzione di un nuovo tagliamare[188], ma mentre si toglievano ulteriori corsi di fasciame della prora vennero alla luce altre parti deteriorate: la ghirlanda del ponte di corridoio, i pezzi dei trincarini che univano alla ruota i ponti di coperta, di batteria e di corridoio ed alcune teste delle tavole del falso ponte. Risultò marcia anche la parte più bassa della controruota, ma questa non poteva essere sostituita in quanto non era possibile farla emergere e avrebbe potuto essere sostituita solo immettendo la nave in un bacino.

---

186 SERTORIO, cit., pag. 92

187 FMM ADC, mazzo 296; 14 giugno 1839 n° 408, Albini a Serra.

188 In un numero del periodico *La marina italiana, rassegna delle industrie del mare* del quale non si è potuta individuare la data esatta di pubblicazione ma risalente probabilmente ai primi del novecento, fu pubblicato un articolo, che l'autore dichiarava essere basato su documenti del Museo Navale di Spezia, secondo il quale il tagliamare e il dritto di prua della *Regina* erano costituiti da un unico pezzo, e che questo fatto era all'origine dei problemi del bastimento in quanto il pezzo, essendo molto largo, esercitava un grande braccio di leva; questa affermazione era basata sull'esame fatto dall'autore di un modello della fregata *Regina* conservato dal Museo . Si tratta di un'affermazione fantasiosa e palesemente errata, basata su un modello probabilmente poco accurato. Il fatto che il tagliamare e il dritto di prua della *Regina* fossero realizzati in un unico pezzo è smentito dalle descrizioni dei lavori cui fu sottoposta la *Regina* a Rio de Janeiro: il suo problema era infatti proprio che il tagliamare non era più solidamente fissato al dritto ma oscillava, causando perciò l'apertura di vie d'acqua.

La parte di legname deteriorato si estendeva in verticale fino a sette piedi al di sotto della linea di galleggiamento e in orizzontale su un fianco fino alla «scarpa dell'ancora» e sull'altro fino al primo portello di caccia. Il danno più grave era però quello degli apostoli e dei pezzi interni del tagliamare che non mantenevano più rigidamente fissa la ruota e lo stesso tagliamare, le cui oscillazioni erano state la causa dell'apertura della falla.
Il deterioramento del legno dello scafo di una nave, e del legno in generale, detto anche "carie del legno", è provocato dalla presenza al suo interno di spore di funghi che, in presenza di una adeguata percentuale di umidità, si riproducono e si trasformano in grandi masse fungose che a loro volta producono altre spore, corrodono il legno e si diffondono come in un contagio. Il legno così aggredito assume una consistenza spugnosa e perde ogni capacità di tenuta.
Il deterioramento è individuabile solo con una attenta ispezione perché inizia nella parte più interna degli elementi intaccati, mentre quella esterna per uno spessore di 5- 7 centimetri, come accadde alla *Regina*, appare del tutto sana. All'epoca la causa di questo problema non era ancora stata identificata e la si attribuiva alla presenza all'interno del legno di una eccessiva umidità oppure di insetti. Conseguentemente anche i metodi per preservare il legno destinato all'impiego navale erano ancora empirici. In generale la minore o maggiore resistenza del legname dipendeva dalla durata della stagionatura cui era stato sottoposto prima di essere utilizzato e dai metodi impiegati, sui quale però non vi era un accordo unanime; i metodi andavano dall'immersione prolungata in acqua dolce ad una essicazione lenta a terra in appositi locali ben ventilati.
Nel rapporto che inviò all'Ammiragliato il 16 maggio, il capitano della *Regina* accusò l'ingegner Deleve e il capomastro calafato del Cantiere della Foce di negligenza. Secondo Albini, infatti, se questi non si fossero rifiutati di sostituire le maschette dello sperone, come aveva chiesto al ritorno dal viaggio effettuato a Londra con la *Regina*, limitandosi invece alla semplice sostituzione dei fogli di rame persi, gli operai non avrebbero potuto non accorgersi che le maschette e gli elementi sottostanti erano marci.
Commentando l'elenco degli elementi spezzati o marci che allegò al rapporto, l'Albini sottolineò che

> «La maggior parte di queste avarie potevano evitarsi se il costruttore avesse più minutamente diligentato la visita dello scaffo, e fattavi quindi le dovute riparazioni, il che non avrebbe tirato a se le conseguenze che ne sono derivate»

Albini riferì che il Costruttore e i capimastri brasiliani ritenevano che le riparazioni in corso avrebbero richiesto almeno due mesi e sarebbero quindi state completate a luglio, mentre inizialmente si era pensato che per la metà o fine di giugno al massimo la *Regina* sarebbe già stata in condizione di riprendere il mare[189]. Purtroppo luglio era nel pieno dell'inverno australe e le condizioni metereologiche a Capo Horn sarebbero state molto sfavorevoli, per cui Albini affermò che se non avesse dovuto portare i consoli alle loro destinazioni non avrebbe

189 FMM ADC, mazzo 296; 16 maggio 1839 n° 406, Albini a Des Geneys. In un dispaccio successivo, Albini si disse stupito che quando la *Regina* era stata allestita per la crociera, quegli stessi pezzi fossero stati calafatati e coperti di pece senza che nessuno si accorgesse delle loro condizioni, mentre a Rio de Janeiro alcuni degli elementi marci dei trincarini erano stati «levati più con le mani che con i ferri». Ivi, 14 giugno 1839, n° 408, Albini a Serra. Nel rapporto finale della crociera l'Albini affermò che i pezzi deteriorati erano ridotti allo stato di «tabacco polverizzato».

esitato a modificare la rotta e dirigersi verso il Capo di Buona Speranza nella certezza di «abbreviare il viaggio col med^{mo} scopo»[190].

Mentre Albini comunicava all'Ammiragliato le previsioni, forse volutamente ottimistiche, dei capimastri il sottotenente Ricci scrisse, quasi contemporaneamente, che tutto faceva pensare che non sarebbero riusciti a salpare prima di ottobre o novembre[191]. Anche i consoli Vaglierano e Picolet nei loro rapporti al ministro per gli Affari Esteri espressero opinioni concordanti con quella di Ricci.

Nonostante il comandante e gli ufficiali della *Regina* mantenessero un «silenzio rigorosissimo» sull'esito delle riparazioni[192], nell'ambiente ristretto che i passeggeri, gli ufficiali e gli artigiani condividevano forzatamente a bordo le condizioni in cui si trovava la nave non potevano essere mantenute segrete, e i due consoli ne erano bene al corrente. Alla metà di giugno entrambi erano estremamente scettici sulla possibilità che la nave potesse riprende il viaggio interrotto e doppiare Capo Horn. Secondo Vaglierano le maestranze, sia di bordo che di terra, erano sicure che la *Regina* non sarebbe stata in grado di proseguire e chiese perciò al ministro Solaro istruzioni su come avrebbe dovuto regolarsi nel caso la nave fosse stata costretta a tornare a Genova.

Negli stessi giorni anche Picolet informò Solaro come fosse «évident que ce Navire ne pourra jamais été remis, ici, en état de reprendre la mer» per seguire l'itinerario prestabilito perché ogni giorno si scoprivano nuove riparazioni da fare in quanto tutta la parte prodiera era marcia. Il console si chiedeva se, dal momento che in mancanza di un bacino non era possibile esaminare lo stato della carena, l'Albini avrebbe comunque rischiato di doppiare Capo Horn oppure il Capo di Buona Speranza, con il pericolo di essere costretto ad abbandonare la nave nel Pacifico o nell'Oceano Indiano, oppure se avrebbe deciso di tornare a Genova. In quest'ultimo caso era deciso a raggiungere la sua destinazione per la via più veloce e chiedeva al Ministro di inviargli le istruzioni a Rio de Janeiro, dove si sarebbe ancora trovato quando sarebbero arrivate perché la sosta della *Regina* sarebbe stata sicuramente ancora molto lunga[193].

Albini si impegnò da una parte a dimostrare all'Ammiragliato le condizioni in cui si trovava la *Regina* e dall'altra a cercare di allontanare da sé ogni responsabilità per non averle individuate all'epoca del suo allestimento.

A riprova del «deplorabile stato in cui ho trovato la prora di questa fregata», inviò a Genova, tramite un bastimento sardo, una cassa contenente un pezzo di ogni elemento tolto dalla prora, che avrebbero dimostrato «l'inesattezza della visita fatta dai maestri periti, e l'incuria nell'eseguita riparazione».

Per quanto riguardava i lavori eseguiti all'arsenale di Genova, dichiarò che erano stati fatti dal «Costruttore, e dai mastri» in sua assenza poiché in quei giorni si trovava in missione a

190 FMM ADC, mazzo 296; 16 maggio 1839 n° 406, Albini a Des Geneys. Per dimostrare quanto fosse pericolosa la navigazione a quelle latitudini con l'avanzare della stagione invernale, Albini a luglio riferì all'Ammiragliato dell'arrivo a Rio della fregata statunitense *Independence* da 60 cannoni con il timone spezzato, della nave spagnola *Heredia* che, salpata da Cadice e diretta a Lima, giunta alla latitudine di 55° sud aveva dovuto invertire la rotta ed era entrata in porto priva degli alberi di gabbia, della polena e con il cassero smantellato e di una nave inglese proveniente da Capo Horn che aveva perso due uomini, le scialuppe e «tutta l'opera morta di dritta»; ivi, 14 luglio 1839 n° 410, Albini a Serra.

191 AIMG, Carte Ricci; 19 maggio 1839, Giovanni Ricci a Vincenzo Ricci.

192 MPCM Brasile, mazzo 1; 17 giugno 1839, Ceca a Solaro.

193 Ivi; 14 giugno 1839, Picolet a Solaro.

Torino[194]; inoltre affermò di non poter essere considerato responsabile delle mancate riparazioni perché, come anche il Comandante in Capo della Marina avrebbe dovuto convenire,

> «quello ch'è destinato al Comando d'un legno quantunque volesse occuparsi dell'Armamento, non potrebbe mai dirigere che le cose primarie e non già occuparsi di così minuti dettagli»[195]

Nell'accusare il Costruttore e le maestranze dell'arsenale di Genova, l'Albini tralasciò però di ricordare che l'ispezione della fregata era avvenuta in sua presenza e che lui stesso, come dichiareranno separatamente e concordemente il viceconsole Alloat e il sottotenente Ricci, prima della partenza da Genova aveva firmato un documento in cui dichiarava che la *Regina* era idonea a intraprendere il viaggio, documento del quale erano state fatte due copie, una per il ministro di Guerra e Marina e l'altra per l'Ammiragliato[196].
Albini tornò sull'argomento dell'ispezione in un dispaccio che inviò ad ottobre, nel quale affermò che, dal momento che dalle condizioni della *Regina* sarebbero dipese non solo la sua reputazione ma la sua stessa vita, si era ripromesso di assistere alla visita effettuata dal Costruttore e dal capitano di vascello direttore dell'Arsenale, e che il primo giorno vi aveva partecipato effettivamente, ma che nei giorni successivi non gli era stato possibile perché aveva dovuto «presiedere gli esami del Collegio di Marina», ossia la scuola per gli allievi ufficiali, e subito dopo era stato «comandato alla Commissione di Leva» e che quindi, in sua assenza, l'ispezione era stata completata dai capomastri calafato e carpentiere insieme al Costruttore e al direttore dell'Arsenale.
Poiché il Collegio di Marina si trovava a Genova, e presumibilmente, la Commissione di Leva cui fa riferimento l'Albini era quella che aveva anch'essa sede a Genova, questa sua dichiarazione è in palese contrasto con quanto aveva affermato in precedenza, e cioè di essersi trovato a Torino mentre veniva effettuato il sopralluogo sulla *Regina*.
Sempre attento a riportare i fatti che avrebbero potuto metterlo in buona luce, affermò anche che nel corso dell'ispezione aveva richiesto l'abbassamento dei parasartie, richiesta che era stata rifiutata, e che solamente con una non meglio specificata «alzata d'ingegno» era riuscito a far eseguire il lavoro, aggiungendo che se così non fosse stato si sarebbe trovato «al traverso della costa della Patagonia», cioè avrebbe fatto naufragio contro la costa[197].
Quando a metà giugno Albini descrisse nuovamente le condizioni della nave, non mancò di sottolineare che alcuni dei capimastri d'ascia dell'arsenale brasiliano che avevano lavorato «nell'antico arsenale del Ferrol» avevano trovato dei difetti nella costruzione della «radova di prora» e nell'inchiodatura della ruota, difetti sui quali però non diede alcun chiarimento perché «sarebbe stato troppo lungo lo spiegare»[198].

194 FMM ADC, mazzo 296; 14 giugno 1839 n° 408, Albini a Serra.
195 Ivi; 14 giugno 1839 n° 408, Albini a Serra.
196 AIMG Carte Ricci, Giovanni Ricci a Vincenzo Ricci.
197 FMM ADC, mazzo 296; 19 ottobre 1839 n° 424, Albini a Villanova.
198 Ivi; 14 giugno 1839, Albini a Serra. Come giustamente ha sottolineato lo storico Paolo Giacomone Piana in una corrispondenza con l'autore, sembra strano che calafati brasiliani avessero lavorato in un arsenale spagnolo, nel quale tra l'altro si parlava una lingua diversa; è possibile che Albini volesse invece riferirsi all'arsenale della Marina portoghese di Lisbona. Non è stato possibile identificare il pezzo al quale si riferisce Albini, in quanto il termine radova, come altri termini tecnici navali che utilizzò nei suoi dispacci, non è presente in alcun dizionario nautico dell'epoca. È possibile che intendesse la ruota di prora.

Alla fine di maggio con la scoperta che la parte danneggiata della prora era ben più ampia di quanto inizialmente si era ipotizzato, l'Albini decise di ricorrere al parere di altri esperti, e chiese al direttore dell'arsenale di inviare a bordo della *Regina* il Costruttore e un mastro calafato. Quello non fu che il primo di una lunga serie di consulti che l'Albini chiederà nei mesi successivi a vari "esperti", nell'intento di ottenere opinioni precise e inoppugnabili sulle reali condizioni della *Regina* e sulla possibilità di proseguire o meno il viaggio in sicurezza. I loro esiti non furono però inequivocabili né tantomeno concordanti, cosa che, come si vedrà, porterà alla luce la mancanza di decisione e di fermezza del comandante e la sua propensione a tentare di scaricare la responsabilità delle sue decisioni sulle spalle di altri.
Il 21 maggio il secondo tenente Costruttore Joaquim de Souza e tre capomastri dell'arsenale, d'accordo con i due capomastri della *Regina* e con quelli della marina mercantile, dichiararono che sostituendo le parti marce dove era possibile e irrobustendo internamente la struttura di prora, la *Regina* sarebbe stata in grado di riprendere la navigazione. La durata prevista dei lavori, il cui completamento, previsto inizialmente per la metà di giugno[199], era poi già slittato alla metà di luglio, venne ora stimata in quattro mesi[200], cioè per la fine di settembre. Nel dispaccio che inviò al ministro degli Esteri lo stesso giorno, il viceconsole Alloat dichiarò

▲ **Figura 29** La *Regina* durante i lavori di riparazione in un disegno di Albini. Si vede l'assetto appoppato della nave e la prora sollevata alla quale sono stati asportati lo sperone e il fasciame; si notano anche le zattere sulle quali lavoravano gli operai e, sulla destra, un vecchio scafo utilizzato come gru galleggiante. La Regina è priva degli alberi di gabbia e di velaccio che sono stati sghindati ed immagazzinati a terra. Albini, *Rapporto del Comandante della Regia Fregata la Regina*. Per gentile concessione dell'Archivio di Stato di Torino, Sezioni Riunite.Sertorio così la descrive; «faceva veramente compassione vedere la povera Regina colla prua tutta disfatta, senza alberatura…il lucido nero del suo corpo si era cambiato in un rossiccio scolorito, ed il bianco della batteria era di tratto in tratto strisciato di ruggine». SERTORIO, cit., p. 92.

199 MPELM, Brasile mazzo 2; 7 maggio 1839 n° 15, Alloat a Solaro.
200 FMM ADC, mazzo 296; 14 luglio 1839 n° 410, Albini a Serra.

che la fregata non sarebbe stata in grado di partire a giugno, come si sperava, e che se, invece che a Rio, si fosse recata in un altro porto privo dei mezzi necessari per le riparazioni si sarebbe trovata in difficoltà; si espresse anche con molta franchezza sulle condizioni della nave

> «On a maintenant découvert qu'une grande partie de la proue était entièrement pourrie, ainsi même sans la tempête de Patagonie (sottolineatura dell'autore) il est certain que la frégate n'aurait pu achever son voyage sans être réparé»[201]

Alla fine di giugno uno dei mastri brasiliani disse ad Albini che riteneva pericoloso proseguire il viaggio; interrogato anche da Alloat, ripeté la stessa opinione aggiungendo che la nave era in pessimo stato e che per unire bene il nuovo legno brasiliano messo in opera con quello vecchio si sarebbe dovuto seguire un metodo diverso da quello adottato, cosa che però nelle circostanze attuali non era possibile fare, e che col tempo anche i pezzi nuovi, messi a contatto con quelli vecchi, si sarebbero deteriorati[202].

Nei primi giorni di luglio i capimastri brasiliani affermarono di non essere sicuri di poter irrobustire a sufficienza la prua e che non si sentivano di proseguire il lavoro se Albini non avesse chiesto il parere del Costruttore dell'arsenale. Il sei luglio tre costruttori, di cui uno della marina mercantile, si recarono sulla *Regina* accompagnati da Alloat che avrebbe dovuto redigere il verbale dell'ispezione. La loro opinione unanime fu che la nave era troppo in cattivo stato per poter proseguire il viaggio di circumnavigazione, e che sarebbe stata appena in grado di ritornare nel Mediterraneo.

Albini, insoddisfatto del «linguaggio franco» dei costruttori, come riferisce Ricci, fece sospendere la redazione del verbale asserendo di voler ascoltare altre opinioni prima di richiamarli nuovamente a bordo per una nuova ispezione[203].

Il 9 luglio ebbe luogo una nuova perizia, effettuata dal Costruttore dell'arsenale e dai suoi capomastri insieme a quelli della marina mercantile e della *Regina*. Il suo esito fu molto deludente: il Costruttore dichiarò che non riteneva prudente continuare il viaggio essendo il danno maggiormente esteso di quanto aveva creduto in precedenza; la sua opinione fu però contestata dai capomastri della Marina mercantile e da quelli della *Regina*, mentre i due mastri dell'arsenale non si espressero[204].

Albini si risolse allora a chiedere l'aiuto del commodoro Sullivan, comandante della fregata britannica *Stag*, bastimento stazionario a Rio de Janeiro. Sullivan mise a disposizione i suoi mastri i quali, dopo aver esaminato la *Regina*, si espressero a favore della continuazione del viaggio. Pochi giorni dopo, però, il primo ufficiale della *Stag* si recò da Albini per comunicargli che il suo comandante, dopo aver ascoltato il rapporto non troppo favorevole che gli avevano fatto i suoi mastri sullo stato della nave sarda, sarebbe stato disposto ad inviarli nuovamente sulla *Regina* per una più approfondita ispezione, offerta che Albini accettò di buon grado. I due mastri ritornarono il 14 luglio e, dopo la nuova ispezione, furono concordi con quelli sardi nel dire che con l'installazione di due nuove ordinate ai lati della ruota e

201 MPELM, Brasile, mazzo 2; 21 maggio 1839 n° 18, Alloat a Solaro.

202 MPELM, Brasile, mazzo 2; 23 giugno 1839 n° 20, Alloat a Solaro.

203 AIMG, Carte Ricci; 16 luglio1839, Giovanni Ricci a Vincenzo Ricci; MPELM, Brasile mazzo 2; 15 luglio 183 n° 22, Alloat a Solaro. Mentre questa ispezione è riportata sia da Alloat che da Ricci, Albini non ne fa menzione sia nei rapporti periodici che nel resoconto finale della crociera.

204 FMM ADC, mazzo 296; 14 luglio 1839 n° 410, Albini a Serra. Nel resoconto finale della crociera Albini colloca questo episodio al 6 di luglio, forse confondendolo con quello descritto da Alloat, si veda nota precedente.

di altri elementi di irrobustimento delle ghirlande si sarebbe ottenuta una solidità sufficiente a permettere alla *Regina* di riprendere il viaggio, cosa che però non avrebbe potuto fare prima dell'inizio di ottobre[205].

Nel rendere conto all'Ammiragliato di questi nuovi sviluppi, Albini si disse sorpreso di trovare in quello stato una nave che, tra le unità della squadra sarda, era quella che aveva navigato più a lungo. Parti che sembravano sane si rivelavano tali solo nei tre o quattro pollici esterni, mentre all'interno erano marce, un fenomeno che però sembrava non sorprendere le maestranze dell'arsenale e della Marina mercantile, che affermavano che il rovere italiano soffriva molto nei mari del Sud America perché si riscaldava facilmente e deteriorava in pochi mesi[206].

È difficile comprendere se la grande discordanza di opinioni tra i vari "esperti", soprattutto tra i diversi responsabili delle maestranze brasiliane, fosse causata da semplici differenze di opinioni oppure da scarsa competenza professionale. Non è però da scartare l'ipotesi che alcuni di essi avessero la tendenza a non contrariare il capitano della *Regina*, e quindi tendessero a dirgli ciò che pensavano avrebbe gradito sentirsi dire. A parziale sostegno di questa ipotesi si può citare ciò che riferì il capitano del bastimento mercantile sardo che, al suo arrivo a Genova, consegnò al nuovo comandante della Marina Villanova, succeduto al defunto Des Geneys, la lettera di Albini datata 16 maggio. Il capitano affermò che, prima di salpare da Rio, aveva sentito alcuni mastri brasiliani affermare che le riparazioni della *Regina* non sarebbero state completate prima della fine dell'anno[207], e questo quando contemporaneamente Albini scriveva a Genova che gli era stato assicurato che la nave sarebbe stata pronta entro luglio. È possibile che gli operai che lavoravano sulla fregata, conversando con persone non direttamente coinvolte, fossero più propensi a esternare le proprie opinioni personali.

Mentre le riparazioni alla prua continuavano, furono anche irrobustite altre parti della fregata: furono sostituiti alcuni mezzi bagli del ponte di corridoio e furono applicati una ventina di braccioli di ferro ai braccioli di legno che nel ponte di batteria assicuravano i bagli alle ordinate, a conferma di quanto affermato da Ricci che a causa della tempesta sulla *Regina* si erano allentate le connessioni tra le varie parti della struttura dello scafo.

Nonostante questi lavori la situazione della *Regina* non faceva che aggravarsi: i capimastri, vedendo l'estensione delle parti deteriorate a prua, cominciarono a sospettare che anche la poppa potesse trovarsi nelle stesse condizioni e vollero perciò esaminarla. Poiché era immersa più del normale, l'ispezione fu limitata, ma fu sufficiente a rivelare che effettivamente anche il dragante e le teste delle tavole di fasciame di poppa erano marce. Gli esperti temevano perciò che il danno si estendesse anche alla parte inferiore della ruota di poppa, e affermarono che se fosse stato necessario sostituire delle parti, non sarebbe stato possibile farlo con la nave in mare, in quanto non si sarebbe potuto sollevare a sufficienza la poppa.

All'inizio di agosto Albini comunicò all'Ammiragliato la scoperta delle condizioni in cui si trovava la poppa della nave e accennò anche, per la prima volta, alla possibilità di essere costretto a far ritorno in Europa non appena la poppa fosse stata riparata per quanto possibile; non prevedeva però di poter salpare prima della fine di ottobre o anche oltre[208].

---

205 FMM ADC, mazzo 296; 14 luglio 1839 n° 410, Albini a Serra.

206 La ben più lunga permanenza dell'*Euridice* lungo la costa dell'America meridionale senza soffrire alcun danno sembra però smentire questa affermazione.

207 FMM ADC, mazzo 296; 9 agosto 1839 n° 4001, Villanova a Villamarina.

208 FMM ADC, mazzo 296; 9 agosto 1839 n° 416, Albini a Serra

▲ **Figura 30** Questo disegno della *Regina* in riparazione a Rio de Janeiro si trova in una lettera scritta dal sottotenente di vascello Giovanni Ricci alla fine di luglio. L'annotazione sottostante esprime lo sdegno del giovane ufficiale per le condizioni in cui si trovava una nave «rimessa a nuovo nell'arsenale regio [di Genova] … dopo cinque mesi di viaggio!!!». Per gentile concessione del Museo del Risorgimento di Genova.

▼ **Figura 31** Struttura di poppa di un veliero mercantile della metà dell'ottocento: 1. ruota di poppa; 2. dragante. Da Heinrich Paash, *Illustrated Marine Encyclopedia*, 1890, Anversa.

Negli stessi giorni Ricci scriveva invece che il rientro a Genova era stato deciso definitivamente[209] e anche Alloat comunicò al ministro degli Esteri che il cattivo stato in cui era stata trovata la poppa rendeva pressoché impossibile la continuazione del viaggio[210].
A settembre, quando era ormai prossimo il completamento dei lavori a prua, Albini inviò a Genova l'elenco dettagliato dei legnami fino ad allora impiegati, in tutto 281 pezzi, e un disegno in cui erano indicate le parti sostituite e quelle aggiunte[211].

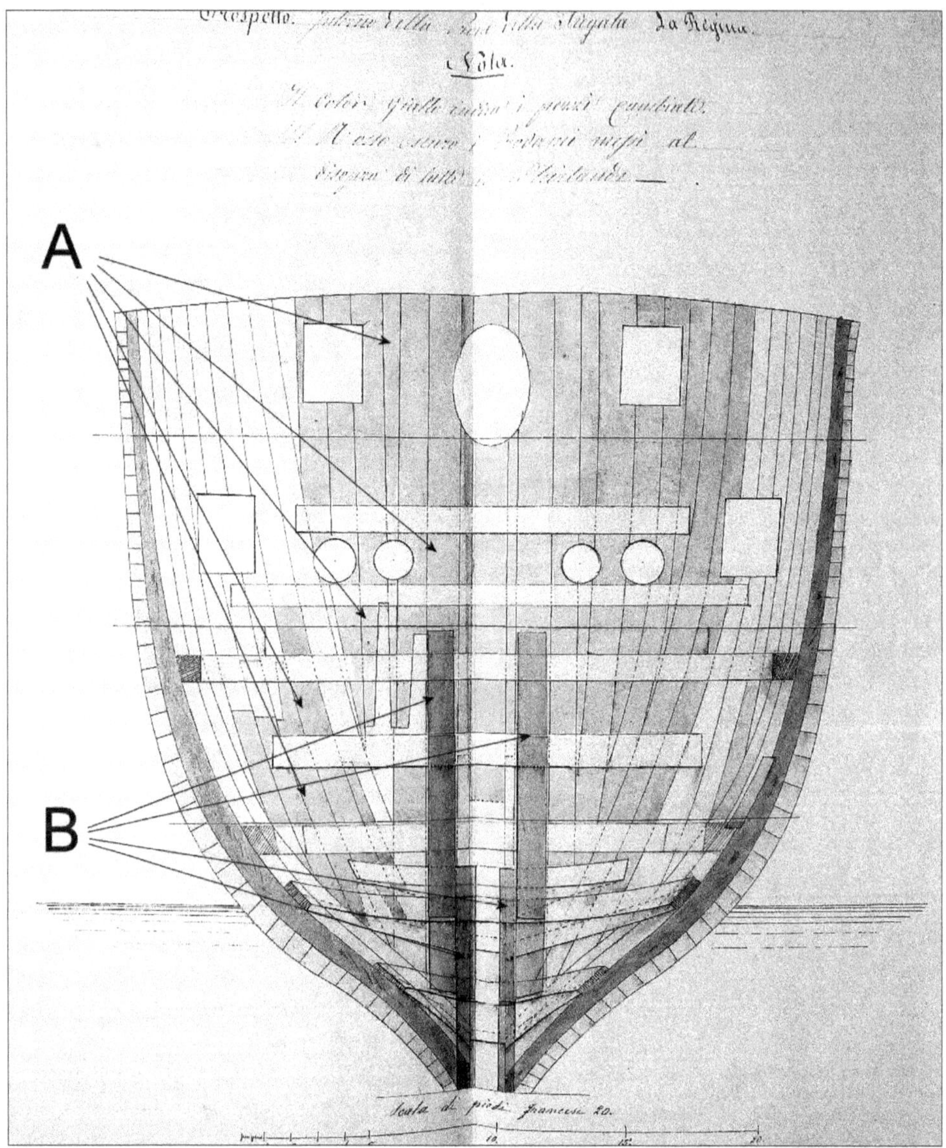

▲ **Figura 32** Il disegno di Albini dei lavori effettuati sulla prua della *Regina*: con "A" sono indicate le parti sostituite (colorate in giallo nell'originale) e con "B" i «prodami», le grosse travi di rinforzo applicate dietro le ghirlande e ai lati della parte inferiore della ruota di prora (colorati in rosso nell'originale). La scala è in piedi francesi. Per gentile concessione dell'Archivio di Stato di Torino, Sezioni Riunite.

209 AIMG, Carte Ricci; 30 luglio e 10 agosto 1839, Giovanni Ricci a Vincenzo Ricci.
210 MPELM, Brasile, mazzo 2; 30 luglio 1839 n° 23, Alloat a Solaro.
211 MAE, Divisione 3, Rapporti con le autorità interne del Regno centrali o periferiche, Guerra e Marina, lettere ricevute, copialettere, protocolli, ammiragliato, corrispondenza, mazzo 1449; 22 settembre 1839 n° 420, Albini a Villanova.

4.3 *UN EQUIPAGGIO SCONTENTO*

Sia nei rapporti periodici che nella relazione finale della crociera, Albini ripetutamente riferì di un equipaggio in buona salute e soddisfatto. Dalle lettere di Ricci emerge invece un quadro del tutto differente.

Scrivendo da Montevideo, lamentava che «le cose in disciplina vanno male, e male assai in questo bordo», sottolineando come l'equipaggio fosse pervaso da una rilassatezza dalla quale a stento gli ufficiali riuscivano a scuoterlo. Ricci attribuiva quello stato di cose al cattivo carattere del comandante, che descrive come impegnato «a porre la nave in disordine, affine di poter sfogare il fiele che lo consuma, e nello stesso tempo far apparire che senza il suo braccio tutto andrebbe in dissoluzione» sulle faccende di servizio «usa un parlare si acre che realmente infastidisce e sbottando ad ogni istante riesce intollerabile.»

Ovviamente i commenti di Ricci devono essere presi con prudenza, potendo essere dettati da un suo personale astio nei confronti del comandante, sull'origine del quale non è da escludersi il fatto che Albini non era un aristocratico, anche se dichiarava di non aver nulla da lamentarsi personalmente perché Albini lo trattava con ogni riguardo.

Circa l'equipaggio, Ricci commentò che nei mesi di navigazione precedenti all'arrivo a Rio de Janeiro nell'infermeria di bordo (l'ospedale, come veniva definito dalla Marina) vi erano ricoverati mediamente 25-30 marinai; la malattia era leggera, forse influenza, ma quasi tutto l'equipaggio fu ricoverato almeno una volta. Albini invece, come abbiamo visto, riferì solamente di una quindicina di malati leggeri dopo l'uscita nell'Atlantico e poi di un equipaggio in buona salute[212].

A marzo, nel corso della navigazione si verificò un grave episodio di insubordinazione da parte dei soldati del battaglione Real Navi: alla distribuzione mattutina del caffè all'equipaggio, i soldati si rifiutarono di prelevare la loro razione, affermando che a loro toccava essere serviti per primi. L'ufficiale di guardia ordinò allora di distribuire la razione di caffè di loro spettanza ai marinai, una decisione che fece nascere una rivalità tra i due corpi.

Secondo Ricci, il fatto in se era «di poco rilievo», ma avrebbe ugualmente meritato un'energica risposta per ricondurre l'equipaggio alla disciplina; il giorno successivo Albini ordinò che il caffè fosse preparato apposta per i soldati ma non venisse servito al primo soldato che si era rifiutato di ricevere la sua razione. Si trattava evidentemente di una risposta debole, che secondo Ricci ebbe l'unico risultato di convincere i soldati che ogni loro nuova protesta non sarebbe stata punita.

Durante la sosta a Rio, a metà maggio i soldati si resero infatti protagonisti di un ben più grave episodio di indisciplina: una sera, quando l'equipaggio fu chiamato in coperta per la consueta rassegna, più di metà della truppa si rifiutò di rispondere; molti rimasero nelle loro amache, mentre altri cominciarono a correre «furtivamente» lungo il ponte di batteria gridando «qu'on nous payé, nous ne voulons pas être Vole». L'ufficiale di guardia tentò di riportare l'ordine ma con poco successo; la protesta cessò poi spontaneamente.

L'indomani mattina Albini, dopo aver fatto chiamare in coperta i soldati, annunciò che tutti coloro che non si erano presentati alla rassegna sarebbero stati consegnati a bordo e ne fece mettere ai ferri due presi a caso, poiché la sera precedente a causa dell'oscurità non era stato possibile identificare coloro che avevano protestato. Albini concluse il suo discorso ricor-

212 FMM ADC, mazzo 296; 14 giugno 1839 n° 408, Albini a Serra.

dando che aveva «facoltà sufficiente per fucilare, e che certamente non esiterebbe alla prima occasione», un'affermazione assai criticata da Ricci che si chiedeva come Albini potesse minacciare la pena capitale quando non aveva il coraggio di sottoporre a un consiglio di guerra coloro che si erano resi colpevoli di un così grave atto di insubordinazione.

Ricci riconosceva però che i soldati avevano buoni motivi per protestare: durante la navigazione all'equipaggio erano state ridotte le razioni, evidentemente per prolungare la durata delle provviste, ed essi reclamavano che la parte di razioni di cui non avevano usufruito gli fosse pagata in denaro. Venne loro promesso che sarebbero stati pagati, ma il pagamento continuò ad essere posticipato di settimana in settimana senza che ne venisse spiegata la ragione[213].

Di queste proteste della truppa non vi è traccia nella corrispondenza di Albini. Poiché non tutti i rapporti che inviò da Rio arrivarono a destinazione o sono stati conservati, è possibile che eventuali riferimenti si trovassero nelle lettere mancanti e certamente se ne dovette prendere nota nel diario di bordo, che non è stato rintracciato; è indicativo del carattere di Albini il fatto che nemmeno nel resoconto finale del viaggio si trovi alcun accenno a questi episodi.

4.4 *LE COMUNICAZIONI TRA RIO DE JANEIRO, GENOVA E TORINO*

Nonostante Albini informasse regolarmente l'Ammiragliato del procedere delle riparazioni della fregata e chiedesse istruzioni, a causa della lentezza delle comunicazioni quando queste ultime gli pervenivano erano generalmente già superate dall'evolversi della situazione; ad esempio, solo il cinque maggio apprese della morte di Des Geneys avvenuta ai primi di gennaio[214]. Come ogni comandante che, prima dell'invenzione della radiotelegrafia, si trovasse in acque lontane dalla sua base ogni decisione e la relativa responsabilità ricadeva solamente su di lui.

Le vie di comunicazione a disposizione di Albini e del viceconsole a Rio erano solamente due: i bastimenti nazionali che facevano la spola tra Genova o i porti del Mediterraneo occidentale e i porti brasiliani oppure i *pacchetti* britannici che facevano regolare servizio tra Rio e la Gran Bretagna.

Il capitano della *Regina* preferiva utilizzare i bastimenti nazionali i cui capitani, come quelli dei bastimenti mercantili di tutte le nazioni, erano tenuti a trasportare la posta; essi però non sempre assicuravano un inoltro veloce in quanto lungo il tragitto spesso facevano scalo nei porti dove ritenevano di poter vendere il loro carico con maggior profitto oppure di poter trovare delle merci da caricare, e spesso non salpavano finché la nave non era completamente carica. I tempi di navigazione si potevano perciò allungare anche di molto.

Dall'analisi delle lettere scambiate tra Albini e l'Ammiragliato risulta che il tempo medio di transito, dal giorno in cui erano scritti a quello in cui erano ricevuti, era di 2 mesi e tre settimane, per cui le risposte alle sue comunicazioni gli pervenivano dopo quasi cinque mesi dal giorno in cui queste ultime erano state scritte.

213 AIMG, Carte Ricci; 19 maggio 1839, Giovanni Ricci a Vincenzo Ricci. Si trattava di somme che Ricci definisce rilevanti, da 22 a 30 franchi per soldato. A far scattare la protesta dei soldati fu il fatto che quel giorno erano stati esclusi dalla franchigia, concessa solo ai marinai, una misura che Ricci riteneva ingiusta in quanto anche i soldati, come i marinai, avevano lavorato duramente per svuotare la fregata e portarne a terra i materiali. Alla fine della lettera Ricci raccomandava al fratello di conservarla insieme alle altre che gli aveva scritto, perché in futuro per ogni eventualità sarebbero potute servire per dimostrare l'indisciplina che regnava a bordo e le sue cause.

214 FMM ADC, mazzo 296; 14 giugno 1839 n° 408, Albini a Serra.

Al contrario il viceconsole Alloat riteneva che i bastimenti nazionali non offrissero un servizio puntuale e perciò preferiva utilizzare, specialmente per i plichi di piccole dimensioni, i *pacchetti* britannici che giudicava essere il mezzo più sicuro e veloce oltre che economico in quanto, in base agli accordi intercorsi tra il governo britannico e quello sardo, la legazione britannica a Rio de Janeiro era obbligata a farsi carico della corrispondenza del consolato sabaudo ed inviarla a Londra, dove il *Foreign Office* provvedeva a farla inoltrare a Torino. Lo stesso avveniva per la corrispondenza inviata a Rio de Janeiro dal ministero degli Esteri sardo[215]. Le lettere di Alloat ricevute dal ministero per gli Affari Esteri non recano la data di ricezione, ma alcune lettere che il Ricci inviò insieme a quelle del viceconsole recano il timbro datario dell'ufficio postale di Torino o di Genova che le inoltrò a destinazione, dal quale si evince che il tempo di transito «per la via di Londra» era di due mesi e mezzo, quindi all'incirca uguale al tempo medio impiegato dalle lettere inviate tramite i bastimenti diretti nel Mediterraneo.
Qualsiasi fosse il mezzo con il quale la posta veniva inoltrata, il recapito non era sempre assicurato, e alcune lettere non raggiungevano la loro destinazione, anche se talvolta erano contenute nello stesso plico di altre che invece pervenivano correttamente.
Essendo all'oscuro di come si stesse evolvendo la situazione a Rio de Janeiro, l'Ammiragliato dovette spesso inviare le sue lettere ad Albini in più copie, indirizzate alle diverse località dove si supponeva avrebbe potuto trovarsi la *Regina*. Quando alla fine di luglio si dovettero inviare all'Albini delle precisazioni riguardanti l'impiego dei fondi destinati ai due naturalisti, ne furono spedite quattro copie: una a Lima e una a Calcutta «per la via di Londra», un'altra sempre a Calcutta per mezzo dei vapori francesi che svolgevano un servizio regolare alla volta di Alessandria d'Egitto e una quarta a Canton per mezzo del regio console sardo a Marsiglia[216].

4.5 *LE REAZIONI A TORINO*

La notizia che la *Regina* aveva dovuto interrompere il suo viaggio e riparare a Rio de Janeiro giunse al nuovo comandante della Marina, viceammiraglio Villanova, solamente il 13 luglio, recata dal capitano della goletta nazionale *La Furia* proveniente da Bahia, da dove era salpata il 19 maggio.
Il capitano riferì che la fregata era stata costretta a recarsi nel porto brasiliano a causa delle avarie subite al largo delle Malvine e che le voci che correvano a Bahia al momento della sua partenza erano che, una volta effettuate le riparazioni, avrebbe proseguito il suo viaggio non appena fosse sopraggiunta la bella stagione.
Una settimana dopo Villanova ricevette il rapporto di Albini del 7 maggio nel quale annunciava il suo arrivo a Rio de Janeiro e descriveva i danni subiti nel corso del fortunale; il rapporto fu immediatamente inoltrato al ministro che ne mise al corrente Carlo Alberto. Il ministro, e sicuramente anche l'Ammiragliato, aveva però già avuto sentore delle difficoltà in cui la fregata sarda si era venuta a trovare, ma si trattava di notizie vaghe perché «provenienti dalle voci colte nei vari porti dell'America meridionale»[217]. Queste voci, che

215 MPELM, Brasile, mazzo 2; 20 ottobre 1839 n° 27, Alloat a Solaro. Per la corrispondenza più importante Alloat comunque inviava anche dei duplicati tramite bastimenti nazionali
216 FMM ADC, mazzo 296; 25 luglio 1839 n° 3969, Villanova a Villamarina.
217 Ivi; 22 luglio 1839 n° 656, Villamarina a Villanova.

ovviamente pervenivano a Genova con i bastimenti provenienti dall'America meridionale, molto probabilmente avevano messo in allarme «le molte famiglie di coloro che si trovano imbarcati», perché il comandante della Marina chiese al ministro l'autorizzazione a far pubblicare la notizia sulla Gazzetta di Genova per «far svanire i timori concepiti»[218].

Il ministro rispose che il re, a causa della presenza a bordo di «un principe di Savoia» voleva che le informazioni sul viaggio della *Regina* fossero rese pubbliche «con molta riserva» e che non venissero pubblicate dai giornali dello Stato senza un suo specifico ordine. L'Ammiraglio fu pertanto autorizzato a far pubblicare sul periodico genovese esclusivamente le notizie già riportate dalla Gazzetta del Piemonte, alla quale venivano comunicate solamente dopo l'approvazione di Carlo Alberto[219].

La notizia dell'arrivo a Rio della *Regina* fu quindi pubblicata dalla Gazzetta di Genova nel numero del 31 luglio, ma senza che ne venissero spiegate le cause; l'articolo si soffermò unicamente sui festeggiamenti dedicati dal governo brasiliano al principe Eugenio. Le uniche altre notizie relative alla *Regina* che appariranno sul periodico genovese saranno quelle della visita di Eugenio a Bahia, quando la fregata era già sulla via del ritorno, e quella del suo arrivo a Genova.

Nonostante la censura governativa, notizie della fregata giungevano a Genova, recate dagli equipaggi dei mercantili provenienti dal Brasile o dalle lettere scritte dagli ufficiali e dai marinai. In una replica all'Ammiragliato, che probabilmente lamentava proprio il fatto che notizie sulla *Regina* e sul suo stato giungessero comunque a Genova, l'Albini fece rilevare che in un porto dal quale salpavano giornalmente da 15 a 20 bastimenti di diverse bandiere e diretti a diverse destinazioni, non era difficile che tra più di «quattrocento persone ansiose di scrivere» alcuni riuscissero a «far passare lettere per l'Inghilterra, Portogalo [sic], Spagna, Francia e Toscana» e che ciò non era da attribuire a negligenza da parte sua.

Alla fine di luglio al ministro degli Esteri pervenne il dispaccio del 21 giugno nel quale l'Alloat comunicava che gli operai dell'arsenale brasiliano avevano scoperto che una gran parte della prora della *Regina* era marcia e pertanto era necessario cambiare tutti i pezzi della parte prodiera, per cui stimavano che la fregata non sarebbe stata in grado di rimettere alla vela prima di quattro mesi[220].

Quando ne fu informato, Carlo Alberto disse che nulla sarebbe comunque cambiato e che la *Regina* avrebbe dovuto riprendere il mare appena possibile per continuare la circumnavigazione[221].

Il 9 agosto il viceammiraglio Villanova trasmise al ministro di Guerra e Marina il già citato rapporto del 16 maggio nel quale Albini, oltre a denunciare lo stato di deterioramento del legno della *Regina* e accusare il Deleve di non aver voluto eseguire le riparazioni da lui richieste, esprimeva la speranza che i lavori potessero essere completati in meno di due mesi. Il capitano mercantile che lo recapitò riferì che le maestranze brasiliane ritenevano invece che non lo sarebbero stati prima della fine dell'anno.

Villamarina rispose immediatamente sottolineando di aver letto

218 Ivi; 20 luglio 1839 n° 3957, Villanova a Villamarina.
219 FMM, Copialettere del ministro, registro 301; 22 luglio 1839 n° 656, Villamarina a Villanova.
220 FMM ADC, mazzo 296; 29 luglio 1839, da Villamarina a Villanova.
221 FMM RSM, registro 354; 30 luglio 1839 relazione n° 268.

> «con dispiacere che le avarie sofferte sono da ascriversi al non essersi provveduto a tempo debito a Genova ad una visita che voleva essere tanto rigorosa e diligentata che trattavasi di una navigazione per cui non mai soverchie sono anche le più minute precauzioni».

e che il sovrano voleva che la fregata proseguisse il suo viaggio non appena possibile e che il Comandante della Marina informasse Albini di non badare a spese pur di rimettere la *Regina* in condizione di poter riprendere la circumnavigazione[222].
Circa l'intenzione espressa da Albini di dirigersi verso il Capo di Buona Speranza, il ministro era dell'idea che la cosa migliore fosse di lasciare a lui ogni decisione in base all'evolversi della situazione. Per quanto riguardava i consoli suggeriva che avrebbe potuto sbarcarli a Rio de Janeiro provvedendoli dei mezzi per continuare autonomamente il loro viaggio.
Villamarina accolse con molto scetticismo le dichiarazioni del capitano mercantile sulla possibile lunga durata delle riparazioni della *Regina;* riteneva che la cosa migliore fosse di non inviare istruzioni particolari ad Albini poiché, anche supponendo che le riparazioni richiedessero il doppio del tempo dichiarato dall'Albini, molto difficilmente la fregata si sarebbe trovata ancora a Rio de Janeiro alla fine di ottobre, che era il tempo minimo entro il quale eventuali nuove istruzioni avrebbero potuto raggiungerlo. Le ragioni che avrebbero portato Albini a modificare l'itinerario sarebbero state «quelle che giustificheranno le da lui prese determinazioni»[223].
Il ministro aveva dei dubbi anche sulla effettiva gravità dei danni della *Regina*; nel riferire a Solaro le ultime informazioni ricevute da Rio de Janeiro, dichiarò infatti che essi erano «forse anche un poco esagerati nell'interesse dei costruttori per parte di coloro che vennero chiamati a ristorarli» [224], opinione forse non troppo lontana dalla realtà e condivisa, come si è visto, anche dal sottotenente Ricci.
Il 13 agosto nella seduta del Consiglio di Conferenza Villamarina comunicò al sovrano il contenuto del rapporto del 16 maggio nel quale Albini accusava Deleve e il capomastro dell'arsenale di non aver voluto eseguire le riparazioni da lui richieste. La reazione iniziale di Carlo Alberto, registrata nella nota a margine della trascrizione della relazione presentata dal ministro, fu molto dura:

> «S.M ordina che il Costruttore e il Calafato che si rifiutò come sovra [di sostituire le parti danneggiate] siano subito mandati agli Arresti sino a nuovo ordine nella Cittadella d'Alessandria.
> Prescrive, che quindi innanzi, le Persone incaricate della visita dei bastimenti della Regia Marina da Guerra, che vengono dal Comando Generale a ciò destinate, siano esse strettissimamente responsabili [sottolineato nell'originale, N.d.A.] della medesima e sappiano che ogni loro negligenza sarà irremissibilmente punita, in proporzione della sua gravezza»[225].

Le sue disposizioni furono poi notevolmente mitigate grazie ad un intervento dello stesso Villamarina, come quest'ultimo spiegò a Villanova tre giorni dopo in una lettera della quale

222 FMM ADC, mazzo 296; 26 ottobre 1839 n° 426, Albini a Villanova.
223 FMM ADC, mazzo 296; 10 agosto 1839 n° 723, Villamarina a Villanova.
224 Ivi; 4 agosto 1839 n° 878, Villamarina a Solaro.
225 FMM RSM, registro 354; 13 agosto 1839 relazione n° 268.

è interessante riportare un ampio stralcio, tradotto dall'originale in francese:

> «S.M. alla quale ho avuto l'onore di leggere il rapporto d'Albini del 16 maggio (406) inviato da Rio de Janeiro che mi avete inviato, mi ha dato prima di tutto degli ordini molto severi contro il Costruttore che si è rifiutato di cambiare i pezzi che Albini aveva chiesto che fossero sostituiti.
> Qualche riflessione che mi sono azzardato a sottoporgli con la lettera di ieri, ha convinto la bontà reale di moderare la misura.
> S.M. mi ha tuttavia ordinato di incaricare il signor Conte [Di Villanova] di procedere subito con un'inchiesta molto formale su questo affare così penoso.
> Ella mi incarica inoltre con uno scritto di suo pugno che sto per ricevere, di informarla, mio generale, affinché possiate cantarle a chi di dovere
> "Il suo scontento per un atto di imprudenza così eccessivamente colpevole, che è stato fatto per screditare la nostra Marina, per mettere in ridicolo il nome Italiano e per uccidere, per sacrificare in modo quasi sicuro quattrocento uomini con un principe della famiglia reale."
> Le parole che ho virgolettato sono una copia esatta di ciò che la mano del Re ha scritto nella sua lettera ... vogliate quindi signor Conte occuparvi subito e attivamente di questa inchiesta formale tenendomi informato del procedere e dei risultati.
> Mentre le disposizioni necessarie saranno inserite nel nuovo codice penale militare che sta elaborando questa commissione presieduta da SE il Conte de la Tour, per stabilire e conservare fermamente [sottolineato nell'originale, N.d.A.] nell'armata la più severa [idem] disciplina al punto che senza la quale non si possono avere armate, né di terra né di mare, vogliate nel frattempo, mio generale, dare all'ordine del giorno ... della marina reale che d'ora in poi il Capo Costruttore, i Capi Carpentieri e Calafati, il Comandante del Vascello e tutti gli ufficiali incaricati dell'ispezione prima dell'armamento saranno personalmente responsabili di tutti gli errori e di tutte le negligenze nelle quali ricadranno e ... saranno irremissibilmente puniti secondo la gravità degli incidenti che si saranno verificati o che visibilmente sarebbero potuti accadere durante la navigazione che la nave aveva in programma.»[226]

Delle diverse risposte che su quell'argomento Villanova dichiarò di aver inviato al ministro, è sfortunatamente rimasta solamente la lettera con la quale inoltrò il rapporto del 14 giugno nel quale Albini riportava le nuove perizie eseguite dai costruttori brasiliani e dai mastri della fregata *Stag*.
Dopo aver premesso di non aver nulla da osservare sulle cause delle avarie descritte, sulle quali già si era espresso nelle lettere precedenti, Villanova ricordò al ministro che

> «l'autorità del Costruttore non si estendeva a procedere ad una visita della nave aldilà dei limiti che erano stati prefissi, trovandosi assente il comandante su cui doveva pesare la responsabilità della direzione della Nave a lui affidata, tanto più avendo incontrato dell'opposizione per parte dei Capi Superiori presenti all'operazione»[227]

Per quanto sia azzardato pronunciarsi solo sulla base di queste poche parole, sembra che

---

226 FMM, Copialettere del ministro, registro; 16 agosto 1839 n° 739, Villamarina a Villanova. La copia contenuta nel copialettere ministeriale, che normalmente era trascritta dagli scritturali, in questo caso, probabilmente a causa della delicatezza del contenuto, era stata scritta di pugno del ministro, come precisa una nota a margine.
227 FMM ADC, mazzo 296; 27 agosto 1839 n° 4.039, Villanova a Villamarina.

il Comandante della Marina stesse prendendo decisamente le difese del Deleve ritenendo che parte della responsabilità dovesse ricadere su Albini a causa della sua assenza durante l'ispezione[228].
Purtroppo Villanova non chiarisce chi fossero i «Capi Superiori» che si sarebbero opposti ad una ispezione più approfondita. La sua apparente reticenza a far nomi suggerisce che non si riferisse solamente al direttore dell'Arsenale, il capitano di vascello Millelire[229], ma che all'ispezione abbiano partecipato, se non lo stesso Des Geneys, altri alti ufficiali della Marina che fecero pressioni sul Costruttore affinché limitasse gli interventi da eseguire, molto probabilmente per non ritardare l'allestimento della fregata.
Su questo punto è preziosa la testimonianza del sottotenente Ricci: nel descrivere i risultati dell'ispezione della *Regina* effettuata subito dopo la tempesta, nel corso della quale erano stati trovati cinque bagli «marci affatto e varii altri pezzi logori», osservò che

> «la visita del nostro Generale col costruttore a Genova mi sembra sia stata fatta con molta leggerezza perché non pare probabile che in sei mesi possansi [i bagli] essere putrefatti.
> Voglio attribuire questa leggerezza, conoscendo il loro carattere, a soggezione inconsiderata, avendo essi dissimulati questi danni onde evitare osservazioni dure da parte dell'Ammiraglio il quale col suo temperamento impetuoso riesce sovente intollerante.
> Ma pare allora inconcepibile come il nostro comandante si sia lasciato mettere nel sacco avendo egli fatta una dichiarazione per iscritto in cui asseriva che la fregata era stata pienamente riparata ed era in grado di intraprendere la circumnavigazione e questo per averla lui medesimo totalmente visitata».[230]

Come era avvenuto quando si era trattato di scegliere l'unità da sostituire al *Beroldo*, anche nel caso dell'ispezione della *Regina* il timore di andare contro le decisioni superiori oppure, come sospettato dal Ricci, di suscitare l'ira di Des Geneys, sembra abbia giocato una parte importante nelle decisioni prese. Sempre il Ricci osservò che Albini «vorrebbe scolparsi... teme però di dover addossare di troppo all'ammiraglio»[231], una frase che suggerisce come Ricci ritenesse che una parte della responsabilità probabilmente ricadesse anche su Des Geneys.

4.6 *INTRIGHI DIPLOMATICI A RIO DE JANEIRO*

L'arrivo del principe Eugenio a Rio e la buona accoglienza che gli fece la corte imperiale, suscitarono le gelosie della legazione francese e del consolato del Regno delle Due Sicilie, ambedue preoccupati che la sua visita preludesse ad un progetto di matrimonio del princi-

228 In seguito Villanova difese anche Albini; quando informò il ministro che il commodoro sembrava deciso a ritornare in Europa, aggiunse di comprenderne la «difficile posizione», sia perché aveva a bordo il principe Eugenio sia perché era presumibile che l'equipaggio, consapevole delle condizioni della nave, avrebbe potuto «rallentare nello zelo e sangue freddo»; FMM ADC, mazzo 296; 23 ottobre 1839 n° 4186, Villanova a Villamarina.

229 A partire dal 1832 il capitano di vascello Antonio Millelire risulta solamente «facente funzioni» di direttore dell'Arsenale ma non si è trovata alcuna spiegazione sul motivo per il quale l'Arsenale non avesse un direttore a pieno titolo.

Antonio Millelire rivestiva anche la carica di Ispettore della Sanità, che era in realtà una sinecura, essendo un «onorevole ritiro per antichi e benemeriti ufficiali superiori di vascello»; FMP, corrispondenza personale, registro 42; 20 aprile 1839 n° 493. All'epoca dell'allestimento della *Regina* doveva essere molto anziano (nel 1826 era già capitano in 2° di vascello) e morirà ad aprile del 1839.
230 AIMG, Carte Ricci; 30 aprile 1839, Giovanni Ricci a Vincenzo Ricci.
231 Ibid.

pe con la sorella dell'Imperatore, la principessa Januaria, sulla quale vi erano già delle mire sia da parte francese che napoletana. Soprattutto la Francia, dopo la recente visita fatta in Brasile dal principe di Joinville, aveva fondate speranze di vederlo sposare una delle sorelle dell'imperatore.

Immediatamente dopo il suo arrivo, presso la corte imperiale cominciarono a circolare dei pettegolezzi poco lusinghieri sul conto del principe Eugenio, la cui origine il viceconsole Alloat identificò nella legazione francese, e particolarmente nella moglie del ministro francese barone Rouen, e in Gennaro Merolla, console di Napoli. Quest'ultimo, secondo l'Alloat, si era offeso perché andando a salutare Eugenio a bordo della *Regina* si era presentato come Incaricato d'Affari mentre il principe gli si era rivolto con il titolo corretto di Console Generale; secondo il console sardo, per quel motivo Merolla si «crede autorizzato a questa specie di vendetta».

La sera stessa dell'arrivo di Eugenio a Rio, madame Rouen, la moglie del Ministro francese, disse ad Alloat di essere a conoscenza del fatto che il principe Eugenio era segretamente sposato ed aveva dei figli e che in conseguenza di questo matrimonio era caduto in disgrazia e Carlo Alberto dopo averlo privato dei diritti di successione lo aveva obbligato ad imbarcarsi sulla fregata e che era in viaggio da diversi anni. Merolla, che era presente al colloquio, confermò le affermazioni della baronessa; successivamente dichiarerà pubblicamente che come sposo per la principessa Januaria, un principe di Napoli sarebbe stato meglio del principe Eugenio[232].

Alloat era certo che quei piccoli intrighi fossero la «conséquence de la crainte que la Légation française avait que le mariage entre S.A.S Mon.gr Le Prince de Savoie Carignan & la Princesse D. Januaria eut lieu».

Le voci diffuse da madame Rouen giunsero fino a corte, e Alloat venne a sapere che la sera del ballo una delle dame d'onore della principessa Januaria si era stupita quando il principe Eugenio le aveva detto di essere partito da Genova solamente sei mesi prima. Ad Alloat fu anche riferito da qualche funzionario di corte che, sebbene fosse noto che il principe era in disgrazia, gli sarebbero stati riconosciuti gli stessi onori e privilegi accordati al principe di Joinville[233].

Secondo quanto Alloat a dicembre riferirà a Solaro in un lungo e circostanziato dispaccio «confidenziale», le voci diffuse dalla legazione francese furono alimentate anche da alcune affermazioni imprudenti di Albini, il quale aveva asserito che il rifiuto del principe Eugenio di alloggiare a terra era dovuto ad ordini impartiti all'Albini stesso, ed aveva aggiunto che altre istruzioni gli imponevano di non rientrare a Genova prima di un dato periodo[234].

Per quanto sicuramente fastidiosi, questi pettegolezzi non modificarono in nulla i segni di stima e rispetto rivolti dalla corte e dal governo brasiliani al principe di Savoia Carignano, il quale da parte sua si mantenne, nelle parole dell'Alloat, «riservato come deve essere», sebbene il viceconsole lo mettesse al corrente di tutte le voci che circolavano sul suo conto[235].

Le voci sull'interesse di casa Savoia per il matrimonio di Eugenio con la principessa Januaria continuarono a circolare, alimentate anche dal contenuto del «discorso del trono» che

232 Alloat riteneva che molti pettegolezzi erano inventati dalle persone che li riferivano al ministro francese sperando di ottenerne il favore.

233 MPELM, Brasile mazzo 2; 15 dicembre 1839 n° 31, confidenziale, Alloat a Solaro.

234 Ivi; 15 dicembre 1839 n° 35, Alloat a Solaro.

235 Ivi; 23 giugno 1839 n° 20, Alloat a Solaro.

il Reggente tenne alle Camere, dalle visite che Eugenio fece all'Imperatore e dalla grande simpatia che suscitò sia a corte che presso le classi più elevate del paese, le quali parlavano di lui in modo lusinghiero[236]. Alloat consigliò pertanto al ministro di fare in modo che il governo sardo affermasse con fermezza di non avere alcuna mira matrimoniale nei riguardi delle principesse brasiliane.
I diplomatici europei erano particolarmente sensibili sul tema del matrimonio delle sorelle dell'imperatore perché proprio in quel periodo era stato presentato al Senato brasiliano un progetto di legge relativo all'appannaggio che sarebbe stato concesso al futuro sposo di Donna Januaria, in base al quale, scrisse Alloat, non vi era dubbio che egli avrebbe avuto una «position brillante» in Brasile. Era però difficile trovare un principe europeo che fosse disposto a stabilirsi in Brasile e che desse affidamento senza però suscitare gelosie[237].
Anche se la sosta di Eugenio a Rio de Janeiro fu del tutto casuale e non nascondeva alcun progetto matrimoniale, essa non fu probabilmente estranea, nel 1842, a portarlo, con l'assenso di Carlo Alberto, a intavolare trattative per il matrimonio con Donna Januaria. Il tentativo non andò poi a buon fine per disaccordi su alcune clausole del contratto di matrimonio[238].
Il comportamento irreprensibile e dignitoso tenuto da Eugenio fece sicuramente molto per cancellare, perlomeno nei circoli di corte e governativi e nell'alta borghesia di Rio de Janeiro, la pessima impressione prodotta dalle condizioni in cui era venuta a trovarsi una nave destinata a compiere la circumnavigazione del globo e dalle indecisioni dell'Albini e le sue discussioni con i costruttori dell'arsenale, tutte cose per le quali, come desolatamente osserverà ad agosto Giovanni Ricci, i marinai sardi erano «divenuti la favola del paese»[239].
Se il principe Eugenio non suscitò altro che commenti favorevoli, non altrettanto si può dire per il cugino, il principe Bauffremont di cui non si sa molto; Giovanni Ricci lo descrive come un «vero ragazzo anche di cervello» e definisce, con una sintassi un poco traballante, l'accompagnatore del principe un «Mentore, più di lui insignificante, varii pettegoleggi veramente umile sono accorsi tra loro». Riporta anche che le voci di bordo affermavano che Gontran de Bauffremont aveva chiesto già due volte di sbarcare, cosa alla quale però non credeva in quanto al principe piaceva «assai la buona tavola di S.A. [il principe Eugenio]»[240].
Nei primi giorni di permanenza a Rio il giovane principe fece visita a diversi agenti diplomatici, trascurando però il ministro austriaco barone D'Aiser; di questa mancanza venne accusato l'incolpevole viceconsole Alloat che invitò più volte il Bauffremont a porre rimedio a quella che il viceconsole giustificò al diplomatico austriaco come una dimenticanza. Anche se Bauffremont pose riparo alla mancanza, la cosa lasciò di lui una «mauvaise impression».
Bauffremont si rese colpevole di un'analoga infrazione all'etichetta anche nei confronti del barone Rouen. Il barone aveva chiesto al viceconsole di essere presentato al giovane prin-

236 Ivi; 21 maggio 1839 n° 18, Alloat a Solaro
237 Ivi; 15 luglio 1839 n° 22 e 15 novembre 1839 n° 31, Alloat a Solaro.
238 Mauro FERRANTI, *Eugenio di Savoia-Carignano*, Umberto Soletti Editore, 2013, pp. 65-70. Il 28 aprile 1844 la principessa Januaria sposò il principe Luigi di Borbone, figlio secondogenito di Francesco I re delle Due Sicilie; il primo maggio dell'anno precedente la sorella Francisca (2 agosto 1824 - 27 marzo 1898) aveva sposato il principe di Joinville.
239 AIMG, Carte Ricci;10 agosto 1839, Giovanni Ricci a Vincenzo Ricci.
240 Ivi; 30 aprile 1839.

cipe, del quale conosceva la famiglia, ma questi si rifiutò di incontrarlo, e la cosa venne a conoscenza del barone.
Come aveva fatto col ministro austriaco, Bauffremont si recò poi da Rouen ma questi, secondo Alloat spinto dal risentimento, dichiarò in seguito che la visita l'aveva stupito ma non aveva potuto far a meno di riceverlo, mentre la moglie asserì che la visita era stata fatta al solo scopo di essere invitato ad un ballo che la legazione francese aveva in programma, ballo che il principe poi disertò avendo saputo delle dichiarazioni dei Rouen[241].
La baronessa Rouen non perdonò la mancanza di tatto di Gontran de Bauffremont e iniziò una campagna di maldicenze sul suo conto, affermando che non aveva né il tono né l'educazione della buona società e non si sarebbe mai detto che fosse il figlio del principe di Bauffremont.
Nelle settimane seguenti il comportamento del principe fu tale che il dottor Piron rinunciò a controllarlo in quanto non riusciva a farsi obbedire. Lasciato a sé stesso, cominciò a «fréquentais quelques maisons et quelques compagnies, une partie des quelle, soit pour son âge, soit pour sa position sociale, je ne les lui aurais certes point conseilles.» Alcune frasi che il principe pronunciò con eccessiva leggerezza, che però Alloat non riporta, furono mal interpretate e la legazione francese non mancò di trarne vantaggio per tentare di compromettere la reputazione del principe Eugenio, anche perché, dal momento che Bauffremont veniva presentato come «il principe», molti erano portati a scambiarlo con il principe di Carignano[242].

4.7 *L'AFFARE CECA DI VAGLIERANO*

Nei primi giorni di ottobre il ministro degli Esteri scrisse al collega di Guerra e Marina per informarlo di aver appreso dalle lettere inviategli a luglio dal console Ceca e dal viceconsole Alloat di «dissapori avvenuti tra gli ufficiali e Vaglierano per cui questi ha dovuto scendere a terra con la sua famiglia»; i motivi che lo avevano indotto a prendere quella decisione sembravano

> «solamente dovuti alla sosta forzata a Rio de Janeiro dove i viveri sono ad un prezzo eccessivo per cui gli ufficiali fecero intendere prima accademicamente poi in modo chiaro che a causa della sosta prolungata non si sentivano in dovere di provvedere ai consoli per un periodo di tempo così prolungato invitandoli a scendere a terra o provvedersi del necessario a proprie spese ... L'ottima armonia che prima esisteva con Vaglierano era di molto diminuita»

Pragmaticamente, Solaro concludeva che sarebbe stato «forse meglio che si provveda in altro modo all'ultimo tratto del viaggio del console»[243].
Villamarina si affrettò a chiedere chiarimenti al Comandante della Marina, osservando che Albini nei suoi dispacci non aveva fatto parola alcuna di quei problemi. Villanova non poté che convenirne, ricordando che l'unico riferimento ai consoli contenuto nella corrispondenza fino a quel momento ricevuta da Albini era l'asserzione che se non avesse dovuto portarli a destinazione si sarebbe diretto verso il Capo di Buona Speranza. Dovette però

241 MPELM, Brasile, mazzo 2; 23 giugno 1839 n° 20, Alloat a Solaro.
242 MPECN, Rio de Janeiro, mazzo 1; 15 dicembre 1839 n° 31, Alloat a Solaro.
243 FMM ADC, mazzo 296; 8 ottobre 1839 n° 1449, Solaro a Villamarina.

ammettere di aver già avuto qualche sentore della vicenda da alcune corrispondenze private giunte a Genova dalle quali risultava che il conte Vaglierano aveva preteso di essere servito insieme alla famiglia e al collega e sempre a carico degli stessi ufficiali ad una tavola separata con cibi «scelti e congrui senza riguardo a riflessi fattigli sulla consumazione ognor crescente dè viveri d'Europa».

Villanova giustificò questi attriti con «l'ansietà e i disagi provati dai passeggeri» nel corso di lunghe navigazioni, che li rendevano «inquieti al punto da innervosire i comandanti dei bastimenti», sottolineando anche l'impossibilità da parte della mensa ufficiali di sopportare il peso economico di nutrire i tanti individui che accompagnavano il console. Ammetteva che era possibile che gli ufficiali si fossero comportati in modo scortese e avessero avuto poca pazienza con il console, ma che questi non era esente da responsabilità a causa delle sue richieste che avrebbero causato un maggiore consumo di «cibi, olio e vini, di cui si manca in Brasile».

Consigliava quindi al ministro di attendere l'invio da parte di Albini di ulteriori rapporti e dei giornali di navigazione prima di emettere un giudizio sul comportamento degli ufficiali della *Regina*[244]. Alcuni giorni dopo ripeté la stessa richiesta a Solaro, aggiungendo che i primi screzi col conte di Vaglierano non erano stati originati dagli ufficiali della *Regina* nonostante il fatto che la scarsità di viveri, le difficoltà insorte a causa della prolungata navigazione e i debiti contratti a Genova «loro prescrivessero di andar cauti nelle spese»[245].

Il ministro di Guerra e Marina aveva tutte le ragioni di lamentare che Albini non avesse informato nessuno dei problemi insorti con il console. Solo a metà di settembre, infatti, il commodoro inviò al ministro degli Esteri un rapporto sulla vicenda e su quanto aveva fatto per consentire a Ceca e Picolet di raggiungere le proprie destinazioni.

Si tratta di un documento interessante, in quanto, confrontandolo con le corrispondenze di Alloat, Ceca e Picolet, emerge il fatto che, pur se in generale Albini non travisa completamente i fatti, ne dà una versione molto edulcorata e in alcuni punti non corrispondente alla realtà.

Dopo aver riassunto quello che era accaduto a San Sebastiano tra il conte e i suoi domestici e il conseguente deterioramento dei rapporti con gli ufficiali a causa delle parole della moglie, spiegò esplicitamente che, nel corso dei lavori di riparazione, si era reso necessario svuotare completamente la fregata e perciò era stato costretto a chiedere ai passeggeri di trovarsi temporaneamente un alloggio a terra, cosa che tutti, compreso Ceca, fecero[246].

Questa era solamente una verità parziale, in quanto la richiesta di Albini ai consoli di sbarcare perché si sarebbero dovuti smontare i loro camerini per poter collocare i bracci di ferro di rinforzo dei bagli del ponte di batteria venne formulata solo il primo di agosto[247] mentre già il 12 luglio Vaglierano aveva comunicato a Solaro la sua intenzione di scendere a terra a causa del comportamento tenuto dagli ufficiali della *Regina* nei suoi confronti[248]. Quindi o la memoria di Albini a distanza di tempo presentava delle lacune, oppure forzava la realtà per giustificarsi.

244 Ivi; 15 ottobre1839 n° 4169, Villanova a Villamarina. FMM RSM, registro 354; 19 ottobre 1839 relazione n° 30.
245 MAZZO 1449; 23 ottobre 1839, Villanova a Solaro.
246 MAZZO 1449; 17 settembre 1839 n° 418, Albini a Solaro.
247 Albini, *Rapporto del Comandante.*
248 MPECN, Rio de Janeiro, mazzo 1; 12 luglio 1839, Ceca a Solaro.

Sulle vicende che lo portarono a sbarcare, Ceca inviò a Solaro alcune relazioni molto dettagliate che danno una versione alquanto differente da quella dell'Albini.
Secondo il console, dopo l'arrivo a Rio gli ufficiali, che già da tempo si lamentavano delle forti spese che dovevano sostenere per la loro mensa, gli comunicarono che in vista del prolungarsi a tempo indeterminato del viaggio ritenevano di non essere più impegnati a provvedere al mantenimento suo e della sua famiglia e che perciò avrebbe dovuto trovarsi un alloggio a terra oppure procurarsi i viveri a sue spese.
A quella richiesta si erano però opposti il tenente Todon e il luogotenente Montegrandi che la ritenevano irragionevole e gli altri ufficiali avevano dovuto desistere. Per costringerlo a lasciare la nave cominciarono allora ad «usare ogni sorta di sgarbatezze» nei confronti suoi e della sua famiglia, «sgarbatezze» che consistevano nel parlare in sua presenza a mensa delle spese che sostenevano per nutrire un terzo delle persone che ne godevano e che non pagavano nulla, arrivando poi ad accennare al proposito di sciogliere la *gamella* e di lasciare che ognuno provvedesse per se stesso.
Constatando che anche questo sistema non otteneva i risultati sperati, in quanto a suo dire Ceca si astenne sempre dal replicare per non dare agli ufficiali un motivo di lite, essi avevano cominciato a deriderlo pubblicamente a causa suoi «difetti corporali». Infine, poiché, come si è già detto, sua moglie non consumava la colazione alla mensa, ma era lui stesso a portargliela in cabina, proibirono che si asportasse il cibo dalla tavola, costringendola perciò a «rimanere a digiuno fino alla sera».
Il console fece presente la situazione ad Albini, il quale però per prendere provvedimenti gli richiese delle testimonianze, testimonianze che Ceca asserì di non essersi sentito di chiedere al cappellano o ai naturalisti oppure al suo collega Picolet, poiché non voleva metterli nelle condizioni di essere anch'essi presi di mira dagli ufficiali qualora avessero testimoniato a suo favore[249].
Le parole di Ceca mostrano in una luce diversa l'affermazione di Albini che egli avesse preteso di essere servito separatamente con cibi costosi. È però da notare che la «contessa» preferiva rimanere a digiuno piuttosto che recarsi a mensa ad un'ora che le era «scomoda» e che le recriminazioni degli ufficiali sul costo del mantenimento erano rivolte solamente contro di lui e la sua famiglia, e non contro Picolet o i naturalisti, per cui è probabile che esse fossero frutto dell'avversione che nutrivano nei suoi confronti.
Il console decise infine di scendere a terra e prendere alloggio con la famiglia in un'abitazione di due camere; a causa dei prezzi elevati dei generi alimentari si trovò però immediatamente in difficoltà economiche, per cui dovette fare una stretta economia, limitando i suoi pasti a «tre piatti senza ne frutta ne altro» come precisò al ministro, anche perché era stato costretto ad assumere una persona di servizio in quanto tutti i servitori che aveva portato con sé dal Piemonte lo «avevano abbandonato allettati dal prezzo eccessivo a cui si pagano in questi paesi»[250], un'altra affermazione che non corrispondeva alla realtà.
Della vicenda ne scrisse succintamente anche Alloat. Vaglierano scese a terra il 21 di giugno, per andare ad alloggiare in una locanda, spiegando al viceconsole che sulla *Regina* non riceveva più «quei riguardi che prima godeva» a causa dei contrasti con gli ufficiali nati da «certi fatti» sui quali Alloat non si pronunciò ritenendoli «estranei alla sfera del suo ufficio»,

249 È da notare che nelle lettere inviate al ministro degli Esteri Picolet non solamente non parla di questa vicenda ma non accenna mai al collega, forse un segno di volersi distaccare dal lui.
250 MPECN, Rio de Janeiro, mazzo 1; 12 luglio 1839, Vaglierano a Solaro.

ma che erano certamente quelli avvenuti dopo la sosta a San Sebastiano. I suoi tentativi di raggiungere un accomodamento tra Ceca e gli ufficiali della *Regina* fallirono perché le «esigenze del Sr Conte [erano] troppo discordanti dalla volontà dello Stato Maggiore»[251].
Di fronte a due versioni in parte contrastanti, è difficile comprendere quale fosse la verità. Ceca non doveva essere un personaggio molto gradevole, come è dimostrato da quanto accadde tra lui e i Falletti e, come si vedrà, dal suo comportamento nei riguardi del viceconsole Alloat. L'episodio di San Sebastiano dimostra anche come Vaglierano mentisse quando affermava che i suoi domestici lo avevano abbandonato a causa dei salari che avrebbero potuto ottenere a Rio. Certamente anche l'atteggiamento della moglie contribuì a non rendere la coppia particolarmente ben vista dallo stato maggiore della nave, soprattutto se a questo si aggiunge il fatto che essa, secondo quanto scrisse Ricci e sembra confermato dal fatto che, secondo Manno, il conte risultava "celibe" all'anagrafe, era di bassa estrazione sociale, cosa che sicuramente urtava gli ufficiali della Marina, generalmente provenienti dalla piccola e media nobiltà o dalla borghesia.
Il fatto che Picolet non citi assolutamente i problemi del suo collega al Ministro degli Esteri, se da una parte può essere attribuito a riservatezza, dall'altra potrebbe significare che non si sentisse di prenderne le difese ritenendolo in torto.
Sembra però credibile che almeno una parte degli ufficiali della *Regina* abbia effettivamente esercitato una sorta di *stalking* nei confronti del console; si è già visto cosa Ricci pensasse dei passeggeri quando affermò che «si erano imbarcati a Genova per ingrassare», trascurando del tutto il fatto che fossero dei funzionari governativi inviati in missione e non viaggiassero per loro passatempo.
La posizione di un passeggero a bordo di una nave della Marina sarda non doveva essere sempre facile, sia per i motivi già espressi da Villanova (i disagi e le ansietà), sia per il carattere corporativo dei suoi ufficiali che vedevano come un intruso chiunque non appartenesse alla Marina. A ciò si aggiungeva la mancanza di abitudine da parte dei "civili" alla convivenza forzata nell'ambiente ristretto e quasi claustrofobico di una nave da guerra, sulla quale le esili pareti amovibili dei camerini davano nel migliore dei casi solo un'apparenza di "privacy", rendendo essenziale una particolare e attenta forma di rispetto per la reciproca intimità se si voleva mantenere l'armonia reciproca. Queste difficoltà sono state evidenziate dall'episodio dello sbarco di de Bouffier dall'*Euridice* e dal commento di Des Geneys circa i problemi che la presenza a bordo dei suoi bastimenti di persone estranee alla Marina avrebbe potuto creare.
A tutto ciò si deve aggiungere l'inesperienza della Marina sarda nelle lunghe crociere in paesi poco o per nulla conosciuti. Questa inesperienza si rivelò in modo particolare nella sottovalutata difficoltà economica in cui si sarebbero potuti venire a trovare i suoi ufficiali in caso di prolungata permanenza in porti lontani, dove ottenere fondi supplementari sarebbe stato pressoché impossibile.
L'elevato costo della vita nei paesi dell'America meridionale era stato già segnalato sia dall'incaricato d'affari Palma che dal comandante dell'*Euridice*. Palma aveva comunicato che i prezzi in Brasile erano tanto esorbitanti che non era possibile farsene un'idea se non si era sul posto, e che gli ufficiali delle navi da guerra francesi ed inglesi stazionanti in quei

251 Ivi; 11 luglio 1839 n° 28, Alloat a Solaro.

mari usufruivano di una paga molto alta[252]; da parte sua il comandante dell'*Euridice* aveva puntualmente registrato il costo dei viveri nei vari porti dove si era rifornito. Nonostante questo, come già accennato, il governo aveva previsto solamente un modesto aumento di un quarto dell'indennità di tavola.

Sembra peraltro che Albini sia stato molto parsimonioso con la cassa di bordo, come dimostrano l'episodio del mancato pagamento dei soldati, l'esigua somma che successivamente offrì a Picolet per proseguire indipendentemente il suo viaggio e il rifiuto di concedere a Ceca la forte somma da lui richiesta per recarsi a Lima.

Le difficoltà del conte di Vaglierano non finirono con la sua discesa a terra, ma anzi aumentarono a causa delle ristrettezze economiche in cui venne a trovarsi, una vicenda in cui fu pesantemente coinvolto il viceconsole sardo.

Dopo soli pochi giorni di permanenza a terra, Ceca si premurò di inviare al ministero degli Esteri la richiesta di essere rimborsato delle ingenti spese che doveva sostenere, valutate in 1.200 franchi al mese (circa 1.000 lire di Piemonte), rimborso che riteneva gli fosse dovuto per essere stato costretto ad abbandonare la fregata solamente per «assoluta necessità»[253]. Il console giustificò al ministro i suoi problemi economici spiegando che prima di partire si era procurato solamente lettere che gli avrebbero permesso di ottenere a Lima il denaro di cui avrebbe avuto bisogno.

Poiché però nel breve termine la sua richiesta di rimborso, anche se accolta, non avrebbe potuto risolvere il problema di trovarsi sprovvisto di denaro contante o di credito, Ceca chiese ad Alloat di aiutarlo a trovare a Rio chi accettasse una sua «tratta su Genova» per l'importo di tremila lire, ma nonostante l'impegno del viceconsole, non gli fu possibile trovare un «acquirente»[254].

Ceca si rivolse allora ad Albini, chiedendogli la stessa cifra e assicurandogli che gli sarebbe stata rimborsata dal suo Procuratore Generale presso il ministero degli Esteri, ma il commodoro gli rispose di non poterlo accontentare in quanto temeva che i fondi di cui disponeva non sarebbero stati nemmeno sufficienti ad acquistare i viveri necessari per il proseguimento del viaggio e per pagare le spese di riparazione della fregata. Ad una seconda richiesta che Ceca gli fece per iscritto, rispose facendo notare di averlo avvertito che non gli sarebbe convenuto andare ad alloggiare a terra, dal momento che avrebbe potuto farne a meno[255].

Il giorno stesso in cui ricevette la risposta negativa di Albini, Ceca scrisse al viceconsole chiedendogli di volergli «procurare nel modo che a Lei porrà più conveniente la suddivisata somma», nonostante Alloat lo avesse già informato verbalmente che la cassa del consolato non avrebbe potuto anticipargli la somma richiesta[256]. Alloat non poté che ribadire quanto

---

252 FMM ADC, mazzo 294; 5 settembre 1834, Palma a Des Geneys.

253 MPECN, Rio de Janeiro, mazzo 1; 12 luglio 1839, Ceca a Solaro. Pregato da Ceca di avallare la sua richiesta, Alloat confermò che i 5.000 reis al giorno che pagava per la locanda erano solamente la metà di quanto avrebbe dovuto spendere per vivere «con quella decenza e quel decoro che il Suo grado, e la Sua qualità esigevano». Ivi; 11 luglio 183 n° 28, Alloat a Solaro.

254 Ivi; 9 agosto 1839, Ceca a Solaro. In calce alla lettera è riportato tutto il carteggio intercorso sull'argomento tra Ceca, Albini e Alloat.

255 Ivi; 9 agosto 1839, Ceca a Solaro; 29 luglio 1839, Albini a Ceca.

256 Ivi; 29 luglio 1839, Ceca a Alloat. Il modo alquanto brusco con il quale Ceca espresse ad Alloat la sua richiesta può essere forse attribuito al fatto che, nella gerarchia consolare, gli era superiore in grado, essendo l'Alloat un viceconsole, benché reggente provvisorio del Consolato, mentre Vaglierano era console generale, che era il grado più alto della gerarchia consolare.

gli aveva detto, aggiungendo che non avrebbe potuto dargli tale somma nemmeno di tasca propria, perché al momento era anch'egli privo di denaro[257].
Nel frattempo Albini stava cercando il modo di far giungere i consoli alle loro destinazioni. Anche in questo caso, la versione che fornì al ministro degli Esteri diverge da quelle che ricevette da Alloat e dai due consoli.
A settembre Albini scrisse a Solaro che, essendo ormai chiaro che il raddobbo della nave sarebbe durato ancora a lungo e che non era certo che la *Regina* potesse riprendere la sua crociera, aveva proposto ai consoli di imbarcarsi su uno di due grossi mercantili che erano in partenza da Rio alla volta di Valparaiso, ma che Ceca, non volendo rischiare di navigare in quei mari in inverno, aveva risposto di voler riportare la famiglia in patria per poi ripartire da solo. Albini affermò di essere convinto che il rifiuto del console «abbia un altro fine e che la sua intenzione tenda ad altro» mentre invece Picolet aveva accettato «la proposta fatale [sic] e si preparò alla partenza», ritirando i 300 colonnati (1.620 L.) che Albini gli fornì per far fronte alle spese di viaggio[258].
Su questa vicenda Albini scrisse in più riprese all'Ammiragliato con maggior dovizia di particolari. Il mercantile sul quale aveva proposto ai consoli di imbarcarsi era l'*Heredia*, un bastimento di 450 tonnellate; Ceca si era rifiutato in quanto riteneva che la nave fosse in cattivo stato, nonostante una «commissione di ufficiali» della *Regina* che aveva ispezionato la nave spagnola avesse decretato che si trattava di un bastimento che era stato costruito solo quattro anni prima[259].
Le affermazioni di Albini erano articolate in modo tale che sia Villanova che Villamarina si convinsero che Picolet avesse invece accettato di imbarcarsi sull'*Heredia*[260]. Ad esempio, il viceammiraglio riferì al ministro degli Esteri che, mentre Ceca aveva espresso con «acerbe frasi» il suo rifiuto di imbarcarsi, il suo collega Picolet «non aveva incontrato difficoltà di valersene»[261], ma la realtà era invece ben diversa.
L'*Heredia* era la nave spagnola salpata da Cadice e diretta a Lima che era stata gravemente danneggiata dalla stessa tempesta che aveva colpito la *Regina* (vedi nota 184) ed era entrata nel porto di Rio «con tutti i suoi tre alberi portati via»[262].
Il 9 agosto Albini informò Ceca che avrebbe potuto raggiungere Valparaiso a bordo dell'*Heredia*, dove sarebbe stato alloggiato «in camera» al prezzo di 150 «pezzi forti di Spagna» (ossia colonnati) per persona. Era perciò disposto ad anticipargli la somma necessaria oltre ad altri 200 pezzi che, secondo le informazioni ricevute, sarebbero stati sufficienti al viaggio da Valparaiso a Lima.

---

257 MPECN, Rio de Janeiro, mazzo 1; 9 agosto 1839 n° 31, Alloat a Solaro. L'inadeguatezza degli stipendi dell'incaricato d'affari e del console in Brasile fu un tema ricorrente nella loro corrispondenza con il ministero degli Esteri. Cfr. BARBIERI, *I rappresentanti*, cit., pag. 78. Il nuovo incaricato d'affari, conte Gaetano Valentino di S. Martino, che giunse in Brasile nel 1841, nel lodare il comportamento di Alloat negli anni precedenti, informò il ministro Solaro che aveva «dovuto vivere di privazioni, per poter esteriormente comparire con decenza, ed ha fatto dei sacrifici personali durante il lungo soggiorno di S.A.S. il principe di Carignano» a Rio.
258 MAE, Divisione 3, Rapporti con le autorità interne del Regno centrali o periferiche, Guerra e Marina, lettere ricevute, copialettere, protocolli, ammiragliato, corrispondenza, mazzo 1449; 17 settembre 1839 n° 418, Albini a Solaro.
259 FMM ADC, mazzo 296; 9 agosto 1839 n° 416, Albini a Serra; Albini, *Rapporto del Comandante.*
260 MAE, Divisione 3, Rapporti con le autorità interne del Regno centrali o periferiche, Guerra e Marina, lettere ricevute, copialettere, protocolli, ammiragliato, corrispondenza, mazzo 1449; 23 ottobre 1839, Villanova a Villamarina.
261 FMM ADC, mazzo 296; 23 ottobre 1839, Villanova a Villamarina.
262 MPECN, Valparaiso, mazzo 2;10 marzo 1840 n° 2, Picolet a Solaro.

Il console rifiutò seccamente l'offerta, affermando che non intendeva rischiare la vita nel passaggio di Capo Horn nel periodo peggiore dell'anno con un bastimento che aveva sofferto gravi avarie che erano state riparate «in tutta fretta da un capitano imperito ed avido naturalmente di guadagno»[263].

Lo stesso giorno Ceca scrisse al ministro degli Esteri che riteneva che Albini gli avesse fatto quell'offerta solamente per poter dimostrare di avergli offerto il mezzo per continuare il viaggio, aggiungendo che con la somma pattuita tra Albini e il capitano spagnolo non avrebbe avuto «che galletta e carne secca e non potrei avere una persona di servizio per cui [sic] il Gen.le non vuole corrispondere la spesa di passaggio avendomi detto che questa era una spesa superflua». Concludeva la lettera lamentando di non aver ricevuto né da Albini né da Alloat il prestito che aveva richiesto per cui trovandosi «abbandonato nelle spiagge d'America senza ottenere aiuto da quelli dai quali lo attendeva» aveva preso la decisione di imbarcarsi alla fine del mese su un bastimento sardo in partenza per Marsiglia per far ritorno in patria[264].

Contemporaneamente anche Alloat scrisse a Solaro per metterlo al corrente della vicenda. Riferiva che Ceca aveva comunicato ad Albini di avere intenzione di recarsi a destinazione per via di terra e gli aveva chiesto 10.000 lire, richiesta che Albini aveva rifiutato perché non riteneva di essere autorizzato a dargli una somma così ingente quando «per 600 o 700 pezzi» (3.240-3.780 L.) avrebbe potuto viaggiare per mare. Pertanto Ceca sarebbe partito per rientrare in patria con il brigantino nazionale *Bianca e Chiara* mentre Picolet, che aveva ritirato i 300 colonnati offertigli, sarebbe partito entro pochi giorni per recarsi a Buenos Aires da dove avrebbe poi raggiunto la sua destinazione via terra[265].

Anche Picolet si era rifiutato di imbarcarsi sull'*Heredia* per non rischiare il passaggio di Capo Horn nella stagione peggiore con «un navire inconnu, un Capitaine inconnu». Seguendo il consiglio «de plusieurs officiers distingue du Bord [della *Regina*]» aveva invece deciso di recarsi via mare a Buenos Aires e di lì, non appena la strada che attraversava la Cordigliera fosse stata aperta, raggiungere Valparaiso con la prima «carovane» che fosse partita[266]. Picolet sottolineò di aver preso quella decisione «en opposition avec Monsieur le Gen.le Comm.or Chev.er Albini» mentre al contrario il principe Eugenio l'aveva approvata[267].

Picolet accettò la somma offertagli da Albini anche se, in base alle informazioni avute a Rio, riteneva che non sarebbe stata sufficiente a coprire le spese del suo viaggio[268]. Dal rendiconto che Picolet inviò al ministero degli Esteri dopo esser giunto a Valparaiso, risulta che effettivamente il costo totale del suo viaggio ammontò a più del doppio della somma ricevuta, 759 dollari spagnoli, pari a 2.478 lire piemontesi, una cifra consistente, pari a più della metà dello stipendio annuo del console, ma ben lontana dalle 10.000 lire pretese da Ceca, anche tenendo conto del suo numeroso nucleo familiare.

È molto probabile che sia lui che il collega Picolet abbiano avuto ragione nel non accettare

263 MPECN, Rio de Janeiro, mazzo 1; 9 agosto 1839, Ceca a Solaro.
264 Ibid.
265 Ivi; 9 agosto 1839 n° 30, Alloat a Solaro.
266 Ivi; 9 agosto 1839, Picolet d'Hermillon a Solaro.
267 Ibidem, Valparaiso, mazzo 2; 10 marzo 1840 n° 2, Picolet a Solaro.
268 Secondo quanto riferì Ceca, Picolet era sicuro di poter ottenere del denaro a Buenos Aires, probabilmente grazie al fratello.

il passaggio sul bastimento spagnolo alle condizioni contrattate da Albini. Subito dopo essersi insediato a Valparaiso, Picolet scrisse una lettera a Solaro nella quale esprimeva la sua soddisfazione per non essersi imbarcato sull'*Heredia* e riferiva che una persona che si era imbarcata alle stesse condizioni economiche che Albini aveva contrattato con il suo comandante ad insaputa di Picolet, era giunta a Valparaiso «mourant, après 72 jours de tourmente, de misère, de peine et de souffrances de tous genres». Il console si diceva certo che anche Albini, una volta conosciute le peripezie di quella persona che ben conosceva, non avrebbe potuto non felicitarsi con lui per non essersi imbarcato[269].

Dalle parole di Picolet si intuisce come molto probabilmente Albini e gli ufficiali che ispezionarono l'*Heredia* l'avessero fatto con molta superficialità pur di liberarsi dei consoli e del peso economico che il loro mantenimento comportava.

Per quanto riguarda Ceca, è tuttavia evidente che le sue difficoltà erano originate, oltre che dal livello delle sue pretese, dalla sua apparentemente scarsa disponibilità di denaro sia contante che a credito[270].

Un episodio che accadde al suo ritorno a Genova, dove continuò ad essere perseguitato anche dalla sfortuna, dimostra come le sue difficoltà economiche non fossero limitate alla situazione contingente di trovarsi bloccato a Rio de Janeiro.

Giunto a Marsiglia il console aveva fatto imbarcare i suoi effetti su un bastimento sardo diretto a Genova, che però fece naufragio in vicinanza di Cannes. Grazie al viceconsole sardo di quella località quasi tutto il carico della nave fu recuperato ed inviato a Genova, dove venne consegnato al console di Marina. Per recuperare i suoi effetti Ceca avrebbe dovuto versare una cauzione a garanzia che in seguito avrebbe pagato la somma decisa dal tribunale di Genova per coprire le spese di recupero e trasporto. L'ormai ex-console presentò come garante il Direttore del polverificio di Genova, che non venne però accettato «perché militare»; non «avendo altra conoscenza» Ceca chiese l'intercessione del ministro per ottenere comunque la consegna dei suoi effetti[271].

Se Ceca non aveva credito a Genova e non poteva pagare in contanti la somma richiesta per la cauzione, è lecito chiedersi come la tratta di 3.000 lire emessa sulla piazza di Genova che aveva tentato di far accettare a Rio avrebbe potuto essere onorata.

4.8 *GENOVA O BOMBAY?*

Verso la metà di settembre i lavori di ripristino della prua della *Regina* si avviavano al termine ma ciò, anziché semplificare le cose per Albini, le complicò perché si stava avvicinando il momento di decidere se proseguire il viaggio o far ritorno a Genova.

Sugli avvenimenti di questo periodo e sul comportamento di Albini sono molto illuminanti i dettagliati rapporti scritti da Alloat che fu personalmente coinvolto nelle discussioni e recriminazioni del comandante della fregata, recriminazioni dirette, come si vedrà, non solo

269 Consolati Nazionali, Valparaiso, mazzo 2; 10 marzo 1840 n° 2, Picolet al ministro.

270 A differenza di Picolet, quando Ceca scese a terra fece richiedere da Alloat al governo brasiliano l'esenzione dal pagamento dei diritti doganali del suo bagaglio. Il viceconsole la ottenne, rimarcando però che quella che il conte riteneva una richiesta molto semplice, in realtà era un'eccezione che era stata accordata in segno di «déférence particulière». Consolati nazionali, Rio de Janeiro; 30 luglio 1839 n° 23, Alloat a Solaro.

271 MAE Divisione 5, Protocolli generali, Registro della corrispondenza con vari uffici e particolari, mazzo 1020 registro miscellanea; 9 marzo 1840, Solaro a Villano. Sembra che Ceca non fosse nuovo a problemi finanziari: nel 1829 il tribunale di Asti aveva messo all'incanto i beni che possedeva nel territorio di Villanova d'Asti per l'ammontare di 29.000 lire, come «sigurtà» nei confronti di un certo Doria. Gazzetta Piemontese, 24 marzo 1829.

contro il console ma anche contro il principe Eugenio, il governo brasiliano e l'intero corpo diplomatico. Per quanto è possibile capire, i rapporti del viceconsole appaiono imparziali e veritieri; la sua integrità è testimoniata sia da quanto scrisse di lui il nuovo incaricato d'affari San Martino che dalla stima che ebbe di lui il principe Eugenio, il quale al suo ritorno lo elogiò e gli fece ottenere la promozione a console di prima classe[272]. Gli aspetti negativi del carattere del comandante della *Regina* descritti da Alloat trovano peraltro conferma nella corrispondenza di Ricci.

Vediamo innanzi tutto le relazioni di Albini.

Nonostante le difficoltà, la riparazione era «riuscita di una tale solidità che pare non lascia luogo a temere per quella parte»; entro la fine di settembre sarebbero stati riposizionati il tagliamare e le relative maschette, dopodiché sarebbe stato possibile sollevare la poppa dove i periti presumevano che il danno fosse molto esteso. Se così fosse stato, sarebbe stato costretto a tornate in Europa. In quell'occasione riconobbe comunque che dal governo aveva ricevuto ogni facilitazione, così come dal Direttore dell'arsenale[273].

Solamente nella prima decade di ottobre si terminò di rimontare la prora e di ricollocare i fogli di rame tolti dalla carena. La prua venne allora immersa di 2 piedi e la poppa venne ispezionata da tre capimastri dell'arsenale, due della marina mercantile e da quelli della *Regina*; l'ispezione rivelò che probabilmente la parte marcia si estendeva molto più in basso del dragante e che sarebbe stato necessario togliere alcuni corsi di fasciame. All'Ammiragliato, Albini comunicò che se il danno fosse stato così esteso come si temeva, lo si sarebbe potuto riparare solamente immettendo la nave in un bacino[274].

Una volta tolte le tavole di fasciame intorno al dragante, si constatò che effettivamente il danno si estendeva, oltre che ad un terzo del dragante, anche alle ghirlande, per cui i capimastri dichiararono che non sarebbe stato possibile ripararlo in mancanza di un bacino oppure delle attrezzature necessarie ad alare a terra la nave. Albini scrisse quindi di voler fare eseguire un raddobbo provvisorio e in base al suo esito prendere una decisione definitiva circa il viaggio.

Poiché aveva appena ricevuto il dispaccio del 12 agosto nel quale Villanova lo informava che il re aveva stabilito che non avrebbe dovuto badare a spese pur di rimettere la *Regina* nelle condizioni di proseguire la circumnavigazione, e dal momento che, grazie alla riparazione della prora e ad alcuni altri interventi a poppa, riteneva che la nave sarebbe stata in grado di riprendere senza pericolo la navigazione, Albini il 26 ottobre dichiarò di essere determinato a dirigersi , passando dal Capo di Buona Speranza, a Bombay dove si trovavano «bacini, legnami e tutte le necessarie convenienze» che avrebbero permesso di eseguire in tre mesi le riparazioni che non sarebbe stato possibile effettuare nemmeno nell'arsenale di Genova. Se invece fosse tornato in patria e la *Regina* fosse stata disarmata ed immessa

272 MAE, Divisione 4, Consolati di S.M. all'estero, Protocolli della corrispondenza in arrivo e in partenza con i Consolati Nazionali, registro 107; 23 maggio 1840, Segreteria degli Esteri ad Alloat.

273 FMM ADC, mazzo 296; 22 settembre 1839 n° 420, Albini a Villanova. Albini aveva appreso della nomina di Villanova a Comandante della Marina dalla copia della *Gazzetta Piemontese* del 26 giugno, recata a Rio da qualche mercantile sardo. Nello stesso rapporto Albini comunicò che un marinaio aveva disertato e che un altro era deceduto, mentre la malattia «di petto» del dottor Falco era sempre grave e che l'opinione del medico brasiliano che lo curava era che non avrebbe più rivisto la patria; la salute del principe Eugenio era invece buona così come quella dell'equipaggio; sotto la guida di Todon e Ricci i guardiamarina continuavano a studiare l'astronomia e l'idrografia e compivano frequenti escursioni lungo le coste della rada di Rio.

274 Ivi; 19 ottobre 1839 n° 424, Albini a Villanova.

nella darsena dove non sarebbe stato possibile ripararla, si sarebbe ulteriormente rovinata, a meno di non farne eseguire il raddobbo in un porto estero[275].
Nel dispaccio inviato il successivo 30 ottobre confermò che la riparazione della poppa era riuscita sufficientemente solida da permettergli di recarsi a «Bombay o Calcutta» e che sperava di poter salpare entro il 20 novembre[276].
La serie dei rapporti di Albini conservata nell'Archivio di Stato di Torino si interrompe con questo dispaccio, e riprende solamente con il rapporto n° 435 inviato da Bahia il 2 di aprile 1840, quando la *Regina* si trovava ormai sulla via del ritorno; per conoscere le motivazioni che lo portarono a prendere la decisione di tornare a Genova si può perciò fare riferimento solamente al suo resoconto finale del viaggio.
Il primo di novembre diede ordine di preparare cinque mesi di scorte di viveri; qualche giorno dopo, mentre i calafati stavano terminando di calafatare il fasciame, scoprirono che un tratto lungo dodici piedi dell'incinta di dritta compreso tra i parasartie di trinchetto e di maestra, e due altri tratti della stessa incinta al disotto del parasartie di mezzana erano internamente marci, anche se all'esterno apparivano integri[277].
A questo punto il marchese Pauloni, il principe di Bauffremont e il suo precettore e lo zoologo Caffer decisero di non proseguire il viaggio e chiesero di sbarcare; secondo Albini, anche coloro che prima propendevano per la continuazione del viaggio cominciarono a nutrire dei dubbi.
Il 22 di novembre a Rio attraccò una nave portoghese proveniente da Bombay; il suo capitano riferì ad Albini che dei sei bacini disponibili in quel porto, solo due erano abbastanza ampi da poter ricevere grandi fregate e che di questi uno era in riparazione e l'altro era occupato da un grosso mercantile. A questo punto il commodoro concluse che

> «Una si fatale combinazione unita a tutti gli altri disagi che si accoppiarono troncò affatto le preventive disposizioni e delusero tutte le belle speranze che presentava una si lusinghiera spedizione...non volendo allora che la fermezza di carattere cui la mia posizione esigeva che dimostrasi [sic] fosse giudicata una temeraria risoluzione mi determinai di dirigermi per l'Europa riconoscendo coi fatti che ad ogni mio attentato presentavasi una difficoltà insuperabile»[278].

Albini non lo dice esplicitamente, ma sottintende che la sua decisione di far ritorno in Europa nasceva dal timore che, una volta arrivato a Bombay, avrebbe potuto non trovare un bacino disponibile per farvi ricoverare la *Regina*.
Sembra però trascurare il fatto che nel lasso di tempo tra la partenza della nave portoghese da Bombay e il momento in cui la *Regina* vi sarebbe arrivata la situazione di occupazione dei due bacini avrebbe potuto essere diversa. Inoltre, ma questo Albini poteva ignorarlo,

275 Ivi; 26 ottobre 1839 n° 426, Albini a Villanova. Albini scrisse anche che sarebbe stato costretto a lasciare a terra sia il dottor Falco che il sergente d'artiglieria Baylet, anch'egli «attaccato di petto». Quando il rapporto arrivò a Genova a dicembre, Villanova lo inviò immediatamente a Villamarina, chiosando che sperava che il sovrano sarebbe stato soddisfatto di un lavoro che, con una spesa relativamente contenuta, «conservava una fregata di 1° rango». Ivi; 23 dicembre 1839 n° 4312, Villanova a Villamarina. Carlo Alberto approvò la decisione annunciata da Albini, che sperava sarebbe stata confermata nei suoi rapporti successivi. FMM CL registro 301; 28 dicembre 1839 n° 1192, Villamarina a Villanova.
276 FMM ADC, mazzo 296; 30 ottobre 1839 n° 427, Albini a Villanova. Questo dispaccio fu affidato alla goletta *Furia* che evidentemente faceva regolarmente il percorso Rio de Janeiro-Genova e ritorno.
277 Della scoperta di questi ulteriori danni non vi è alcun cenno nei rapporti di Alloat.
278 Albini, *Rapporto del Comandante.*

l'informazione del capitano portoghese era errata: il nuovo complesso costruito a Bombay nel 1808-10, il "Duncan dry-dock", disponeva di tre diversi bacini, ognuno dei quali poteva contenere un vascello di linea.

4.9 *ALBINI CONTRO TUTTI*

Nel suo resoconto Albini appare come un comandante risoluto che deve piegarsi alle esitazioni altrui e alle circostanze avverse. Ben diversa è la narrazione che degli stessi eventi fece Alloat, la cui corrispondenza è l'unica altra fonte disponibile, poiché su quanto accadde in quei mesi le lettere di Ricci contengono pochi dettagli[279].
Uno dei problemi principali che Alloat ebbe con il commodoro fu che, come sottolineò al ministro degli Affari Esteri, quest'ultimo pareva nutrire grande sfiducia nei suoi confronti, cosa che riteneva causata sia da motivi personali che dal suo grado. Più volte Albini in sua presenza affermò che un ambasciatore sarebbe stato più utile di lui e in una occasione, lamentandosi di un presunto intrigo ordito dal corpo diplomatico residente a Rio per costringerlo a interrompere il viaggio, dichiarò che se al posto di Alloat vi fosse stato un ambasciatore ciò non sarebbe accaduto[280].
La scarsa fiducia che Albini nutriva nei confronti di Alloat lo portò a confidare nei capitani della marina mercantile per sapere quale opinione avessero di lui a terra e, inspiegabilmente, ad appoggiarsi al console generale di Napoli Merolla per trattare con il direttore dell'arsenale e i suoi capomastri, cosa che diede origine a molte voci bizzarre e ad un increscioso incidente.
Dopo che tre «expertise» fatte eseguire avevano consigliato il ritorno a Genova, non soddisfatto Albini incaricò Merolla di chiedere al Costruttore in Capo dell'arsenale, Joaquim José de Souza, se ritenesse la *Regina* in grado di raggiungere Bombay e di riferirgli che avrebbe pagato qualsiasi cifra fosse stata necessaria pur di poter continuare il viaggio.
Il 16 ottobre Merolla riferì per scritto ad Albini che de Souza riteneva che la fregata non potesse far altro che ritornare in Europa, e che avrebbe potuto raggiungere Bombay solamente se «i primi lavori alla Prua [sottolineato nell'originale] fossero stati eseguiti in altro modo»"[281].
Malauguratamente, il fatto che Albini avesse autorizzato Merolla a dire al costruttore che non avrebbe badato a spese pur di poter proseguire il viaggio divenne presto di dominio pubblico e a Rio si diffuse l'opinione che fosse un tentativo di corrompere de Souza per fargli affermare ciò che Albini desiderava. Come puntualmente registrò Alloat

> «Ce qu'il y a de grave dans cette affaire, des personnes mal informées croyant, ou le disent au moins, qu'il était question d'avoir du Constructeur une déclaration constatant que la frégate pouvait maintenant continuer le Voyage»

Alloat riteneva che questa maldicenza fosse anche alimentata dall'aria di mistero e di segretezza con la quale Albini aveva condotto i suoi contatti con l'arsenale brasiliano, nonché per

279 Da un certo momento in poi Ricci divenne molto guardingo nel contenuto della sua corrispondenza e nelle modalità di invio. Al fratello disse che avrebbe inviato le sue lettere solamente nel modo più sicuro e che ciò che aveva da raccontare glielo avrebbe comunicato a voce al suo ritorno. Carte Ricci; 19 maggio 1839 e 10 dicembre 1839, Giovanni Ricci a Vincenzo Ricci.
280 MPELM, Brasile mazzo 2; 15 dicembre 1839 n° 35, Alloat a Solaro, Confidenziale.
281 Ivi; 26 novembre 1839 n° 34, Alloat a Solaro (nella datazione della lettera l'indicazione dell'anno è inesplicabilmente errata, 1840 anziché 1839): allegato E, copia di lettera del 16 ottobre 1839 da Merolla a Albini.

aver dichiarato che avrebbe fatto dei regali alle persone «que se seront employées pour que le voyage eut lieu»[282].

Venuto a conoscenza di queste voci, Albini incaricò Alloat di pagare immediatamente gli esperti e di farsi rilasciare dichiarazioni scritte sia sullo stato della fregata che sul modo col quale erano state ottenute le dichiarazioni stesse, ma poi revocò quest'ultima parte.

Albini pochi giorni dopo mostrò al viceconsole una lettera del Direttore dell'arsenale che smentiva quanto aveva affermato il Costruttore: il Direttore si diceva convinto che la *Regina* non avrebbe potuto tornare a Genova nella cattiva stagione senza correre pericoli, ma che avrebbe invece potuto recarsi a Bombay.

Alloat era perplesso di fronte a questa nuova dichiarazione, ma gli parve di capire che a quel punto Albini fosse deciso a recarsi a Bombay, anche se non si era espresso molto chiaramente[283]. In seguito il Direttore dell'arsenale spiegherà ad Alloat che la sua opinione era stata motivata dal fatto di ritenere che effettuare la traversata di ritorno a Genova nella cattiva stagione fosse pericoloso. Alloat rimase però scettico in quanto, come giustamente sottolineò, era incomprensibile come si potesse sostenere che recarsi a Bombay fosse più facile che andare a Genova, anche se si era nella cattiva stagione, e che era ben noto come il Capo di Buona Speranza fosse almeno altrettanto pericoloso dello Stretto di Gibilterra[284].

Alloat spiegò al ministro Solaro come la posizione di Albini fosse divenuta «imbarazzante» in quanto la dichiarazione del Direttore dell'arsenale era opposta sia a quella del Costruttore sia ai precedenti verbali firmati dagli altri esperti. Il viceconsole sottolineò anche come non riuscisse a spiegarsi perché le stesse persone che precedentemente avevano sostenuto che la *Regina* avrebbe dovuto tornare a Genova adesso affermassero esattamente il contrario, dal momento che da quando era stato scoperto che la poppa era nello stesso stato della prua erano stati eseguiti solo i lavori che richiedevano minor tempo, mentre erano stati tralasciati i pezzi più grandi la cui sostituzione avrebbe richiesto un tempo eccessivo.

Il 16 novembre Albini fece autenticare da Alloat tre documenti: nel primo gli esperti che avevano ispezionato la *Regina* dichiaravano che avrebbe potuto raggiungere Bombay per effettuare le riparazioni; nel secondo due capi-operai, un mastro carpentiere e un mastro calafato asserivano che la fregata poteva intraprendere «quelque voyage»; il terzo era la lettera del Direttore dell'arsenale della Marina il quale, rispondendo ad una domanda dell'Albini, affermava che era più conveniente recarsi a Bombay[285].

Alloat era molto scettico a proposito di tali dichiarazioni, che secondo lui non erano state compilate «que par complaisance» e senza che gli esperti conoscessero effettivamente le condizioni in cui si trovava la poppa.

Il giorno dopo Albini espresse al principe Eugenio l'intenzione di riunire gli ufficiali a consiglio per decidere se sulla base di quei documenti si sarebbe dovuto andare a Bombay per

282 MPELM, Brasile, mazzo 2; 26 ottobre 1839 n° 29, Alloat a Solaro; MPECN, Rio de Janeiro, mazzo 1; 15 novembre 1839 n° 31, Alloat a Solaro.

283 MPELM, Brasile mazzo 2; 20 ottobre 1839 n° 28, Alloat a Solaro. Nonostante tutti i tentativi di Albini di mantenere segrete le sue intenzioni, esse divennero di dominio pubblico quando il 23 ottobre un giornale di Rio pubblicò la notizia che la *Regina* sarebbe partita per Bombay, cosa che fece infuriare il commodoro, che evidentemente non voleva ancora impegnarsi pubblicamente. Albini cercò di sapere dal direttore del giornale chi lo avesse informato, cosa che questi si rifiutò di fare MPELM, Brasile mazzo 2; 26 ottobre 1839 n° 29, Alloat a Solaro.

284 MPECN, Rio de Janeiro, mazzo 1; 15 novembre 1839 n° 31, Alloat a Solaro.

285 Alloat riferisce che il capomastro era lo stesso che in precedenza aveva affermato che la *Regina* non avrebbe potuto fare altro che ritornare a Genova.

immettere la fregata in bacino. Il principe rispose che gli ufficiali non erano competenti a giudicare la solidità della nave e ciò portò Albini a cambiare idea e a rinunciare a radunare il consiglio.

D'altra parte, anche se continuava a sostenere di essere deciso a partire per Bombay, Albini aveva già privatamente comunicato a diverse persone che sarebbe invece ritornato a Genova. Una di queste era il commodoro statunitense Nicholson, con il quale aveva avuto un colloquio al quale era presente anche Alloat che fungeva da interprete, e che si disse d'accordo con la sua decisione[286].

La stessa opinione fu espressa dal commodoro britannico Sullivan, comandante della fregata *Stag* e, all'inizio di dicembre, dal ministro austriaco D'Aiser, il quale disse ad Alloat che persone di sua fiducia gli avevano confidato che la *Regina* non era in condizione di proseguire il viaggio.

L'equipaggio, del resto, era persuaso che la fregata non fosse solida, era molto scoraggiato e sembrava avere poca fiducia nel suo comandante e anche molti degli ufficiali della *Regina* erano d'accordo nel dire che sarebbe stato molto pericoloso proseguire per l'India.

Alloat era però convinto che dietro alcuni di quei consigli si nascondeva «un poco di gelosia» nei riguardi della riuscita della crociera, mentre alcuni degli ufficiali in realtà desideravano solamente far ritorno a Genova[287].

L'intervento di Merolla e il cambiamento d'opinione degli "esperti" sulle condizioni della *Regina* innescò una lite tra lui e Albini che assunse i toni di una farsa.

Il 18 novembre «de bon matin» Merolla irruppe in casa del viceconsole sardo[288]: era infuriato contro Albini perché questi aveva ottenuto da De Souza una dichiarazione che smentiva quanto quest'ultimo gli aveva detto ad ottobre quando l'aveva interpellato su richiesta del commodoro, richiesta che aveva accettata per «l'interessamento che io prendo per il Governo di S.M. il Re di Sardegna»[289].

Merolla riteneva che il fatto che Albini si fosse nuovamente rivolto a De Souza costituisse un insulto personale. Dalle parole di Alloat, sembra inoltre che Albini avesse fatto sapere a Merolla che gli avrebbe restituito la lettera del 16 ottobre nella quale riferiva che il Costruttore riteneva che fosse necessario ritornare a Genova; se ciò fosse avvenuto, Merolla dichiarò ad Alloat di essere intenzionato a «faire une affaire d'honneur». Alloat riuscì a calmarlo, ma non poté impedirgli di recarsi dal Costruttore[290].

Ciò che premeva al console napoletano, come lui stesso scrisse immediatamente ad Alloat, era di sollevarsi dalla responsabilità di avere in precedenza riferito informazioni del tutto differenti da quelle che ora davano il Costruttore e i mastri dell'arsenale, per cui intendeva chiedere a De Souza di mettere per scritto le ragioni che lo avevano portato a cambiare idea. La spiegazione datagli lo stesso giorno dal Costruttore fu che lui e i capomastri si erano

286 John D.Nicholson comandava la Squadra del Brasile, che tutelava gli interessi commerciali statunitensi in Sud America che in quel periodo erano minacciati dal blocco francese di Buenos Aires. La squadra era composta dal "razee" *Independence*, ossia una nave di linea a due ponti ridotta a fregata mediante l'eliminazione del ponte di batteria superiore, e dalla corvetta a batteria scoperta *Fairfield*.

287 MPECN, Rio de Janeiro, mazzo 1; 15 novembre 1839 n° 31, Alloat a Solaro.

288 Salvo dove diversamente indicato, le informazioni relative a questa sezione si trovano in: MPELM, Brasile, mazzo 2; 20 ottobre 1839 n° 28; 26 ottobre 1839 n° 29; 26 novembre 1839 n° 34; 15 dicembre 1839 n° 35, Alloat a Solaro; MPECN, Rio de Janeiro mazzo 1; 15 novembre 1839 n° 31, Alloat a Solaro.

289 Copia di lettera scritta da Merolla ad Alloat il 18 novembre 1839, allegata al dispaccio di Alloat del 26 novembre n° 34.

290 Alloat chiese all'incaricato d'affari della Santa Sede di aiutarlo a convincere Merolla a non divulgare il suo dissidio con Albini, ma inutilmente perché lo stesso giorno la voce si era diffusa in tutta la città.

inizialmente espressi a favore del ritorno a Genova «nella buona stagione», ma che poi era stato loro riferito che «il viaggio di Bombay era in questo tempo più facile di quello di passare il Golfo del Leone».
A quel punto fu Albini a volerne fare una questione d'onore perché offeso da quello che riteneva essere un nuovo voltafaccia di Merolla e del Costruttore e si tranquillizzò solamente quando Merolla si impegnò ad ottenere una nuova dichiarazione che confermasse che la *Regina* avrebbe potuto recarsi a Bombay, dopodiché i due si recarono insieme all'arsenale.
La risposta di De Souza, inviata due giorni dopo, fu che

> «la nostra prima opinione era che la nave dovesse ritornare a Genova in buona stagione, colla supposizione che vi fosse colà un Bacile per poter ultimare le riparazioni che ancora sono necessarie farsi alla poppa e alla prora; però siccome persone intelligenti in materia nautica ci fecero vedere che ora era più facile andare a Bombay ove vi è un Bacile [sottolineato nell'originale] questo fu il motivo che giudicammo che con le riparazioni che già si son fatte potrà andare a quel Porto per ultimarle; e dopo poi ciò fatto sarà la fregata in istato di poter continuare i suoi viaggi; e devo di più dichiarare a V.E. che non consideriamo ancora la fregata in istato di essere condannata quando si possano fare in un Bacile le riparazioni che ha bisogno, il che in un altro modo sarebbe molto difficile»[291].

Merolla disse ad Alloat di aver convinto De Souza a scrivere quella nuova dichiarazione «pour salver» il commodoro, che aveva affermato che senza quella dichiarazione non sarebbe partito per l'India, e che solamente per quella stessa ragione il Costruttore e i capomastri avevano firmato i loro certificati, poiché né l'uno né gli altri «ne savent ce que c'est que le Golfe Leone et Bombay».
Per quanto le asserzioni di Merolla fossero dettate da motivi personali, è probabile che avesse ragione sul conto dei brasiliani; le loro giustificazioni appaiono infatti molto confuse e poco credibili: per quanto l'attraversamento del Golfo del Leone potesse, e possa tuttora, presentare in certi periodi dei pericoli a causa dei venti e delle condizioni del mare, essi non erano certamente superiori a quelli che si sarebbero potuti incontrare nel passaggio del Capo di Buona Speranza.
D'altra parte, secondo Alloat la voce che correva in città era che né il Costruttore né gli altri esperti avessero un'idea corretta delle condizioni in cui si trovava la *Regina* e che le loro dichiarazioni erano state dettate da considerazioni particolari.
Per mettere fine a quelle voci Alloat intendeva farsi rilasciare dagli esperti una nuova e definitiva dichiarazione, ma Albini si oppose asserendo di aver ricevuto istruzioni di recarsi a Bombay (cosa che non corrispondeva a verità) e che avrebbe acconsentito solo se fosse stato certo che il responso sarebbe stato favorevole, ma che nel dubbio non voleva correre rischi ed era deciso comunque a raggiungere l'India assumendosene tutta la responsabilità.
Ma la lite tra Albini e Merolla non era ancora finita: il giorno dopo l'incontro con Eugenio, Albini ripeté ad Alloat di aver intenzione di chiedere al console napoletano di ritirare le sue lettere e le dichiarazioni allegate. Di fronte alle obiezioni di Alloat affermò che il console sardo lo voleva perdere e di volersi ancora battere con Merolla. Si lamentò inoltre di trovarsi

291 18 novembre 1839, Arsenale di Marina, Joaquim José de Souza a Merolla; copia della lettera originale allegata al dispaccio di Alloat del 26 novembre n° 34, traduzione di Alloat.

in una posizione difficile, perché il principe Eugenio insisteva a non volersi pronunciare a proposito del viaggio. Solo alla fine del colloquio accennò al fatto di aver appreso che uno dei due bacini di Bombay era inutilizzabile e che se vi si fosse recato avrebbe rischiato di non trovarne uno libero al suo arrivo[292].
Nel riferire quest'ultima notizia al ministro, Alloat disse di ignorare se fosse vera, ma che riteneva che il viaggio fosse ancora in dubbio e che la *Regina* sarebbe comunque partita solo dopo il primo dicembre, giorno del compleanno dell'Imperatore.
Alloat riuscì infine a ottenere da Merolla l'impegno a non intromettersi più nella questione della *Regina*, ma la diatriba tra lui e l'Albini ebbe un ultimo colpo di coda quando questi diede al console appuntamento in un caffè per il 25 novembre. Merolla si presentò invece dal console sardo, forse perché, come scrisse Alloat, aveva paura, e poco dopo arrivò anche Albini. Seguì una nuova accesa discussione tra i due che Alloat faticò a calmare. In seguito il viceconsole non riporta altri incontri o discussioni tra i due.
L'opinione che Alloat aveva del console napoletano era che fosse incapace di mantenere un segreto e fosse invidioso di un eventuale successo della spedizione della *Regina*, come aveva dimostrato più volte parlandone a Corte con arroganza e dilungandosi sui rischi che la nave sarda avrebbe corso se si fosse diretta a Bombay.
Per quanto riguarda i documenti che Albini voleva fossero ritirati secondo Alloat, che con il passare del tempo diviene sempre meno diplomatico nel descrivere al ministro le azioni del capitano della *Regina*, uno dei motivi che lo spingevano a pretendere che Merolla li ritirasse era che avendo asserito pubblicamente che il corpo diplomatico di Rio intrigava perché non proseguisse il viaggio voleva far sparire i documenti che provavano il contrario e conservare solamente quelli che lo autorizzavano a proseguire il viaggio[293].
Può sembrare strano che Albini ritenesse che le dichiarazioni di De Souza potessero danneggiarlo, perché asserivano che avrebbe potuto recarsi a Bombay; esaminandole con attenzione si può però notare come, affermando che la sua opinione e quella dei mastri erano frutto della convinzione che la traversata del Mediterraneo fosse più pericolosa di quella dell'Oceano Indiano, essi implicitamente affermavano che se ciò che pensavano si fosse rivelato sbagliato, sarebbe stato più prudente per Albini ritornare a Genova.
In quanto all'idea fissa del commodoro che i diplomatici stranieri complottassero contro di lui, della quale non aveva fatto mistero e che li aveva ovviamente irritati, Alloat non sapeva spiegarsene l'origine, in quanto riteneva che il corpo diplomatico aveva mostrato nei suoi confronti tutti i riguardi possibili; poteva solamente attribuirlo al desiderio «de faire voir que sa position avait été difficile et que malgré ces obstacles il en était sorti victorieuse».
Merolla non fu l'unico bersaglio del cattivo carattere o della frustrazione di Albini. Il commodoro aveva fatto affermazioni poco lusinghiere anche nei confronti del principe Eugenio. Sempre stando alla testimonianza di Alloat, aveva infatti più volte affermato pubblicamente di aver deciso di dirigersi su Rio de Janeiro solamente a causa della sua presenza a bordo; questa affermazione contrariò molto il principe Eugenio, poiché molti la interpretarono nel senso che avesse avuto paura.

292 Il colloquio avvenne il 25 novembre; Albini annotò nel resoconto della crociera di aver appreso dal capitano portoghese la notizia dell'indisponibilità del bacino tre giorni prima.
293 Nel dispaccio n° 34 del 26 novembre Alloat riferì che Albini aveva asserito di dover proseguire il viaggio a causa «di una dichiarazione, ha detto, che aveva firmato a Genova nella quale diceva che la fregata era in buono stato».

Albini inoltre si era convinto, e lo disse apertamente al viceconsole, che Eugenio facesse parte di un gruppo di persone di bordo, che comprendeva anche diversi ufficiali, che desideravano ritornare a Genova. Anche il fatto che, per alleviare la noia della vita di bordo, il principe avesse preso l'abitudine di passare le sue serate in compagnia del viceconsole, lo rese sospettoso, perché non solamente credette che Alloat stesse tentando di impaurirlo, ma che i due stessero complottando contro di lui.
Il principe dovette smentire con fermezza le accuse di Albini, dichiarando che la sua intenzione era sempre stata di proseguire il viaggio, ma per non dargli motivo di ulteriori rimostranze smise di frequentare la casa del viceconsole[294].
Nonostante i suoi sospetti, Albini tentò in più occasioni di ottenere il parere del principe su quello che era meglio fare. A quello scopo il 22 novembre si recò da Eugenio con Alloat e nonostante poco prima Albini avesse detto al viceconsole di non volere un'altra dichiarazione dal Costruttore e di volersi assumere tutta la responsabilità della decisione di recarsi a Bombay, ad Eugenio disse invece «précisément tout le contraire» [sottolineato nell'originale], cosa che stupì Alloat. Eugenio, benché fosse stato già messo al corrente dal console delle dichiarazioni del commodoro, non fece alcun commento e si limitò ad affermare che, dopo quel che gli esperti avevano dichiarato e se Albini era convinto della solidità della *Regina*, non vi era più nulla da dire e il viaggio avrebbe potuto continuare.
Pochi giorni dopo, Albini tornò a lamentarsi del fatto che Eugenio continuasse a persistere nel suo rifiuto di pronunciarsi su che cosa fare, un atteggiamento che da parte del principe era invece corretto data la sua delicata posizione di membro della Casa Reale ma anche di subordinato del commodoro. Viste le precedenti dichiarazioni di Albini su una sua presunta responsabilità nella decisione di rifugiarsi a Rio, è anche comprensibile che Eugenio si guardasse bene dal togliere le castagne dal fuoco ad un comandante che appariva sempre più indeciso e, nonostante le sue affermazioni, ansioso di scaricare o almeno di condividere le sue responsabilità con qualcun altro.
Di tutto queste vicende non vi è che qualche scarsa traccia nella corrispondenza di Albini e quello che riferì è distorto a suo favore; nello stile retorico e ampolloso che lo contraddistingue, nella relazione finale scrisse che

> «siccome non si trattava che di andare a Bombay, non pareva si temeraria l'impresa, nulladimeno il Corpo Diplomatico si scatenò contro di me, dicendo che la mia fermezza era divenuta un audacia [sic] che portava a negare un Principe: una si nera calunnia finì per spargere il suo veleno»[295]

Anche il naturalista Caffer ebbe dei problemi con Albini. A luglio il «Presidente Capo della Riforma» ricevette una lettera inviata dal naturalista da Montevideo nella quale lamentava di aver dovuto rinunciare all'acquisto di esemplari interessanti perché non gli erano stati concessi i fondi necessari. Il Presidente segnalò le lagnanze di Caffer al ministro Pralormo il quale le riferì immediatamente a Villamarina[296].
Perplesso, il ministro di Guerra e Marina non poté che rispondere che, dal momento che la lettera di Caffer era stata scritta quando la *Regina* era solamente giunta a Montevideo, forse

294 A parte l'escursione a Los Orgues e i pochi giorni che verso la fine di ottobre passò in una casa di campagna vicina al palazzo di San Cristoforo che gli aveva trovato Alloat su sua richiesta, Eugenio rimase sempre a bordo della *Regina*.
295Albini, *Rapporto del Comandante*.
296 Al Magistrato della Riforma era affidato il controllo su tutta l'istruzione pubblica.

Albini aveva ritenuto opportuno riservare l'elargizione di maggiori fondi ai due naturalisti a quando sarebbero giunti in aree meno esplorate. Incaricò comunque il comandante della Marina di inviargli nuovamente le lettere contenenti le istruzioni relative al trattamento da riservare ai due naturalisti, lettere che avrebbero dovuto essere inviate a Canton, dove si supponeva potesse trovarsi la *Regina*. Esaminate più attentamente le lettere si rilevò che per qualche motivo non specificato l'autorizzazione ad allontanarsi dalla fregata era stata concessa solamente a Casaretto[297]. Villanova inviò quindi ad Albini una nota nella quale gli si diceva che i fondi dovevano essere equanimemente consegnati ai due naturalisti, e che anche Caffer era autorizzato a scendere a terra[298]. Una copia di tali lettere venne poi inviata a Rio de Janeiro quando si apprese che la *Regina* vi si trovava.

Albini rispose in due diversi rapporti scritti lo stesso giorno; nel primo asserì di non aver mai rifiutato ai due naturalisti i mezzi necessari e che se la commissione scientifica aveva fatto delle osservazioni sugli acquisti proposti era stato solo in osservanza delle istruzioni ricevute, senza però rifiutare il denaro; se Caffer riteneva di aver ricevuto meno fondi di Casaretto, era solamente «perché non ha chiesto» [299]. Nel secondo rapporto Albini riferì di aver convocato la commissione scientifica e interrogato Caffer, il quale però aveva negato di aver mai lamentato che vi fossero state preferenze nella distribuzione dei fondi o anche solo di essersene reso conto.

Albini e gli ufficiali componenti la commissione si risentirono del fatto che nella nota dell'Ammiragliato fosse stato nuovamente sottolineato che i fondi destinati ai naturalisti dovevano essere riservati solamente a quello scopo; da questa frase infelice, inserita probabilmente per puro scrupolo burocratico, Albini desunse invece che qualcuno avesse riferito che i fondi venivano utilizzati anche per altri scopi[300].

Quando i rapporti di Albini furono ricevuti a Genova a dicembre, essi furono inviati al ministro della Guerra e a quello degli Interni e la cosa apparentemente si concluse.

In mancanza della o delle lettere che Caffer indirizzò al Presidente della Riforma, che non sono presenti nel fascicolo dell'Archivio di Stato di Torino relativo alla crociera della *Regina*, non si può spiegare per quale motivo Caffer abbia negato alla commissione scientifica di aver scritto delle lettere che dovevano pur essere in possesso del ministro per gli affari Interni e del Presidente della Riforma. Si può supporre che, data la situazione alquanto tesa che in quel periodo doveva regnare sulla *Regina*, abbia avuto timore ad aggravarla, o di esporsi ad eventuali ritorsioni da parte dello stato maggiore della fregata ammettendo di essersi lamentato ufficialmente; d'altra parte è anche possibile che il Presidente della Riforma avesse travisato il senso di quello che Caffer aveva scritto.

A metà novembre Alloat riferirà però che Caffer era sbarcato a causa delle difficoltà che incontrava a ricevere i fondi necessari per acquistare gli esemplari di storia naturale e che anche Casaretto era scontento[301].

Dall'analisi dei rendiconti compilati alla fine della crociera dai due naturalisti delle somme ricevute e spese nel corso della crociera (tab. n° 3) sembra però di rilevare come le eventuali lamentele di Caffer fossero infondate.

297 FMM copialettere del ministro, registro 300; 20 luglio 1839 n° 645, Villamarina a Pralormo.

298 FMM ADC, mazzo 296; 25 luglio 1839 n° 3969, Villanova a Villamarina

299 Ivi; 19 ottobre 1839 n°424, Albini a Villanova.

300 Ivi; 19 ottobre 1839 n° 425, Albini a Villanova.

301 Francesco POGGI, cit., pag. XCIV, scrive che a Rio de Janeiro anche Casaretto, avendo dovuto sbarcare, si trovò costretto a spendere molto del suo denaro a causa del costo eccessivo dei viveri e delle «ambigue e mal definite istruzioni date dal Governo al comandante» per cui si trovò a corto di fondi; chiese perciò al padre di inviargli lettere di credito sia a Rio de Janeiro che a Lima, Bombay e Calcutta.

In totale, Casaretto ricevette 3.427 lire, mentre Caffer ne ricevette 6.200, quasi il doppio. A dicembre 1838 i due ricevettero la stessa cifra, 300 lire, e poi più nulla fino alla fine di aprile quando la *Regina* sostò all'isola di San Sebastiano mentre si trovava in rotta per Rio de Janeiro.
Caffer spese 132 lire a Santa Croce di Tenerife e Santa Caterina e 174 a Montevideo, cifre nelle quali sono comprese anche alcune spese per escursioni. Casaretto spese invece 25 lire a San Sebastian e 281 a Montevideo, dove anch'egli fece diverse escursioni.
Sembra quindi che eventuali proteste espresse da Caffer sul fatto di aver ricevuto meno denaro di Casaretto e di non aver potuto effettuare escursioni fossero infondate.
Da settembre in poi Caffer fu l'unico a ricevere dei fondi, cosa che sembra smentire quanto affermato da Alloat che era sbarcato perché non riceveva il denaro richiesto.

Tab. n° 3. Somme ricevute da Caffer e Casaretto nel corso della crociera

CAFFER		CASARETTO	
Data del versamento	Lire	Data del versamento	Lire
12 Dicembre 1838	300	18 Dicembre 1838	300
30 Aprile 1839	700	30 Aprile 1839	700
22 Maggio 1839	600	20 Agosto 1839	500
26 Giugno 1839	600	17 ottobre 1839	600
13 Luglio 1839	300	16 novembre 1839	500
10 Agosto 1839	800	10 aprile 1840	827
11 Settembre 1839	600		
12 Ottobre 1839	600		
26 Ottobre 1839	500		
6 Dicembre 1839	600		
19 Gennaio 1840	400		
10 Aprile 1840	200		
TOTALE	6.200	TOTALE	3.427

▲ **Figura 33** Recto e verso della medaglia d'oro offerta dal governo brasiliano al principe Eugenio. Da GONNI, cit.

▼ **Figura 34** In questo disegno del principe Eugenio si vede la *Regina* mentre il 10 dicembre 1839 esce dalla rada di Rio de Janeiro rimorchiata da numerose scialuppe. Sulla destra i cannoni della fortezza dell'isola di Villagagnon stanno sparando la salva di saluto. Eugenio principe di Savoia Carignano, *Voyage*. Su concessione del ©Mic - Musei Reali, Biblioteca Reale di Torino.

CAPITOLO 5
IL RITORNO

5.1 *LA PARTENZA DA RIO DE JANEIRO*

Dopo le esitazioni e i tentennamenti degli ultimi mesi, la partenza della *Regina* alla volta di Genova fu alquanto affrettata.

Gli ordini dati da Albini verso la fine di novembre sottintendevano che la fregata sarebbe partita per Bombay: i marinai ammalati sarebbero stati infatti imbarcati su un bastimento sardo diretto in patria insieme alle casse di esemplari naturalistici raccolte da Caffer e Casaretto. Tutti i passeggeri che avevano rinunciato a proseguire erano scesi a terra.

Il 26 novembre Albini comunicò invece al principe che, in conseguenza di quello che si diceva in città a proposito della *Regina*, cioè che non era abbastanza solida da rischiare il viaggio a Bombay, e di non meglio specificati ordini che asseriva di aver ricevuto dall'Ammiragliato, aveva deciso di ritornare a Genova e di essere disposto a incorrere nel dispiacere del sovrano piuttosto che rischiare la sua vita e quella dell'equipaggio.

Furono quindi revocati gli ordini già dati e i passeggeri si reimbarcarono[302]. Albini aveva fissato la partenza per il 3 dicembre, ma la data fu poi posticipata di qualche giorno.

Il 30 novembre la *Regina* lasciò l'arsenale e si ancorò in rada. Il giorno successivo il Reggente si recò a bordo accompagnato dal ministro degli Esteri, da quello della Marina e dal Direttore dell'arsenale. Nei giorni seguenti anche i membri del corpo diplomatico si recarono sulla nave per salutare il principe Eugenio[303].

Il 2 dicembre, giorno del compleanno di Pedro II, Eugenio si recò a corte per accomiatarsi e l'8 andò a bordo della fregata francese *Atalante*, arrivata il giorno precedente, per salutare il suo comandante, il contrammiraglio Dupolet, che il giorno successivo gli restituì la visita. Questa visita causò l'irritazione di Albini in quanto il principe fu accompagnato solamente da Villarey poiché Albini era a terra[304].

Negli ultimi giorni prima della partenza il principe venne fatto oggetto di ulteriori segni di stima da parte del governo brasiliano: venne nominato membro onorario della Società Storica e Geografica di Rio de Janeiro, che dipendeva direttamente dal ministro degli Esteri, e lo stesso ministro gli donò una medaglia d'oro fatta appositamente coniare con la sua effigie. Il Reggente gli donò un esemplare vivo di un uccello che, a detta di Alloat, era molto raro.

Prima di partire, il principe tentò di far ottenere la libertà allo schiavo mulatto che gli aveva fatto da cocchiere; Alloat interpellò a tal proposito il padrone, il quale si rifiutò però di venderlo[305].

302 MPELM Brasile, mazzo 2, 1839-43; 15 dicembre 1839 n° 35, Alloat a Solaro.

303 FMM ADC, mazzo 296; 8 maggio 1840, *Rapporto del Comandante.*

304 MPELM Brasile, mazzo 2; 15 dicembre 1839 n° 35, Alloat a Solaro. Dupolet, al comando di una squadra composta dall'*Atalante* e da cinque brigantini armati di mortai, era arrivato da Brest e si stava recando a rinforzare il blocco di Buenos Aires.

305 Ivi; a seguito di quel rifiuto, il mulatto fuggì, e il padrone, un ex-ufficiale brasiliano che ora noleggiava cavalli e carrozze, comunicò ad Alloat di aver intenzione di far pubblicare un articolo sulla Gazzetta di Rio per rendere pubblico il suo sospetto che lo schiavo si fosse rifugiato sulla *Regina*. Alloat dovette a sua volta minacciarlo di conseguenze legali nel caso che nell'articolo Eugenio o la *Regina* fossero stati associati alla fuga dello schiavo, che fu catturato due giorni dopo e grazie all'intercessione di Alloat non fu punito.

Alle cinque del mattino del 9 dicembre, al comando di Eugenio, la *Regina* spiegò le vele e salpò l'ancora, dirigendosi verso l'uscita della rada. A causa del vento molto debole dovette essere presa a rimorchio dalle proprie scialuppe e in un gesto di cortesia tutte le navi presenti in porto e l'arsenale inviarono lance per aiutare i marinai sardi, così come era accaduto anche in occasione della partenza dell'*Euridice*.
I forti brasiliani resero alla *Regina* il saluto di 21 colpi di cannone, saluto che fu ripetuto da tutte le navi da guerra presenti. Prima di raggiungere l'imboccatura del porto il vento e le correnti girarono in una direzione contraria obbligando la *Regina* ad ancorarsi nuovamente. La mattina del 10, sempre a rimorchio delle sue scialuppe, la fregata riuscì ad uscire dal porto di Rio de Janeiro e si allontanò dalla costa con vento da nord-est[306]. La sosta era durata 226 giorni.

Lapidario fu il commento di Ricci nella lettera che indirizzò al fratello il giorno stesso della partenza

> «Dopo lunghi, ed umilianti contrasti, per cui fummo la favola del paese, partiamo quest'oggi per Genova...potrei scriverti un volume, ma meglio a voce»[307].

Altrettanto severo fu il commento del viceconsole Alloat:

> «L'expédition de la Reine fus manqué lorsqu'elle vint à Rio de Janeiro pour y rester 7 mois. Le meilleur parti aurait peut-être été celui d'informer tout de suite le Gouvernement de S.M. du vrai état ou ses trouvait la frégate. Le Chev. Albini ne leu pas fait m'a il dit dernièrement, de croire de faire de la peine a S.M. en lui apprenant le long séjour ici qu'il prévoyait ; & cela a cause de Mgr [il principe Eugenio]; mais enfin le parti de retourner a Genes s'il m'était permis de le dire, est maintenant trop convenable que je croie inutile d'en dire d'avantage».

Durante la permanenza nella città brasiliana erano deceduti il marinaio di 3° classe Gaetano Bogazzo e il maestro di casa del principe Eugenio, che si era ammalato subito dopo la partenza da Genova[308]. Avevano disertato il marinaio di 3° classe Giacinto Bollero (o Rolero), nome di guerra Roja, e il guardiamarina di 2° classe Jocelyn.
Stranamente, Albini non comunicherà all'Ammiragliato la diserzione (ne parlerà solamente nel resoconto finale della crociera, dove ne storpia il nome in de Jouselin), cosa che suscitò una certa irritazione sia in Villanova che nel ministro Villamarina; la notizia della diserzione del guardiamarina, avvenuta il 1° dicembre 1840, era infatti già pervenuta al comandante della Marina poiché era stata comunicata da Todon al direttore della Regia Scuola di Marina in una lettera inviatagli da Bahia[309]. Secondo Gonni, la causa della diserzione era stato il cattivo trattamento cui il guardiamarina era stato sottoposto da parte di Albini[310].

306 Albini, *Rapporto del Comandante.*
307 Carte Ricci; 10 dicembre 1839, Giovanni Ricci a Vincenzo Ricci.
308 FMM ADC, mazzo 296; 22 settembre 1839 n° 420, Albini a Villanova; Albini, *Rapporto del Comandante.*
309 BUGE, Sardegna (regno di), Marina Militare, registro D.IX.15; 1° aprile 1840 n° 4339, Ammiragliato a Villamarina.
310 GONNI, cit., pag. 81, Nel 1837 il marchese Mario Carlo Calisto de Jocelyn che, stando a quanto dichiarò il ministro Villamarina, apparteneva ad una antica e ricca famiglia francese, aveva insistentemente chiesto di essere ammesso nella Marina sabauda, dichiarandosi disposto a servire in qualsiasi qualità anche come semplice militare. Inizialmente il re era stato poco propenso ad accogliere la sua richiesta, ma dopo varie insistenze del giovane acconsentì a che fosse ammesso

Il dottor Falco, accompagnato da un soldato incaricato di accudirlo, si era invece imbarcato alla metà di ottobre sul brigantino di «bandiera orientale» *Uruguay*. Come avevano predetto i medici che lo avevano avuto in cura, Falco non arrivò in patria ma morì nel corso della navigazione[311].

5.2 *DA RIO DE JANEIRO A GENOVA*

Lasciato il porto, Albini si diresse a sud-est per allontanarsi da terra e dirigersi verso Bahia, dove intendeva fermarsi per qualche giorno. Dopo tre giorni di navigazione con mare formato, sebbene non spiegasse tutte le vele per non sollecitare eccessivamente la prua, si aprì una piccola falla dalla quale penetravano circa quattro centimetri d'acqua all'ora e si staccarono una mezza dozzina di fogli di rame tra la ruota e il tagliamare. Albini attribuì tali avarie al famoso e mai specificato «difetto di costruzione». A causa del vento che si mantenne sempre contrario impiegò venti giorni per giungere a Bahia[312], gettandovi l'ancora la notte del primo gennaio 1840.

Albini avrebbe voluto far eseguire qualche nuova riparazione alla prua ma non trovando il legno adatto dovette rinunciare.

Il principe Eugenio fu ricevuto con tutti gli onori dal presidente e dalle massime autorità della provincia. Il 3 di gennaio il presidente restituì la visita recandosi a bordo della *Regina* su uno «yacht da 20 remi»; fu accolto con l'equipaggio disposto sulle sartie e sui pennoni, il distaccamento del Real Navi schierato con le armi e lo stato maggiore sul cassero.

Il 7 gennaio Eugenio si recò a terra a visitare l'arsenale della Marina, accolto dal presidente della provincia e dagli ufficiali della Marina e dell'Esercito. Alloat inviò a Torino la trascrizione dell'articolo pubblicato dal Giornale di Bahia che descriveva la sua visita[313], una sintesi del quale venne pubblicata sulla Gazzetta di Genova del 22 aprile successivo.

Nel corso della sosta Caffer e Casaretto scesero a terra alla ricerca di esemplari naturalistici, mentre Albini inviò il pilota a scandagliare i fondali dell'ancoraggio e alcuni ufficiali a terra per raccogliere informazioni sulla città.

La *Regina* salpò l'ancora da Bahia l'8 febbraio, sempre al comando di Eugenio, ma dovette ancorarsi prima di essere riuscita ad uscire dalla rada per mancanza di vento. Il giorno dopo il vento rinfrescò e la nave poté dirigersi al largo.

Il 22 febbraio entrò nella rada di Pernambuco[314], dove si ancorò ad una distanza di due mi-

---

come volontario nel Corpo Reale Equipaggi. A giugno dello stesso anno il sovrano autorizzò Des Geneys ad ammetterlo agli esami per conseguire il grado di guardiamarina di 2° classe; FMP registro 39; 27 maggio 1837 n° 380 e 16 giugno 1838 n° 609. In un elenco di ufficiali di nazionalità estera in servizio nella Regia Marina compilato nel marzo 1838 di Jocelyn è indicato come «volontario d'Ordine Regio, francese»; BUGE, Sardegna (regno di), Marina Militare, registro D.IX.20; 23 marzo 1838 n° 3203, *Sudditi esteri in servizio come ufficiali nelle Regie truppe*, Ammiragliato a Villamarina.

311 FMM ADC, mazzo 296; 15 dicembre 1839 n° 428, Albini a Villanova. FMM, Copialettere del ministro, registro 301; 25 febbraio 1840 n° 101, Villanova a Solaro. Il sergente Baylet, anche lui «ammalato di petto», rimase invece a bordo.

312 Il nome completo della città era São Salvador da Bahia de Todos os Santos Salvador, oggigiorno abbreviato ufficialmente in Salvador.

313 MPELM Brasile mazzo 2; 31 gennaio 1840 n° 39, Alloat a Solaro.

314 All'epoca con il nome di «città di Pernambuco», capitale dell'omonima provincia, si indicava l'agglomerato urbano costituito da due città distinte e separate: Olinda (l'attuale Olinda di Pernambuco), che si trovava su una collina, e la cittadina portuale di Recife che era la residenza ufficiale del governo e si trovava a tre miglia di distanza; James HENDERSON, *History of the Brazil*, Londra, 1821, pag. 380. All'epoca in cui vi fece scalo la *Regina*, Recife, che prendeva il nome dalla lunga catena di scogliere (*recife* in portoghese) che correva parallela alla costa, era composta dai borghi di San Antonio, San José, Boa Vista e Recife, che era il nucleo originario della città e sorgeva all'estremità di una lunga e stretta lingua di terra che la collegava ad Olinda.

NOTIZIE INTERNE. — *Torino 18 aprile.*

Leggesi nel giornale di Rio-Janeiro sotto la data di *Bahia*, 8 gennajo:

« Jeri all'una pomeridiana S. A. S. il Principe di Savoja Carignano sbarcò dalla fregata sarda la *Regina*, all'arsenale della marina, dove lo aspettavano S. E. il presidente e le prime podestà della provincia, non meno che il corpo degli uffiziali di terra e di mare.

« Un battaglione era postato all'arsenale, come guardia d'onore dell'A. S. S. la quale, nello scendere dalla nave, fu salutata dalle salve di artiglieria di due legni della marina imperiale, e del forte della marina. »

▲ **Figura 35** L'articolo pubblicato dalla Gazzetta di Genova del 22 aprile 1840 che riporta l'accoglienza fatta al principe di Carignano quando si recò a visitare l'arsenale della Marina di Bahia.

▼ **Figura 36** Veduta di Bahia. Albini, *Rapporto del Comandante della Regia Fregata la Regina*. Per gentile concessione dell'Archivio di Stato di Torino, Sezioni Riunite.

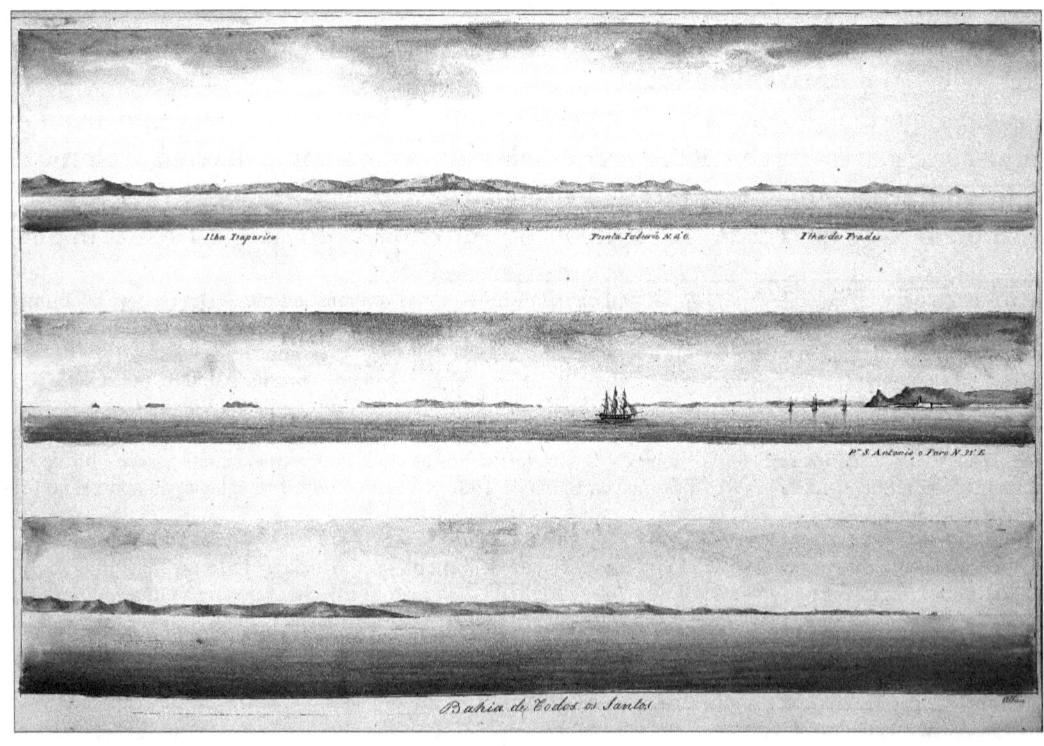

glia da terra, in otto metri di fondo, un'altra dimostrazione del fatto che una nave di quelle dimensioni era inadatta al genere di viaggio al quale era stata destinata perché era spesso costretta ad ancorarsi molto al largo dalla costa.

Lo stesso giorno del suo arrivo, a bordo della *Regina* si recò il viceconsole del Regno di Sardegna Schramm, che Albini, nonostante la conoscenza brevissima, descrisse come «bene informato… compiacente, servizievole e in buonissima relazione con tutte le autorità»[315], mentre è da rimarcare che nei suoi dispacci e nel rapporto conclusivo non nominò mai Alloat. Il giorno successivo Eugenio si recò a casa del viceconsole, dove ricevette la visita del Presidente della provincia.

Dopo aver rinnovato la riserva d'acqua e le provviste, la *Regina* lasciò Pernambuco il 25 febbraio. Il giorno seguente morì di tisi il marinaio di 3° classe Giovanni Massa, genovese, che, come il maestro di casa di Eugenio, era già ammalato all'atto della partenza da Genova.

Il 29 febbraio la *Regina*, sempre con rotta a nord, attraversò l'Equatore; le buone condizioni di mare e di vento permisero di spiegare tutte le vele e la fregata navigò alla velocità media di sette nodi. Il 13 marzo attraversò il tropico del Cancro. Giunto a 27° di latitudine nord Albini mutò rotta, dirigendosi a est verso l'isola di Madera; le condizioni del mare e del vento peggiorarono ma nessuna ulteriore avaria venne registrata.

Madera fu avvistata il 27 marzo ma poiché le condizioni metereologiche erano ancora peggiorate, con «mare sconvolto e cielo oscurato», Albini decise di non farvi scalo e di mantenere la rotta. La mattina del 30 fu avvistato a 30 miglia ad est il capo Spartel[316] e la *Regina* atterrò in vista del villaggio di «l'Arash» (l'attuale al- *ʿArā ʾish* o Larache). Un furioso colpo di vento costrinse Albini a far serrare tutte le vele e correre «davanti al vento» in direzione ovest per alcune ore e poi a mettersi alla cappa.

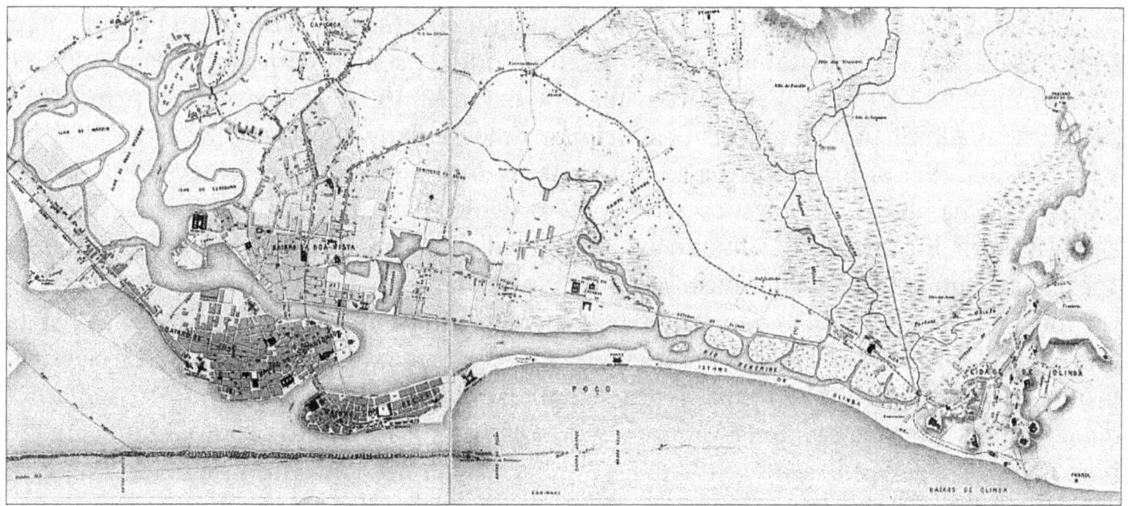

▲ **Figura 37** Carta del 1875 delle città di Recife, a sinistra, e di Olinda, all'estrema destra. In basso a sinistra è rappresentata la lunga scogliera che dava il nome alla città mentre in basso al centro è visibile la lunga lingua di terra alla cui estremità sorgeva il borgo di Recife. All'epoca era già caduto in disuso il nome di Pernambuco che in precedenza indicava collettivamente le due città.

315 Albini, *Rapporto del Comandante.*

316 Capo Spartel si trova sulla costa del Marocco, 12 km a ovest di Tangeri, all'imbocco dello stretto di Gibilterra.

Il primo aprile il vento girò in direzione favorevole e la *Regina* poté dirigersi verso Gibilterra, nella cui rada gettò l'ancora alle quattro del pomeriggio.
Nel corso della sosta il principe scese a terra dove fu accolto dal governatore che lo accompagnò a visitare le fortificazioni e le gallerie scavate nella rocca. Albini fece riparare tutte le manovre correnti e il sartiame e fece ridipingere sia l'interno che l'esterno dello scafo[317].
La *Regina* lasciò la fortezza britannica il 13 aprile e il 23 arrivò nel Golfo del Leone che attraversò senza alcuna difficoltà.
Nel pomeriggio del 28 aprile la calma di vento e la corrente contraria obbligarono Albini ad ancorare nell'ampia rada di Villafranca, vicino a Nizza, capoluogo dell'omonima contea. Per secoli Villafranca era la stata la base della Marina del ducato e del regno sabaudo; con l'annessione della ex-repubblica di Genova aveva perso la sua importanza ed era divenuta la sede del II Dipartimento di Marina (il I Dipartimento aveva la sua sede a Genova e il III a Cagliari) che all'epoca era comandato dal maggior generale Martin d'Orfengo. Il forte di Sant'Elmo salutò il principe Eugenio con la consueta salva di 21 colpi di cannone e il comandante del dipartimento e il governatore di Villafranca si recarono immediatamente a bordo a salutare il principe. Il giorno seguente salirono a bordo il governatore di Nizza, conte de Maistre, il presidente del Senato, il vescovo e le altre autorità cittadine. Il 3 maggio il principe scese a terra e visitò l'arsenale di Villafranca per poi recarsi a Nizza dal governatore della contea.
La *Regina* salpò da Villafranca il 4 maggio; la sera del 6 maggio transitò al largo di Diano Marina; secondo un articolo pubblicato dalla Gazzetta di Genova la popolazione della cittadina, sapendo della presenza a bordo del principe, illuminò «spontaneamente la città onde attestare la sua divozione, ed attaccamento alla casa di Savoja»[318].
La notizia del ritorno in Europa della *Regina* era arrivata a Genova soltanto alla metà di marzo. Il primo ad essere informato che, nonostante le riparazioni, sarebbe ritornata in patria limitandosi a toccare i porti di Bahia e Pernambuco, era stato il ministro per gli Affari Esteri, che aveva immediatamente comunicato la notizia a Villamarina che a sua volta ne aveva informato l'Ammiragliato[319]; solo alla fine del mese Villanova ricevette il primo rapporto in cui Albini annunciava il suo ritorno, inviato da Bahia il 14 gennaio.
Verso la metà di aprile giunsero a Genova lettere di privati che riportavano l'arrivo della fregata a Pernambuco e la sua successiva partenza; il 15 di aprile un brigantino uruguayano riferì di averla incontrata il 29 marzo a 200 miglia di distanza da Gibilterra[320]; il 28 aprile si apprese del suo arrivo a Villafranca.
Il 7 maggio alle quattro del pomeriggio dalla *vigia* di San Benigno[321] di Genova fu avvistata una grande nave, senza che fosse possibile riconoscerne la bandiera e l'avvistamento fu prontamente segnalato all'Ammiragliato. Villamarina, ritenendo che si trattasse della *Regina*, le inviò incontro l'avviso a vapore *Ichnusa* che era stato tenuto pronto a muovere dal porto proprio per quello scopo, sul quale si imbarcò anche il contrammiraglio de Viry.

317 Albini, *Rapporto del Comandante.*
318 Gazzetta di Genova del 13/5/1840.
319 FMM ADC, mazzo 296; 28 marzo 1840 n° 23463, Solaro a Villamarina.
320 FMM, Relazioni originali a S.M., registro 355; relazione del 21 aprile 1840. Il ministro Villamarina riferì al sovrano che il Comandante della Marina riteneva quelle lettere degne di fede.
321 La *vigia* di San Benigno era il campanile dell'ex abbazia che sorgeva sulla sommità del promontorio che separa Genova da Sampierdarena sulla cui estremità si trova la Torre della Lanterna. L'abbazia fu abbandonata nel 1798, a seguito dell'occupazione francese, e il campanile venne adibito a stazione segnaletica che, usando un pennone alto 23 metri, segnalava alla corrispondente *vigia* della darsena l'avvistamento delle navi, la loro rotta e distanza. Sito web: Il sito di Ezio Baglini, San Benigno, http://www.sesgenova.it/?page_id=686.

▲ **Figura 38** Panorama di Genova della metà del XIX secolo. Litografia di Alfred Guesdon (1808-1876).
1. rovine dell'abbazia di San Benigno; 2. la Vigia, l'ex campanile utilizzato come stazione di segnalazione; 3. l'arsenale della Marina; 4. la darsena Militare.

L'uscita dell'*Ichnusa* fu opportuna perché la *Regina* fu presto immobilizzata dalla mancanza di vento. Alle 21,30 il vapore la prese a rimorchio e, dopo tre ore, la fregata si ormeggiò nel porto di Genova.
Era ormai l'8 maggio: dal giorno della sua partenza erano passati 16 mesi.
La Gazzetta di Genova diede notizia dell'arrivo della nave con uno scarno trafiletto pubblicato sull'edizione del 9 maggio

> «Reduce da Rio de Janeiro giungeva ieri mattina in questo porto S.A.S. il Principe Eugenio di Savoja-Carignano sulla R. fregata la Regina la quale fu a purgare la quarantena a Villafranca. S.E. il nostro sig. Governatore accompagnato dal Tenente Generale Comandante la Divisione e dal suo stato maggiore, si recava a bordo del suddetto R. legno ad ossequiare il prefato augusto Personaggio il quale poneva piede a terra verso un'ora pomeridiana e recavasi ad alloggiare all'albergo di Londra».[322]

Finiva così in sordina e ingloriosamente la crociera di circumnavigazione del globo della fregata *Regina*. La navigazione da Rio a Genova era stata effettuata senza problemi: della falla apertasi a prua poco dopo la partenza dal Brasile Albini non parlò più sia nei dispacci che nel resoconto finale, né segnalò il distacco di altri fogli di rame dalla carena.

322 Gazzetta di Genova del 9 maggio 1840. Il 13 maggio il principe Eugenio partì per Torino.

Il costo totale della crociera, compresi i lavori di allestimento effettuati prima della partenza e le paghe degli ufficiali, dei marinai e dei soldati, ammontò a 478.072 lire, di cui 69.423 erano le spese sostenute per le riparazioni a Rio[323]. A titolo di paragone si può confrontare tali cifre con il costo del nuovo brigantino *Eridano* da 16 cannoni, costruito nel 1841, che fu di 368.000 lire, esclusa l'artiglieria[324].

Il giorno successivo all'arrivo della *Regina* l'Ammiragliato trasmise il rapporto completo della crociera compilato da Albini a Villamarina, il quale il 18 maggio lo consegnò a Carlo Alberto[325] che richiese un resoconto dettagliato di tutte le spese sostenute per la crociera.

Il 20 maggio il ministro di Guerra e Marina ordinò che la nave venisse immessa nella darsena e il primo giugno la fregata venne dichiarata ufficialmente disarmata.

Il ministro dovette sollecitare il comandante della Marina affinché facesse effettuare le prove comparative delle polveri piemontesi e inglesi imbarcate. I tiri eseguiti dimostrarono che sia le polveri nazionali che quelle inglesi che erano state in mare davano una gittata leggermente inferiore a quella ottenuta con le analoghe polveri rimaste a terra, mentre non vi era alcuna differenza tra la polvere piemontese e quella inglese che erano state in mare. Poiché queste prove smentirono «un pregiudizio che per tanti anni erasi accreditato nella marina»[326], il re ordinò che da quel momento in poi anche la Marina utilizzasse esclusivamente la polvere piemontese[327].

L'episodio rappresentò certamente un piccolo smacco per *l'establishment* della Marina, che si era sempre adagiato su un assunto mai messo alla prova; esso dimostra come con la morte di Des Geneys sia il sovrano che il ministro stessero assumendo una parte sempre più attiva anche negli aspetti più eminentemente pratici degli affari navali, anche a rischio di scontrarsi con atteggiamenti e modi di pensare ormai congelati dalla tradizione o da una comoda e pigra consuetudine.

In definitiva, l'infausto esito della crociera della *Regina* e i problemi che portò alla luce furono determinanti nella progressiva perdita di indipendenza da ogni controllo di cui l'Ammiragliato aveva fino ad allora goduto, grazie all'indiscusso prestigio e autorevolezza del defunto ammiraglio, con effetti positivi che si evidenziarono già nel breve termine.

---

323 FMM ADC, mazzo 296; *Giornale e conto di cassa della regina dal 3 settembre 1838 al 1°* giugno *1840*, firmato dal commissario di Marina Lauro, controfirmato da Albini.

324 MMQ I V, mazzo 33, s.d.

325 FMM copialettere del ministro, registro 302; 18 maggio 1840 n° 633, Villamarina a Villanova.

326 FMM Relazioni originali a S.M., registro 355; relazione del 23 giugno 1840.

327 FMM copialettere del ministro, registro 302; 24 giugno 1840 n° 571, Villamarina a Villanova.

CAPITOLO 6
EPILOGO

6.1 *I CONSOLI*

Ceca di Vaglierano sbarcò a Marsiglia verso la fine di dicembre del 1839, dopo una navigazione durata 86 giorni; al suo arrivo si affrettò a scrivere al ministro degli Esteri di essere disposto ad intraprendere lo «stesso od un altro viaggio», ma ignorava che Solaro, evidentemente non troppo soddisfatto del suo comportamento, già alla metà di dicembre aveva deciso di assegnare la carica di console a Lima a Luigi Baratta, nipote di un alto funzionario della Dogana di Genova dal quale gli era stato raccomandato.

Al suo ritorno a Torino, l'ormai ex-console non mancò di presentare al ministro una richiesta di rimborso per le spese e i danni subiti nel corso del viaggio. Nell'elenco, oltre ai danni a due orologi *Chippendale* e ad abiti e *lingerie* e al costo del viaggio di ritorno, ammontante a 2.100 lire, inserì anche il rimborso di «cinque mesi di soggiorno in Rio de Janeiro de quali tre in città», calcolando quindi anche il periodo passato a bordo durante il quale era però stato mantenuto a spese della mensa ufficiali. Detraendo quanto aveva ricevuto alla partenza per le spese di primo stabilimento (2.500 L) e l'anticipo dello stipendio del primo anno (4.000 L), riteneva di dover essere rimborsato di 6.500 lire.

Per quanto riguarda i suoi disaccordi con gli ufficiali della *Regina*, dopo il mese di dicembre 1839 non si trovano più riferimenti nella corrispondenza tra i ministri degli Esteri, di Guerra e Marina e l'Ammiragliato. È quindi probabile che in conclusione Solaro sia rimasto dell'opinione già espressa a Villamarina ad ottobre, nella quale dichiarava che non sarebbe stato possibile comprendere se «il torto sia più dall'una che dall'altra parte» se non dopo il ritorno in patria di Ceca, ma che da quanto aveva appreso fino ad allora riteneva che egli «non vada interamente esente da biasimo...per aver egli da principio indisposto gli ufficiali di Bordo contro di lui elevando pretese meno discrete». In ogni caso il ministro assicurò il Comandante della Marina che una vicenda che coinvolgeva solo «qualche individuo» non avrebbe mai fatto venir meno la stima che aveva verso la Marina.

L'unica altra notizia che si ha di Vaglierano si trova nella Gazzetta Piemontese del 2 aprile 1841 che riporta la nomina del conte Vincenzo Ceca di Vaglierano ad assessore presso il «tribunale di Prefettura di Vigevano».

Il nuovo console a Lima Luigi Baratta partì da Genova l'11 ottobre 1840 sulla nave nazionale l'*Invincibile Peruviano*, di proprietà di un commerciante genovese residente in Perù. Dopo una sosta di 25 giorni a Gibilterra in attesa del vento favorevole, durante la quale rischiò il naufragio nel corso di una tempesta, il bastimento attraversò l'Atlantico e doppiò senza problemi Capo Horn e il 13 marzo 1841 gettò l'ancora nel porto di Callao. Contrariamente a quanto aveva temuto il ministro Solaro, il governo peruviano non ebbe nessuna difficoltà a concedere l'Exequatur al console sardo[328].

Il console Picolet partì da Rio de Janeiro il 7 ottobre 1839 e giunse a Santiago del Cile verso la metà di febbraio dopo un viaggio alquanto avventuroso (si veda l'appendice n° 3); anche lui non trovò la minima difficoltà per il rilascio dell'Exequatur e alla fine del mese si insediò

328 MPECN, Lima, mazzo 1; 9 luglio 1841 n° 92, Baratta a Solaro.

a Valparaiso[329]. Picolet riteneva che a Lima vi fosse sicuramente bisogno di un agente consolare sardo, perché vi risiedevano più di 1.200 sudditi nazionali, quasi tutti commercianti ed alcuni molto ricchi.
Per quanto invece riguarda l'Ecuador, solo nel 1852 a Guayaquil fu stabilito un consolato sardo, che fu però affidato ad un soggetto locale, José Mateus, la cui conoscenza dell'italiano, per sua stessa ammissione, era alquanto limitata. In una delle sue prime comunicazioni al ministero degli Esteri, Mateus dichiarò che erano circa sei anni che a Guayaquil non si vedevano più mercantili di bandiera sarda perché le navi di proprietà dei sudditi sardi residenti nel paese, se non dovevano ritornare in Europa ma erano utilizzate solamente per il commercio con gli altri Stati del Pacifico, erano immediatamente registrate sotto la bandiera ecuadoregna[330].
In Messico, un consolato del Regno di Sardegna verrà aperto a Veracruz solo nel 1849.

6.2 *I RISULTATI SCIENTIFICI*

Ovviamente i risultati scientifici furono abbastanza modesti, dal momento che le zone in cui i naturalisti poterono recarsi erano già conosciute ed erano state visitate anche da altri scienziati europei, ma comunque furono portati in patria un gran numero di esemplari botanici, faunistici e geologici.
Nel corso della lunga sosta a Rio, Casaretto compì numerose escursioni sia nell'interno che lungo le coste. Una delle più lunghe lo portò alla Serra dos Orgaos insieme a Caffer e al botanico francese Guillemin[331], anche lui inviato in missione scientifica in Brasile dal suo governo. L'escursione, fatta in parte in battello a vapore e in parte a dorso di mulo, durò dal 5 al 16 maggio e Casaretto acquistò una cinquantina di specie di piante parassite tipiche della zona.
Nei mesi seguenti il naturalista effettuò molte altre brevi escursioni nei dintorni di Rio de Janeiro e acquistò esemplari di piante e sementi tipiche della provincia di Minas Geiras, 800 piante seccate provenienti da varie zone del Brasile, alcune centinaia di esemplari di minerali brasiliani oltre ad alcune rocce contenenti oro, argento e rame, provenienti dalle miniere del Perù, e 85 esemplari di legni brasiliani. Il naturalista inviò tutti gli esemplari a Genova per mezzo di bastimenti nazionali: gli esemplari botanici erano destinati all'Orto Botanico e quelli minerali al Museo di Storia Naturale di Torino.
Casaretto fece molte escursioni, sempre accompagnato dal cannoniere Chiavassa, anche a Bahia e a Pernambuco e, infine, a Gibilterra e ad Algeciras, dove raccolse piante e fossili.
Anche Caffer compì numerose escursioni sia nei dintorni di Rio che a Bahia, Pernambuco e Gibilterra. Raccolse in tutto 2.402 esemplari tra mammiferi, uccelli, rettili, pesci, insetti, conchiglie e almeno tre «animali vivi» e a Bahia acquistò una testa di balena lunga circa quattro metri[332]. A differenza del collega e probabilmente a causa della delicatezza degli esemplari, li portò a Genova a bordo della *Regina*.

329 Ibidem, Valparaiso mazzo 2; 6 marzo 1840 n° 1 e 10 marzo 1840 n° 2, Picolet a Solaro.
330 Ibidem, Consolati nazionali per A e B mazzo 2; 1° luglio 1852 n° 5, José Mateus a Solaro.
331 Jean Baptiste Antoine Guillemin (1796-1842).
332 Il reperto fa ancora oggi parte delle collezioni del Museo Regionale di Scienze Naturali di Torino, catalogato: MACUT 1801, *Bahia (Brasile), 29.1.1840, acquisito da Antonio Caffer, viaggio della "Regina". Cranio incompleto, omeri e scapole*, in CAGNOLARO, MAIO, VOMERO (eds), *La collezione di cetacei dei musei di Zoologia e di Anatomia comparata dell'università di Torino.*

Anche il principe Eugenio acquistò circa 300 esemplari di piante e un certo numero di uccelli, alcuni molto rari vivi e altri impagliati, ma probabilmente il suo contributo maggiore fu lo splendido, e poco conosciuto, album di disegni che realizzò durante il viaggio.
Nessuna relazione ufficiale del viaggio fu pubblicata. Il dott. Casaretto raccolse i risultati delle sue ricerche nell'opera *Novarum stirpium Brasiliensium decades*, pubblicata a sue spese a Genova nel 1843.

6.3 *LE RESPONSABILITÀ*

Non si sono trovati documenti che citino l'inchiesta formale pretesa da Carlo Alberto volta a individuare il o i responsabili delle riparazioni non effettuate sulla *Regina* prima di intraprendere il suo viaggio[333]: o essa non ebbe luogo oppure i documenti relativi sono andati perduti o sono stati occultati per non creare imbarazzo sia alla Marina che al re, ma è molto più probabile che sia Carlo Alberto che il ministro di Guerra e Marina si siano resi conto che le responsabilità erano da attribuirsi a troppi individui e, non ultimo, al Governo e alla sua politica verso la Marina.
Una responsabilità indiretta, come si è in precedenza sottolineato, l'ebbero il re e il ministro per aver avallato senza metterla in discussione la scelta della *Regina*; inoltre, e qui la responsabilità è soprattutto di Carlo Alberto e Des Geneys, si volle tentare troppo con troppo poco, con una preparazione affrettata e improvvisata, senza una selezione accurata degli ufficiali in base alle loro capacità e allestendo la *Regina* in modo non diverso da quel che si sarebbe fatto se fosse stata destinata ad una normale crociera nel Mediterraneo invece che ad una navigazione della durata di più di due anni in due oceani.
La leggerezza con la quale la spedizione fu preparata è evidenziata dal caso dei viveri conservati acquistati a Nantes, il cui possibile mancato arrivo non aveva preoccupato Des Geneys che, come si è visto, riteneva che avrebbero potuto facilmente essere sostituti da viveri di altro genere acquistati nel corso della crociera.
Una responsabilità più diretta l'ebbero certamente Albini e Deleve, il primo per aver dichiarato la *Regina* in buono stato, il secondo per non essersi accertato delle sue reali condizioni, anche se la responsabilità di quest'ultimo potrebbe essere in parte attenuata dal fatto che furono gli ignoti «Capi Superiori» presenti all'ispezione ad opporsi all'esecuzione di maggiori riparazioni.
Anche se non fosse vero quanto si è ipotizzato a proposito di Des Geneys che fosse stato lui ad opporsi direttamente all'effettuazione delle riparazioni della *Regina* egli, o più precisamente il suo carattere autoritario ed irascibile, molto probabilmente esercitò un'influenza negativa sulle decisioni di Albini e Deleve, come ipotizzò il luogotenente Ricci nella già citata lettera scritta poco dopo l'arrivo a Rio de Janeiro.
Riferendosi alle giustificazioni, che una volta ritornato a Genova, Albini avrebbe dovuto dare sulle condizioni della fregata, Ricci osservò che

> «Vorrebbe egli scolparsi come è ben naturale teme però di dover addossare di troppo all'Ammiraglio, questa sua ansietà non ha origine da affezione o riconoscenza per aver-

333 Non si trova nemmeno traccia della commissione che, su disposizione del ministro di Guerra e Marina, avrebbe dovuto esaminare gli esemplari dei legnami deteriorati tolti dalla *Regina* che Albini inviò a Genova. FMM, copialettere del ministro, registro 301; 21 ottobre 1839 n° 971, Villamarina a Villanova.

lo elevato dal nulla, ma perché avendo molti figli in marina teme l'animo vendicativo del capo»[334]

Il fatto che Albini fosse determinato a ignorare qualsiasi problema che avrebbe potuto ritardare la partenza è testimoniato da un episodio accaduto nei primi giorni di ottobre del 1838. L'Intendente Generale della Marina aveva riferito a Des Geneys di aver constatato che il biscotto fornito alla nave era risultato già «tarlato da vermi», un problema in merito al quale Albini non aveva invece inviato alcuna comunicazione; Des Geneys gli ordinò perentoriamente di verificare lo stato del biscotto e di riferirglielo immediatamente, perché venissero prese «quelle disposizioni che sono del caso su un oggetto così importante»[335].
Nelle lunghe navigazioni era inevitabile che col passare del tempo il biscotto venisse contaminato dai vermi, per cui era essenziale che al momento di salpare fosse nella migliore condizione possibile. Il fatto che Albini non abbia sentito il dovere di segnalare egli stesso la cattiva qualità del biscotto ricevuto può essere imputato solamente o ad una mancanza di attenzione da parte sua sugli aspetti più pratici dell'allestimento della nave, cosa che costituirebbe già di per sé una grave mancanza da parte di un comandante, oppure, come già accennato, alla sua volontà di non creare ritardi alla partenza.
Infine, si deve rilevare che la responsabilità per il cattivo stato in cui si trovava la maggior parte del naviglio ricade sia su Des Geneys che sul governo sabaudo: sul primo per aver trascurato negli anni immediatamente precedenti di far effettuare verifiche periodiche del naviglio, sul secondo per la politica di stretta economia cui aveva assoggettato la Marina negli anni precedenti, costringendo il Comandante in Capo a economizzare dovunque possibile, anche sulla qualità delle costruzioni.
Che le navi costruite a seguito dell'importante programma di armamento navale del 1826-29 presentassero dei difetti era d'altronde già noto nel 1831, come dimostra una relazione sottoposta al re nella quale il ministro di Guerra e Marina sottolineava che nella costruzione delle fregate *Carlo Felice, Regina, Beroldo, Haute Combe* (poi ribattezzata *Des Geneys*), *Euridice* e della corvetta *Aurora*

> «abbenché stante allo zelo indefesso, la somma attività e la vigile attenzione dell'Ammiraglio comandante in capo della R. Marina si era ottenuto di operare le anzidette costruzioni col costo quasi di un terzo minore di ciò che negli esteri cantieri avrebbesi dovuto spendere, tuttavia non si è potuto non riconoscere che minore ancora sarebbe stata la spesa e maggiore la perfezione dell'opera quando si avesse potuto avere in pronto nè R. magazzini una sufficiente quantità di materiali stagionati ed aver disponibili un certo numero di operaj a soldo fisso il di cui salario così sarebbe stato minore e più accurato il lavoro»[336]

Il ministro non omette di dichiarare che all'epoca non sarebbe stato possibile fare diversamente, ma è evidente che già due anni dopo l'entrata in servizio di quelle unità si erano

334 AIMG, carte Ricci; 30 aprile 1839, Giovanni Ricci a Vincenzo Ricci. In una lettera successiva, Ricci scrisse con innegabile malignità ma non senza un fondo di verità, che la morte di Des Geneys, di cui erano appena venuti a conoscenza, «Per scolparsi al nostro comandante è propriamente caduto l'olio sulla fava» espressione equivalente a "come il cacio sui maccheroni".
335 BUGE, Sardegna (regno di), Marina Militare, D.IX.10; 2 ottobre 1838 n° 968, Ammiragliato a Albini.
336 FMM Relazioni originali a S.M., registro 351; relazione del 16 giugno 1831.

notati dei difetti nella loro costruzione, originati dalla scarsa qualità della manodopera impiegata, evidentemente maestranze assunte a giornata anziché su base permanente, e dall'utilizzo di legname non stagionato, cosa che spiega il loro rapido decadimento.
Quando il programma era stato approvato, a causa del notevole impegno economico che comportava, il ministro delle Finanze aveva proposto che fosse procrastinato o almeno che ne fosse prolungato il periodo di realizzazione, in modo da suddividere la spesa in un maggior numero di esercizi finanziari. Des Geneys fece però osservare che ciò avrebbe avuto gravi conseguenze perché una gran quantità del legname necessario era già stata acquistata e accantonata. Il cantiere non aveva però magazzini sufficientemente ampi e «hangars» nei quali metterlo al coperto, perciò il legno era stato impilato all'aperto e se i tempi di costruzione si fossero allungati si sarebbe rapidamente deteriorato[337].
Il programma di costruzioni venne poi realizzato nei tempi prestabiliti, ma le osservazioni dell'Ammiraglio indicano chiaramente come le condizioni in cui era conservato il materiale nel cantiere della Foce fossero tutt'altro che ideali e possano aver portato ad un più accelerato deterioramento del legno.
Il senso di economia, tipico dell'amministrazione sabauda in genere e, in particolare, della gestione della Marina nel periodo in cui Des Geneys ne ebbe il comando, fu responsabile del rapido degrado delle navi, il cui raddobbo richiese in seguito ingenti spese, oltre a condannare alla demolizione due grandi e costose fregate di 1° rango.

La vicenda della *Regina* non ebbe comunque conseguenze per nessuno di coloro che vi furono implicati: l'ingegner Deleve rimase il costruttore in capo della Marina fino al 1850, mentre Albini fu promosso contrammiraglio nel 1843 e viceammiraglio nel 1849[338].
Il primo progetterà le successive unità della Marina sarda, compreso il piroscafo *Tripoli*, la grande fregata *San Michele* e la corvetta *San Giovanni*. Al secondo nel 1848 fu affidato il comando della squadra navale sarda inviata in Adriatico nella prima Guerra d'Indipendenza; nel corso delle operazioni evidenziò la stessa indecisione e debolezza che aveva manifestato a Rio, attirandosi ancora una volte le critiche degli ufficiali più giovani[339] e mettendo a dura prova la pazienza del ministro di Guerra e Marina. Il marchese Ippolito Spinola, ex ufficiale di Marina, che fu inviato come ufficiale di collegamento presso la Repubblica Veneta dal presidente del Consiglio dei Ministri Cesare Balbo, a proposito delle esitazioni di Albini nel porre un blocco efficace a Trieste, osservò che

> «Le istruzioni dell'ammiraglio [Albini] sono chiare e precise; ma se pur non bastano, e se sono paralizzate da non ben capite posteriori raccomandazioni di riguardo al commercio [delle nazioni neutrali] si supplisca con energiche misure, almeno con nuovi ordini, ben chiari, ben positivi, di agire. Il blocco di Trieste ne porgerebbe immediata occasione».[340]

---

337 BUGE, Sardegna (regno di), Marina Militare, D.IX.11; 19 novembre 1825 n° 295, Des Geneys a Villamarina, M*emoria con le osservazioni del ministro delle Finanze sul bilancio del 1826*.
338 È verosimile che i commenti di Alloat sull'operato di Albini a Rio de Janeiro siano rimasti confinati all'interno del ministero degli Esteri e che Solaro non ne abbia fatto parola né con Villamarina né con l'Ammiragliato.
339 Cfr Alberto DELLA MARMORA, *Alcuni episodi della guerra nel Veneto, ossia Diario del G.le Alberto della Marmora dal 26 marzo al 20 ottobre 1848 con documenti ufficiali*, Torino, Stamperia Reale, 1857; in appendice riporta le lettere scritte nel corso della campagna del '48-'49 da Vittorio della Marmora, guardiamarina imbarcato sul *Des Geneys*.
340 Ippolito SPINOLA, *Ricordi di un vecchio marinaro*, Roma, 1884, p. 116.

Come aveva intuito Ricci probabilmente la morte di Des Geneys giocò a favore di tutti coloro che furono implicati nella vicenda: i suoi successori, Serra e Villanova, non avevano né il carisma né l'autorevolezza che sarebbero stati necessari per accusare e mettere sotto giudizio, nel caso che lo volessero fare, i veri o presunti colpevoli, che d'altronde facevano parte della loro stessa casta e posto che non fossero essi stessi tra i colpevoli.
Il silenzio ufficiale sulle cause del fallimento dell'impresa e, come si è visto, la censura imposta alla pubblicazione di notizie riguardanti la *Regina*, diedero adito alla nascita di molte speculazioni tra l'opinione pubblica, alimentate da quelle che oggi si definirebbero "fake news".
Si è visto come la prima reazione a caldo di Carlo Alberto fosse stata di pensare ad un deliberato atto di sabotaggio. Se il sovrano si convinse rapidamente che così non era stato, al di fuori dei circoli governativi non furono invece pochi coloro che sostennero che in realtà la nave fosse in perfetto stato e che il suo ritorno fosse stato causato da una precisa volontà degli ufficiali e dei vertici della Marina di far fallire l'impresa per motivi che non vennero però mai bene specificati, come accade sempre con le teorie complottiste.
Alla luce di quanto dichiararono sia Alloat che Ricci, è vero che a causa della lunga sosta a Rio de Janeiro alcuni degli ufficiali della *Regina* desiderassero interrompere il viaggio e tornare a Genova, forse soprattutto a causa dei debiti che avevano contratto e che il prolungamento della crociera avrebbe aumentato, ma certamente non vi furono complotti oscuri che, d'altra parte, non avrebbero avuto senso in quanto il fallimento della crociera lese principalmente il prestigio della Marina stessa.
Tra coloro che ritenevano che il fallimento della crociera fosse dovuto più alla cattiva volontà degli ufficiali che alle condizioni in cui si trovava la fregata è da annoverare Alessandro Michelini, che nella sua *Storia della Marina del cessato Regno di Sardegna* scrisse che quando la *Regina* fu demolita il suo legname venne trovato in perfetto stato, tanto da poter essere riutilizzato per costruire un «legno più piccolo»[341].
In realtà l'asserzione di Michelini si basa su informazioni solo parzialmente vere, probabilmente da lui distorte a fini personali, in quanto era scarsamente obiettivo e fortemente critico verso la Marina sabauda nella quale aveva brevemente servito dal 1817 al 1821[342]. È vero che una parte del legname della *Regina* era ancora riutilizzabile, come d'altra parte furono riutilizzate vele, alberi e attrezzature varie, ma il resto dello scafo si trovava effettivamente in cattive condizioni. D'altronde, era perfettamente normale che all'atto della demolizione di uno scafo se ne recuperasse il legname riutilizzabile. Con una parte del legname e del ferro ricavati dalla demolizione della *Regina* fu effettivamente costruita praticamente per intero la goletta *Rondinella*, mentre quello rimasto nel 1843 fu impiegato nella costruzione del nuovo brigantino *Daino*[343].

341 Alessandro MICHELINI, *Storia della Marina Militare del Cessato Regno di Sardegna*, Botta, Torino, 1863, pag. 102.
342 Michelini venne degradato subito dopo la sua nomina ad ufficiale della Marina a causa della sua partecipazione ai moti rivoluzionari del 1821, durante i quali combatté con gli insorti liberali piemontesi contro le truppe austriache nella battaglia di Novara, e dovette andare in esilio; per molti anni comandò un bastimento mercantile in America. Ottenuto il permesso di tornare in patria, gli venne imposto l'obbligo di residenza a Levaldigi, dove era nato. Nel 1848 venne eletto deputato al Parlamento ma la sua avventura politica non fu molto fortunata. *In occasione dei solenni funerali del compianto cavaliere Alessandro Michelini, celebrati il 23 dicembre 1864*, Tipografia Saccone, Fossano 1864.
343 FMM, CR mazzo 361; 25 febbraio 1843 n° 8491, De Viry a Villamarina.

6.4 *LE CONSEGUENZE*

Una delle prime conseguenze del fallimento della crociera e della dura reazione di Carlo Alberto dopo aver appreso le prime notizie giunte da Rio sulle condizioni in cui versava la *Regina*, fu di costringere l'Ammiragliato a prendere immediati provvedimenti per verificare le condizioni delle altre unità della squadra, facendolo uscire dal torpore compiacente in cui sembrava essersi adagiato fino ad allora.
Furono quindi istituite apposite commissioni di ufficiali, nominate ad hoc, incaricate di vigilare sui lavori di costruzione o di raddobbo.
Queste ispezioni non furono bene accolte dall'ing. Deleve che a marzo del 1840 se ne lamentò con il comandante della Marina che a sua volta ne informò il ministro. Villamarina replicò però che il Costruttore avrebbe invece dovuto esserne soddisfatto perché le ispezioni lo mettevano al riparo da ogni responsabilità, viste le «tristi esperienze fatte sulle passate costruzioni»[344].
La prima unità ad essere sottoposta ad un raddobbo fu la fregata *Euridice*. Come aveva stabilito il re, a differenza di quanto era avvenuto per i lavori di allestimento della *Regina*, il suo raddobbo fu costantemente seguito dall'ufficiale che ne avrebbe poi assunto il comando. In proposito, Villanova, dopo aver appreso delle vicissitudini della *Regina*, aveva scritto che

> «la fatale esperienza ha dimostrato di quanta importanza sia l'intervento dell'ufficiale il quale per grado e per giro di servizio chiamato ad assumere il comando [della nave] abbia assistito alla visita effettuata dal costruttore e dal carpentiere, in presenza altresì del direttore dell'arsenale per riconoscere se nell'ossatura, ruote e fasciame vi siano legnami putrefatti…e indagare lo stato della carena»

Parole che costituiscono un implicito riconoscimento che ciò non era stato fatto per la *Regina*, e che dimostrano come perlomeno la dura e costosa lezione fosse stata recepita.
L'ufficiale scelto fu il capitano di fregata Sotgiu, che aveva comandato più volte i brigantini *Zeffiro* e *Nereide* e il piroscafo *Ichnusa* e che, nell'opinione di Villanova, aveva «dato saggio di illuminata cognizione delle cose di mare» [345], un'affermazione che farebbe supporre che non si potesse dire altrettanto di tutti gli ufficiali della Marina sarda.
I lavori cui fu sottoposta l'*Euridice* furono particolarmente lunghi e impegnativi e ad aprile dell'anno successivo una commissione ne esaminò scrupolosamente lo stato di avanzamento e accertò quanto ancora restava da fare. Oltre a Sotgiu e al costruttore Deleve, della commissione facevano parte due capitani, due tenenti di vascello, un pilota di 1° classe, il capomastro d'ascia e il capomastro calafato del cantiere.
I danni che erano stati rilevati nello scafo dell'*Euridice* erano essenzialmente gli stessi di cui soffriva la *Regina*: si era dovuta sostituire gran parte della struttura interna della prua, sia le ordinate che il fasciame, alcune ghirlande e una parte del paramezzale; anche a poppa erano stati cambiati svariati corsi di fasciame e parti delle ordinate. Dopo aver esaminata l'arcaccia che gli operai stavano smantellando, la commissione prudenzialmente ordinò che fossero sostituiti tutti i pezzi che presentavano anche il minimo segno di decadimento; ordinò inoltre che anche i bagli del ponte di batteria venissero irrobustiti con nuovi braccioli.

344 FMM, copialettere del ministro, registro 301; 28 marzo 1840 n° 358, Villamarina a Villanova.
345 FMM CR, mazzo 361; 22 agosto 1839 n° 4.026, Villanova a Villamarina.

La commissione concluse che i lavori erano stati fino ad allora eseguiti «secondo le migliori regole dell'arte e compatibilmente con la mancanza di un bacino»[346].
La mancanza di un bacino di carenaggio, o "di costruzione" come era definito all'epoca, era un problema su cui si era soffermato anche Albini nei suoi rapporti da Rio de Janeiro, e successivamente sottolineerà anche Villanova.
In mancanza di un bacino nel quale mettere all'asciutto un bastimento, per lavorare alla carena era necessario "abbatterlo in carena", come si fece con l'*Euridice*, ossia sbandare lo scafo alternativamente prima su un fianco poi sull'altro per mezzo di paranchi fissati a terra o su pontoni ancorati fino a far emergere l'intera opera viva di ciascun lato e la chiglia. Si trattava di un'operazione molto delicata che avrebbe potuto provocare gravi danni allo scafo e anche la sua deformazione in quanto il peso non era più uniformemente sostenuto dall'acqua.

▲ **Figura 39** Un bastimento abbattuto in carena.

Nello stesso anno a luglio fu ispezionata la corvetta *Aurora*, entrata in darsena e disarmata a dicembre dell'anno precedente. In quell'occasione la commissione d'ispezione era presieduta dal nuovo direttore dell'arsenale, il capitano di vascello Zicavo, ed era costituita, oltre che da Deleve e dai due capomastri, dal capitano di fregata Paroldo, dal capitano di vascello Serra comandante del Corpo Reale Equipaggi e dal capitano in 2° di vascello Verani Masin. I problemi che emersero furono gli stessi riscontrati sull'*Euridice* e sulla *Regina,* ma ancora più numerosi; a prua dovevano essere sostituiti parte delle ordinate, degli apostoli, dei trincarini e del fasciame interno ed esterno, oltre al tagliamare con le sue maschette e tutti i corsi delle incinte da prua a poppa e a poppa i due giardinetti e l'anima del timone[347].

346 FMM CR, mazzo 361; 1° aprile 1840, verbale di visita dell'*Euridice*.
347 FMM CR mazzo 361; 20 luglio 1840, *Verbale di visita fatta allo scafo della corvetta Aurora.*

Anche le fregate *Beroldo* e *Des Geneys* avevano bisogno di un raddobbo: sul *Des Geneys*, al quale si stava lavorando dall'inizio dell'anno, dovevano essere sostituiti 150 elementi importanti, e avrebbe dovuto essere anche lui abbattuto per sostituire i legnami della carena, mentre per il *Beroldo*, che avrebbe potuto essere raddobbato solamente dopo la conclusione dei lavori sul *Des Geneys*, il tempo richiesto per le riparazioni si preannunciava molto lungo a causa delle precauzioni che si sarebbero dovute prendere per effettuarle con la nave in mare[348].

Le ispezioni non furono limitate alle navi in disarmo, ma furono estese anche a quelle che erano in costruzione nel cantiere della Foce, la grande fregata di 1° rango da 54 cannoni *San Michele* e la pirocorvetta a ruote *Tripoli*. Le due navi furono ispezionate da un'altra commissione costituita dal contrammiraglio De Viry, comandante del I dipartimento, dall'Intendente Generale della Marina e dal luogotenente di vascello Tholosano, ai quali vennero affiancati anche due «periti intelligenti ed estranei alla medesima [Marina]»[349], scelti nella compagnia maestranze dell'artiglieria di terra, evidentemente per assicurarsi di ottenere un parere imparziale.

Fu verificato il legname già collocato sugli scafi delle due unità e quello che era pronto per essere messo in opera e furono trovati «di ottima qualità, bene stagionati ed immuni...da principio di deterioramento».

Il legname che era conservato nei depositi risultò invece notevolmente deteriorato poiché, essendo il cantiere privo di una tettoia sotto il quale conservarlo, era rimasto per lungo tempo all'aperto esposto alle intemperie.

Alcuni membri della commissione dichiararono che l'unica cosa da fare sarebbe stato venderlo, ma De Viry propose invece di utilizzare le parti sane delle travi per costruire delle tettoie, alcune da erigere a terra per porre al riparo il legname e altre da installare sulle coperte delle navi in disarmo, per proteggerne i ponti e gli scafi, come facevano numerose marine estere e in particolare quella francese nell'arsenale di Tolone[350].

Nonostante queste ispezioni, la Marina continuerà ad essere afflitta dal problema del rapido degrado del legname; nel 1845 si scoprì che anche la nuova fregata *San Michele*, completata nel 1840, aveva già la polena, le teste di alcuni corsi del fasciame di prua, un apostolo, una parte di trincarino e alcuni bagli deteriorati, problemi non dissimili da quelli presentati dalla *Regina*[351].

6.5 *IL DESTINO DELLA REGINA*

Dopo il disarmo della *Regina*, Carlo Alberto decise di non inviarla in un porto estero provvisto di bacino di carenaggio (il più vicino era quello di Tolone) ma ordinò a Villanova di istituire una commissione, presieduta da lui stesso e composta da ufficiali superiori, per ispezionarla e stabilire le riparazioni necessarie e la convenienza economica di effettuarle.

348 Il raddobbo del *Beroldo* fu eseguito solamente alla fine del 1842 e comportò la sostituzione del dritto di poppa e di buona parte della carena. FMM CR, mazzo 362; 25 febbraio 1843 n° 8.487, Villanova a Villamarina.

349 BUGE Sardegna (regno di), Ministero di Guerra e di Marina, Guerra e Marina, registro D.IX.21, lettere confidenziali; 20 marzo 1840 n° 467, Serra a Villamarina

350 FMM Relazioni originali a S.M., registro 355; relazione del 28 marzo 1840, visita fatta ai Regi Legni in costruzione.

351 FMM CR mazzo 362; 5 aprile 1845 n° 11.877, Eugenio di Savoia Carignano a Villamarina. Secondo il Comandante della Marina non era inusuale che dopo 4 o 5 anni dalla costruzione su una nave si trovasse del legno guasto, ma l'estensione del danno su un bastimento così recente come il *San Michele* era preoccupante, tanto più che anche sul contemporaneo *Tripoli* si era trovata qualche parte marcia, in particolare ben 13 bagli.

Successivamente, la stessa commissione avrebbe dovuto ispezionare anche il *Carlo Felice*, dal momento che era presumibile che potesse presentare gli stessi problemi dell'unità gemella.
Indipendentemente dall'esito dei lavori di raddobbo, il re informò il ministro di aver deciso di cambiare il nome alla *Regina*, riservandosi di comunicargli in seguito il nuovo nome da assegnarle[352]. Questa drastica decisione era evidentemente originata dal suo disappunto per l'umiliante esito del viaggio dal quale tanti risultati si era aspettato, al punto da condannare ad una *damnatio memoriae* la nave che non era stata all'altezza delle aspettative riposte.
Carlo Alberto volle anche conoscere quale fosse il reale stato della flotta, quante e quali navi avrebbero potuto essere utilizzate in ogni evenienza e quali invece non avrebbero più potuto essere armate. La risposta della commissione appositamente creata da Villanova per esaminare i bastimenti della squadra fu che la fregata *Euridice* e le corvette *Aquila* ed *Aurora* erano pronte ad affrontare qualsiasi navigazione mentre il *Beroldo* e il *Des Geneys* avrebbero potuto esserlo dopo che fossero stati raddobbati e carenati. Per quanto riguardava invece il *Carlo Felice* si riteneva che molto probabilmente presentasse gli stessi problemi della *Regina*. Lo stato generale della squadra non poteva certo essere definito molto incoraggiante, dal momento che si poteva contare solo su di una fregata di secondo rango e due corvette, delle quali una appena entrata in servizio, immediatamente disponibili.
Sottovalutando l'impazienza di Carlo Alberto di conoscere le reali condizioni in cui si trovava la *Regina*, l'ammiraglio Villanova ne fece iniziare la preparazione per l'ispezione ma trascurò di informarne il ministro. Pressato dalle ripetute richieste del re, Villamarina sollecitò più volte l'ammiraglio, che rispose solamente dopo una sua ultima e alquanto perentoria richiesta, almeno secondo gli standard molto formali vigenti all'epoca nelle comunicazioni tra i diversi apparati dello stato sabaudo[353].
La risposta di Villanova fu che i lavori di preparazione per l'ispezione erano cominciati, ma quelli relative alle aree dello scafo in prossimità della chiglia, dove si trovavano le cale, avrebbero richiesto molto tempo. Dovevano infatti essere smantellate tutte le paratie che suddividevano i vari depositi e magazzini, un lavoro che doveva essere eseguito con cautela se si voleva mantenerle in condizioni di poter essere eventualmente reinstallate, e tolta una parte dei corsi di fasciame interno per rendere visibili le ordinate e la chiglia. La parte più complicata era però la demolizione del «massiccio» (o «muri», secondo la definizione della commissione che effettuò l'ispezione) di pozzolana, calce e mattoni con il quale erano riempiti gli spazi tra le ordinate[354]. L'operazione sarebbe stata molto laboriosa in quanto con il tempo questi materiali si erano induriti mentre gli spazi angusti e di difficile accesso in cui gli operai dovevano lavorare non consentivano di aumentarne il numero per accelerare il lavoro.
Villanova assicurò il ministro che, in attesa che le stive venissero sgombrate, la commissione avrebbe comunque iniziato ad ispezionare l'opera morta.
Per quanto riguardava invece il *Carlo Felice*, Villanova riteneva che sarebbe stato opportuno rimandarne la preparazione all'ispezione a dopo che fosse terminata quella dell'unità ge-

352 FMM copialettere del ministro, registro 302; 20 giugno 1840 n° 84, Villamarina a Villanova.
353 Ivi; 22 luglio 1840 n° 1011 e 12 agosto 1840 n° 1097, Villamarina a Villanova.
354 La pozzolana è un materiale emesso dai vulcani che è in grado di fissare la calce formando composti di tipo idraulico. Impastata con calce forma una malta adatta come legante idraulico e resistente all'azione di acque aggressive (Enciclopedia Treccani).

mella, in modo da avere almeno disponibile una fregata di 1° rango in caso di un'improvvisa necessità[355].

Il 3 ottobre l'ammiraglio poté finalmente inviare al ministro il verbale dell'avvenuta ispezione contenente le conclusioni cui era giunta la commissione[356], i cui componenti erano lo stesso Villanova, Albini, l'ingegner Deleve, i capitani di vascello Mameli, Serra e Zicavo e il capitano di fregata Pelletta. La partecipazione contemporanea di Albini e di Deleve sembra alquanto sorprendente, viste le pesanti accuse fatte dal primo nei confronti dell'ingegnere, e ci si può chiedere come i due abbiano potuto lavorare fianco a fianco, ma è possibile che il comando della Marina non avesse lasciato trapelare i commenti del comandante della *Regina* nei confronti del Costruttore e dei capomastri.

L'ispezione aveva avuto luogo tra il 14 e il 22 di agosto e il 10 e l'11 di settembre, poi fu sospesa perché i lavori di sgombero delle stive non erano ancora terminati e ripresa il 22 di settembre.

Per quanto riguardava l'opera morta della fregata la conclusione della commissione fu che

> «le indagini praticate con l'ascia e trapani per ogni verso dei pezzi ed anche con la demolizione di porzioni dei corsi di fasciame interno ed esterno, hanno riconosciuto in genere ben conservata la parte superiore del bastimento dalla poppa alla prora.»

Solamente alcuni pezzi dei trincarini e alcuni bagli dovevano essere sostituiti.

Nell'opera viva i danni erano invece molto più consistenti; a poppa si sarebbero dovuti cambiare parti delle ordinate, le ghirlande, un tratto di paramezzale e il dragante e vi erano dei dubbi sull'integrità della testa superiore del dritto di poppa che avrebbe potuto essere esaminata solo dopo aver tolto il dragante. A prua invece dovevano essere sostituite alcune parti degli apostoli e lungo le fiancate alcune parti di ben 18 ordinate e alcune tavole del fasciame interno.

In tutto si trattava di altri 156 pezzi da sostituire.

Interrogato sulla fattibilità delle riparazioni, Deleve affermò che mettendo in carena la nave

> «mediante il cambiamento dei suddetti 156 pezzi e qualche fortificazione interna nel sito da raddobbare stabilendovi alcune porche e ghirlande, sarebbe la *Regina* riuscita tale da durare altri 8 anni almeno, e resistere agli eventi del mare.»

Interpellato se l'operazione si poteva fare senza rischio alcuno, asserì di poterlo fare secondo le regole dell'arte e prendendo le debite precauzioni, e che la spesa presunta era di 52.000 lire circa, escluso il carenaggio e la sostituzione del rame. Assicurò che la nave poteva essere messa in carena per eseguire la chiodatura e la fasciatura in rame senza esporla al minimo rischio o sinistro accidente nonostante la mole.

Gli altri membri della commissione espressero però un'opinione contraria, essendo convinti che la sostituzione di un così gran numero di parti strutturalmente importanti avrebbe compromesso la solidità della nave e che l'operazione di abbatterla in carena l'avrebbe esposta a gravi rischi. La loro opinione era basata sul cattivo esito che la stessa operazione

---

355 FMM Relazioni originali a S.M., registro 355; relazione del 18 agosto 1840.

356 FMM CR mazzo 361; 1° ottobre 1840, *Processo Verbale delle operazioni eseguite e delle deliberazioni prese dalla Commissione nominata ad oggetto di visitare lo scaffo [sic] della R.a Fregata La Regina.*

aveva avuto quando si erano eseguite le riparazione delle due vecchie fregate *Commercio di Genova* e *Maria Teresa*, i cui scafi, come ammise lo stesso Deleve, si erano arcuati in senso longitudinale rendendole «difficili a governarsi e quasi inservibili»[357].
La commissione espresse il parere unanime che il raddobbo che «il bellissimo scafo» meritava si sarebbe potuto eseguire ma che, se fosse stato fatto come proponeva Deleve, non avrebbe assicurato la solidità necessaria per garantire una lunga durata e consentirle la navigazione «in mari lontani» e, in conclusione, sottolineò che

> «la rischiosa opera di forza nel mettere e mantenere in carena nel tempo occorrente per le riparazioni (metodo d'altronde abbandonato da tutte le nazioni) sia da temere, che meglio riuscirebbe...se i bastimenti fossero posti in bacino.»[358]

Ovviamente Villanova, nella lettera d'accompagnamento al verbale, si dichiarò completamente d'accordo con le conclusioni della commissione da lui presieduta.

> «Le riflessioni della commissione... che sono d'altronde suggerite e confermate dall'Universalità dei più esperimentati Costruttori navali... di conservare lungamente le Regie navi di grossa mole, col mezzo del raddobbo generale da esclusivamente praticarsi sopra il suolo all'asciutto...quando il racconciamento delle attuali fregate di primo e secondo rango venisse eseguito in tale modo, in quanto che a vece di deperire , si otterrebbe una durata di oltre 8 o più anni da renderle atte a... qualunque lontana navigazione, mentre i raddobbi...operati in mare si ravvisano rappezzamenti di minore saldezza, e forse di maggior costo a fronte di quelli occorrente nel Bacino Navale, oltre alle difficoltà e pericoli di attivare al corso fuori del Mediterraneo bastimenti riattati contrariamente alle regole dell'arte, da non mai riuscire tanto compiti per averli sempre in pronto ad ogni evento.»

L'opinione del comandante della Marina era che se si voleva avere una Marina sempre in buone condizioni era assolutamente necessario realizzare, al pari delle altre potenze marittime, un bacino di carenaggio nella darsena di Genova[359].
Deleve, che non aveva condiviso l'opinione degli altri membri, si rivolse direttamente a Villanova per ribadire la sua convinzione che sarebbe stato possibile abbattere la *Regina* in carena in tutta sicurezza come era stato fatto con l'*Euridice*, nonostante le sue dimensioni superiori, in quanto la parte superiore della nave si trovava in perfetto stato, così come la sezione centrale dello scafo al di sotto del falso ponte. L'ingegnere era certo che, raddobbando prima le parti interne danneggiate ed aggiungendo strutture di rinforzo all'interno, si sarebbe riuscito ad irrobustirla tanto da poter sostenere gli sforzi cui sarebbe stata sottoposta, cosa che non era stato possibile fare con la *Maria Teresa* e il *Commercio di Genova* sia

357 In una relazione al Consiglio di Conferenza il ministro di Guerra e Marina riferì che il Consiglio Amministrativo della Marina a proposito dell'abbattimento in carena delle due fregata aveva ricordato come «si riconobbe al primo esperimento in mare che l'effetto di tale operazione rese le due navi poco atte alla navigazione per l'obliquazione [sic] che ne risultò alla chiglia per cui la nave fatta restia all'azione del timone dovette tralasciarsi d'essere impiegata per non esporsi a gravi accidenti che potevano derivarne e così andarono perdute la nave stessa e le spese di raddobbo». FMM Relazioni originali a S.M., registro 356, 20 settembre 1842, relazione n° 137.
358 FMM CR mazzo 361; 1° ottobre 1840, *Processo Verbale delle operazioni eseguite e delle deliberazioni prese dalla Commissione nominata ad oggetto di visitare lo scaffo [sic] della R.a Fregata La Regina.*
359 Ibid.; 3 ottobre 1840 n° 5087, Villanova a Villamarina.

per il sistema di costruzione che era stato adottato per quelle navi sia per lo stato di totale deterioramento in cui si trovavano[360]. La sua opinione non venne però accolta.

In base ai risultati dell'ispezione, Carlo Alberto dispose che il raddobbo della *Regina* venisse eseguito al più presto se i fondi ancora disponibili nel bilancio della Marina dell'anno in corso lo avessero consentito; in caso contrario si sarebbero dovute eseguire solamente quelle riparazioni preliminari che sarebbe stato possibile pagare. Alla fine di ottobre a Deleve fu ordinato di effettuare solamente le riparazioni indispensabili alla robustezza dello scafo, rimandando il raddobbo all'anno successivo[361].

In realtà il raddobbo della *Regina* non venne mai effettuato; dagli "*Stati delle Forze Navali di S.M.*" che venivano compilati mensilmente e presentati al re, da gennaio fino a luglio del 1841 essa risulta «in attesa di grandi riparazioni» e da agosto fino a marzo dell'anno successivo «in vendita»[362].

Poiché i documenti d'Archivio relativi alla fregata dal 1841 in poi si fanno molto rari, non è possibile sapere quali siano stati i motivi che portarono alla decisione di non raddobbarla ma di metterne lo scafo in vendita. Sappiamo solamente che tutti gli incanti per la sua vendita andarono deserti, per cui a febbraio del 1842 venne deciso di demolirla.

Una commissione incaricata di valutare quali fossero i materiali che avrebbero potuto essere riutilizzabili riferì che si sarebbero potuti recuperare circa 59.000 piedi cubi di legname, mentre l'artiglieria, l'alberatura, le vele, le manovre e la bozzelleria erano già stati riutilizzati sul *San Michele*; altre attrezzature ancora in buono stato come l'argano e le pompe sarebbero state invece immagazzinate per un futuro riutilizzo[363].

La demolizione della *Regina* iniziò a ottobre dello stesso anno e terminò ad ottobre del 1843.

Anche i documenti sul *Carlo Felice* sono molto rari: dagli "*Stati*" mensili non risulta che sia mai stato sottoposto ad ispezione come la *Regina*, in quanto da agosto 1840 a marzo 1842 viene dato come suscettibile di essere provvisoriamente riarmato; da aprile in poi viene invece definito bisognoso di grandi riparazioni; a settembre il Consiglio Amministrativo della Marina sottolineò che se il suo raddobbo fosse stato ulteriormente posticipato la nave si sarebbe irrimediabilmente rovinata e avrebbe dovuto essere «condannata» (ossia dichiarata inutilizzabile), e propose che fosse inviata a Tolone per essere immessa in uno dei bacini della Marina francese. Il re si riservò di pronunciarsi ma evidentemente non se ne fece nulla perché il *Carlo Felice* continuò a rimanere abbandonato in darsena.

A ottobre del 1843 si diede inizio alla sua demolizione che però all'inizio del 1844 fu sospesa quando il nuovo comandante provvisorio della Marina, contrammiraglio De Viry, avendo constatato che le parti interne dell'opera morta sembravano ancora in buono stato, propose di trasformare la fregata in una corvetta a batteria coperta eliminando il ponte di coperta e riducendo l'alberatura[364].

La commissione incaricata di verificare la fattibilità della trasformazione, rilevato che parte del fasciame interno e particolarmente quello della prua e la maggior parte dei bagli era guasta, decretò che la trasformazione non sarebbe stata conveniente per «l'enorme spesa che

360 FMM CR, mazzo 361; 3 ottobre 1840, Deleve a Villanova.

361 FMM CR, mazzo 361; 27 ottobre 1840 n° 5.147, da Villanova a Villamarina.

362 MMQIV, mazzo 33.

363 FMM RSM, registro 356; 26 febbraio 1842.

364 FMM CR, mazzo 362; 4 gennaio 1844 n° 9.470 (confidenziale), De Viry a Villamarina. 22 febbraio 1844 n° 9.632, De Viry a Villamarina.

le riparazioni avrebbero richiesto», per cui la demolizione venne ripresa e presumibilmente completata entro l'anno.
Dei bastimenti coevi della *Regina*, la fregata *Des Geneys* rimase a lungo in servizio: nel 1851 fu trasformata in nave da trasporto, armata "in gabarra", e fu radiata nel 1869; una carriera simile ebbe anche l'*Euridice*, che fu radiata nel 1869; del *Beroldo* si è già detto come andò perduto nel 1861; l'*Aurora*, una corvetta costruita nel 1827 poi declassata a brigantino, fu radiata nel 1864; l'avviso *Ichnusa*, il primo bastimento a vapore costruito nel Cantiere della Foce nel 1837, fu radiato nel 1867; nello stesso anno fu radiata la corvetta *Aquila*, entrata in servizio nel 1839.
Tutti subirono ovviamente ripetuti raddobbi, ma comunque risultarono bastimenti solidi e longevi, dimostrando che il denaro speso per la loro manutenzione fu un investimento fruttuoso, una lezione che la sorte delle due fregate *Regina* e *Carlo Felice* impartì a caro prezzo.

6.6 *IL BACINO DI CARENAGGIO DI GENOVA*

Un indubbio risvolto positivo che ebbe il fallimento della crociera della *Regina* fu quello di portare, sebbene solo alcuni anni dopo, alla realizzazione di un bacino di carenaggio nel porto di Genova.
La necessità di un bacino, come si è visto, venne evidenziata sia nei verbali delle varie ispezioni che nelle lettere del comandante della Marina. Già Albini, scrivendo da Rio, pur non parlando espressamente di un bacino di carenaggio, aveva espresso l'opinione che tutte le navi in disarmo avrebbero fatto la stessa fine della *Regina* se nella darsena di Genova non si fossero prese delle adeguate misure per la loro conservazione.
Il primo accenno agli svantaggi che comportava la mancanza di un bacino di carenaggio si trova in una relazione compilata da Des Geneys nel 1836, nella quale osservava che

> «L'esperienza del raddobbo della *Maria Teresa* e del *Commercio* ha dimostrato che nei nostri porti privi di bacino questa operazione è molto difficile e pericolosa, e assolutamente non conveniente dal punto di vista economico, o della durata delle navi dopo il raddobbo.»[365]

L'ammiraglio si limitava però a prendere atto della situazione, senza suggerire la costruzione di un bacino di carenaggio.
Poiché l'argomento tornò alla ribalta solo a causa delle vicissitudini della *Regina*, è legittimo pensare che l'establishment della Marina abbia sfruttato, almeno in parte, la mancanza del bacino per autoassolversi dalle responsabilità delle condizioni in cui versava la squadra. È comunque indubbio che la disponibilità di un bacino in uno dei porti dello Stato, e preferibilmente a Genova, avrebbe portato indiscutibili vantaggi sia alla Marina militare che a quella mercantile.
Il ministro di Guerra e Marina ad ottobre del 1840 annunciò a Villanova che si sarebbe recato a Genova per discutere con lui e con il direttore del Genio Marittimo della costruzione di un bacino di carenaggio, per il quale nutriva «il più vivo interesse»[366].

365 BUGE Sardegna (regno di), Ministero di Guerra e di Marina, Guerra e Marina, registro A.IX.13, 1835-36; 28 aprile 1836 n° 2629.
366 FMM copialettere del ministro, registro 303; 24 ottobre 1840 n° 1422, Villamarina a Villanova.

Nei mesi successivi Villanova presentò più volte al Consiglio di Conferenza la proposta di realizzare un bacino che potesse accogliere anche le fregate più grandi, da 50 cannoni in su, ma senza successo a causa dell'elevatissimo costo di costruzione[367].
La questione del bacino ritornò alla ribalta nella seconda metà del 1841 grazie ad alcuni rapporti inviati dal conte Ermolao Asinari di San Marzano, ambasciatore sardo a Napoli, nei quali illustrava lo sviluppo che negli ultimi anni avevano avuto la Marina militare e quella mercantile del regno delle Due Sicilie e come grazie all'interessamento del re Ferdinando II il cantiere e l'arsenale navale di Castellammare di Stabia fossero stati ampliati e rimodernati. San Marzano si soffermò in particolare sullo scalo di alaggio appena realizzato che permetteva di tirare in secca anche bastimenti da guerra di grandi dimensioni come le fregate e i vascelli.
Lo scalo, la cui costruzione era stata decisa dal re per ovviare alla mancanza di un bacino di carenaggio, era simile a quello che nel 1836 il sovrano aveva avuto occasione di vedere nell'arsenale della Marina francese di Tolone. San Marzano riferì che lo scalo era stato inaugurato pochi giorni prima tirando in secca la vecchia fregata *Amelia* da 44 cannoni, costruita a Napoli nel 1812 all'epoca di Murat.
Per portare in secca una nave tramite uno scalo di alaggio si costruiva un invaso realizzato appositamente secondo la forma dello scafo che doveva accogliere; l'invaso veniva poi calato in mare e collocato sotto la carena della nave alla quale veniva solidamente imbracato, dopodiché veniva issato a terra lungo lo scalo in muratura. Nel cantiere di Castellammare l'invaso era issato da sei grandi *cabestani* (argani) ad ingranaggi, detti alla "Barbotin" dal nome del loro inventore, azionati da 256 uomini (prevalentemente detenuti). San Marzano riferì che l'ispezione della fregata portata in secca aveva rivelato che il suo stato ne giustificava il raddobbo; l'ambasciatore evidenziò che se la vita di una nave vecchia di 29 anni poteva essere ancora prolungata, ciò era esclusivamente dovuto alla possibilità di eseguirne il raddobbo a terra[368].
Il contrammiraglio De Viry convenì con l'ambasciatore che il successo dell'alaggio a terra della grossa fregata napoletana dimostrava come con tale sistema si potesse ottenere un prolungamento della vita utile di un bastimento tre o anche quattro volte superiore a quello che si sarebbe ottenuto raddobbandolo in mare e suggerì che anche la Marina sarda avrebbe dovuto al più presto essere messa in grado di poter riparare le sue navi a terra.
Circa il sistema da adottare, se un bacino di carenaggio o uno scalo di alaggio, De Viry era decisamente favorevole al primo nonostante il costo notevole richiesto dalla sua realizzazione, e ne elencò i vantaggi:
- la facilità di immettere nel bacino navi di qualsiasi dimensioni senza la necessità di preparativi preliminari, mentre per alarla a terra la nave doveva essere completamente disarmata; una volta effettuate le riparazioni la nave veniva rimessa in galleggiamento senza doverla varare, come era invece necessario fare con lo scalo, un'operazione sempre potenzialmente difficoltosa

367 La notizia che il Regno di Sardegna intendeva costruire un bacino di carenaggio si diffuse comunque rapidamente; a metà del 1841 il console pontificio a Tolone, Burle, inviò al ministero degli Esteri il progetto di un nuovo tipo di bacino di sua invenzione. Il progetto, debitamente girato al ministero di Guerra e Marina, venne respinto in quanto era applicabile solamente a bastimenti di piccole e medie dimensioni. MAE, Divisione 3, Rapporti con le autorità interne del Regno centrali o periferiche, Guerra e Marina, lettere del ministero di Guerra e Marina alla Segreteria degli Affari Esteri, mazzo 1867; 24 luglio 1841 n° 1076, da Villamarina a Solaro.
368 MPELM, Due Sicilie, mazzo 55; 1841, 27 luglio n° 21 e 7 agosto n° 24, San Marzano a Solaro.

- sarebbe stato molto più sicuro per le riparazioni dei bastimenti a vapore, che avevano strutture più leggere e deboli delle navi a vela e necessitavano molto frequentemente di piccole riparazioni
- per quanto riguardava la spesa di costruzione, sostenne che questa sarebbe stata una spesa da sostenere una volta sola, mentre lo scalo avrebbe richiesto ogni volta spese per la costruzione di un nuovo invaso, per i materiali di consumo come cordame e legnami ed infine per le giornate di lavoro degli addetti agli argani
- il bacino di carenaggio avrebbe prodotto un profitto per lo stato, poiché avrebbe potuto esserne concesso l'utilizzo, quando non impegnato dalle navi della Marina, anche alla marineria mercantile[369].

Le ragioni adotte dal contrammiraglio erano logiche e ragionevoli, eccettuata forse l'asserzione che i costi ricorrenti dovuti al riutilizzo dello scalo di alaggio sarebbero stati pari o maggiori di quelli della costruzione di un bacino: per quanto ingenti avrebbero potuto essere, quei costi difficilmente si sarebbero anche solo lontanamente avvicinati al costo del bacino.

In seguito ai rapporti di San Marzano e ai commenti di De Viry, nei primi mesi del 1842 il capitano di vascello Sotgiu e il capitano in 2° di vascello Persano furono inviati a Napoli per acquisire informazioni sulla Marina del Regno delle Due Sicilie e sui suoi «stabilimenti marittimi».

Tra le informazioni raccolte dai due ufficiali vi fu quella che nell'arsenale di Castellammare era in corso di ultimazione un secondo scalo di alaggio dotato di ben 14 argani che sarebbero stati in grado di tirare in secca anche un vascello[370]. Sotgiu e Persano espressero l'opinione che uno stabilimento marittimo simile a quello napoletano era indispensabile per raddobbare anche le più grosse navi da guerra; nonostante il costo di allestimento, lo scalo napoletano consentiva di realizzare ingenti economie perché con «costi modesti» permetteva di prolungare la vita di navi da guerra che rappresentavano un ingente investimento finanziario per lo stato; pertanto si auguravano che anche la Marina sarda potesse dotarsi di uno stabilimento similare, perché le navi «senza un Bacino o un Cantiere di Alaggio debbono vedersi giornalmente deperire in Darsena e finiscono per doversi demolire», una evidente allusione alla *Regina* e al *Carlo Felice*[371].

Il successo delle operazioni dello scalo partenopeo invalidavano un'altro radicato pregiudizio della Marina sarda, ossia che l'alaggio a terra di una fregata avrebbe avuto lo stesso risultato che il suo abbattimento in carena, ossia la distorsione dello scafo; a differenza della Marina napoletana, fino a quel momento quella sarda utilizzava quel sistema solamente per unità non più grandi delle corvette.

Fu solamente nel 1850 che per la prima volta fu alata a terra una fregata per raddobbarla, la vecchia *Euridice*. L'operazione «per la prima volta da noi tentata», come scrisse il ministro di Guerra e Marina, fu diretta dal Direttore provvisorio delle Costruzioni ing. Coccon che aveva anche progettato l'invaso e lo scalo e riuscì «nel modo più soddisfacente», come riferì

---

369 BUGE Sardegna (Regno di), Ministero di Guerra e di Marina, Guerra e Marina, mazzo D.IX.21, lettere confidenziali; 30 ottobre 1841 n° 683, De Viry a Villamarina.

370 Su quel nuovo scalo il 10 maggio 1843 fu tirato in secca il vecchio vascello *Capri* da 74 cannoni, varato nel 1810. Gazzetta Piemontese n° 122 del 29 maggio 1843.

371 FMM Relazioni originali a S.M., registro 356; relazione del 14 maggio 1842.

al ministro il contrammiraglio d'Auvare, facente funzioni di Comandante della Marina[372].
Nel 1845 era stata intanto finalmente presa la decisione di costruire un bacino di carenaggio, grazie al forte impulso del nuovo comandante della Marina, il principe Eugenio di Savoia Carignano, forse memore delle travagliate vicende della *Regina*.
Il progetto fu preparato dal maggiore del Genio Marittimo Damiano Sauli, che a gennaio era stato inviato a Tolone per esaminare i bacini di carenaggio della Marina francese. La spesa prevista era di 2.539.000 lire; le sue dimensioni avrebbero consentito di introdurvi una nave fino a tredici piedi più lunga della più grande fregata in servizio all'epoca, il *San Michele*, e perciò avrebbe potuto accogliere anche un vascello[373].
Il bacino venne realizzato all'estremità orientale della darsena militare, in un'area conosciuta come "darsena del vino", dove l'esigua profondità del fondale non permetteva di ormeggiarvi le fregate. La sua costruzione iniziò nel 1847 e fu portata a termine nel 1851; il costo totale effettivo fu di 2.850.000 lire[374]. Fu il primo bacino di carenaggio realizzato in Italia[375].

372 FMM CR mazzo 362; 31 agosto 1850 n° 938, d'Auvare a Ferrero della Marmora; 2 settembre 1850, Ferrero della Marmora a d'Auvare.
373 FMM Relazioni originali a S.M, registro 357; 17 aprile 1845 e 3 settembre 1845. La costruzione di «*un Bacino di Carenaggio nel porto di Genova a benefizio del militare e mercantile naviglio*» fu approvato con il regio decreto del 21 agosto 1845.
374 Damiano SAULI, *Memoria dei bacini di carenaggio e particolarmente di quello costrutto in Genova dal 1847 al 1851*, pag. 99.
375 Ad agosto del 1852 nel porto di Napoli fu inaugurato il «bacino di raddobbo», la cui costruzione era iniziata nel 1850.

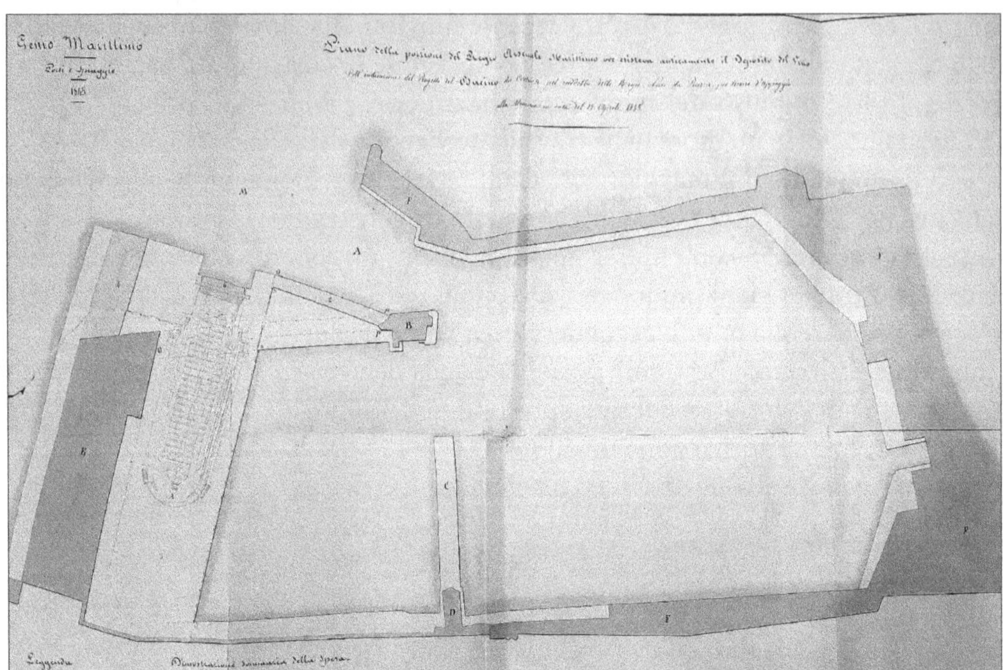

▲ **Figura 40** Planimetria della darsena dell'Arsenale di Genova con a sinistra, il progetto definitivo del bacino di raddobbo di pugno del maggiore Sauli[1]. Per gentile concessione dell'Archivio di Stato di Torino, Sezioni Riunite.

▼ **Figura 41** Il bacino di carenaggio in muratura della darsena di Genova. A sinistra del bacino si vede una fregata a vela in completo disarmo sul cui ponte di coperta è stato eretto un tetto in legno per riparare lo scafo dagli agenti atmosferici. Dipinto di anonimo. Fonte Wikimedia Commons.

1 Relazioni originali A SM 1844-45 – Registro 357

CONCLUSIONE

Soltanto a febbraio del 1844 una nave da guerra con la bandiera del Regno di Sardegna entrò nel Pacifico: si trattava del brigantino *Eridano*, comandato dal capitano in 2° di vascello Persano. Partito da Genova il 13 settembre 1842, dal 16 gennaio 1843 al 6 gennaio 1844 rimase stazionario a Montevideo, poi doppiò Capo Horn e ancorò a Valparaiso il 20 febbraio, dopodiché visitò le isole Marchesi, Tahiti nell'arcipelago delle Isole della Società e si spinse fino alle isole Sandwich (le attuali Hawaii). Nella rotta di ritorno toccò San Francisco, nuovamente Valparaiso e ridoppiò Capo Horn. Gettò l'ancora a Genova il 14 settembre del 1845, dopo un viaggio senza incidenti durato tre anni e un giorno.

Ciò che non riuscì alla *Regina* riuscì invece alla fregata austriaca *Novara* che tra aprile 1857 e agosto 1859 compì la circumnavigazione del globo seguendo una rotta opposta a quella della *Regina*, passando prima per il Capo di Buona Speranza e, dopo aver attraversato il Pacifico, toccando anche l'Australia e la Nuova Zelanda per poi far ritorno in Europa attraverso Capo Horn, la stessa rotta che Des Geneys aveva preso in considerazione. A differenza della *Regina*, la *Novara* era stata appositamente adattata per la lunga navigazione, ampliando gli spazi abitativi a scapito dei depositi di polvere.

Soltanto nel 1865 una nave di quella che ormai era la Marina del Regno d'Italia intraprese un viaggio di circumnavigazione del globo: si trattava della pirocorvetta *Magenta* comandata dal capitano di fregata Arminjon. La *Magenta* rientrò in Italia il 28 marzo 1868.

APPENDICE 1

Istruzioni (ossia Itinerario del Viaggio) per la Campagna di circumnavigazione.
al Cav. Albini Maggior Generale Comandante la Fregata La Regina[376]
(traduzione dall'originale francese)

Vi è già stato comunicato che la Signoria Vostra è stata destinata al comando superiore della fregata La Regina in qualità di Commodoro, per il viaggio di circumnavigazione che questo bastimento del Re deve intraprendere.

Sapete anche che S.A. il Principe Eugenio di Carignano si imbarcherà in qualità di Capitano di vascello, e che sarà sostituito nelle funzioni e nei rapporti che il Capitano deve al Commodoro dal Cavalier De Villarey, Capitano di fregata e suo scudiero.

La missione della quale siete incaricato avendo non solamente per oggetto di mostrare la bandiera del Re nei paesi nei quali i nostri Bastimenti da Guerra non sono ancora apparsi, ma essenzialmente anche di dare al giovane Principe il modo di accrescere la sua istruzione e d'acquisire delle nuove conoscenze in tutte le cose che possano essergli utili o necessarie nei diversi incarichi ai quali S.M. potrà destinarlo, è dunque a soddisfare queste reali intenzioni che voi dovrete rivolgere tutte le vostre cure e tutta la vostra sollecitudine, senza tuttavia trascurare tutto quello che possa contribuire a rendere la vostra lunga e interessante navigazione per quanto possibile proficua all'istruzione degli ufficiali e allievi componenti il vostro Stato Maggiore, e anche a quella del vostro equipaggio destinato a formare al ritorno il nucleo principale degli effettivi della Marina Reale, e per questo voi avrete cura di assicurarvi che ogni ufficiale e guardiamarina sia fornito dei libri e strumenti prescritti dal regolamento e dettagliati nella nota che vi ______ e firmata da me.

L'obiettivo della vostra missione si trova così riassunto, e tutte le istruzioni al di là delle istruzioni generali ordinarie diventano superflue per un ufficiale la cui conoscenze e sagacia ben conosciute gli hanno meritato una testimonianza della più grande fiducia di S.M. non è che per obbedire agli ordini del quale che allego qui una panoramica dell'itinerario del viaggio e qualche articolo relativo alla Navigazione che voi andate ad intraprendere, facendovi osservare tuttavia che i passaggi, coste, porti e luoghi di scalo non dovranno essere considerati come obbligatori tanto che i venti dominanti, la forza e direzione delle correnti, la salute e le necessità del vostro equipaggio, le avarie da riparare o gli approvvigionamenti da farsi, e le circostanze politiche, sia generali che locali o altri imprevisti non esigano di apportare qualche variazione, sia nell'ordine che qui è indicato, sia nella sostituzione di altri punti più adatti, senza soprattutto perdere di vista che S.M. desidera che la durata del viaggio della fregata non si prolunghi oltre i due anni e mezzo, vale a dire che voi dovrete regolarvi in modo da essere di ritorno a Genova entro i primi mesi dell'anno 1841.

Il desiderio di S.M. è che la fregata sia pronta a mettere alla vela il 30 corrente, giorno nel quale S.A.S. il Principe di Carignano si dovrà imbarcare. Darete perciò le disposizioni per riceverlo nel medesimo giorno, e perché la fregata sia completamente approvvigionata e in stato d'intraprendere la Navigazione alla quale è stata destinata.

Il suo armamento e tutti i preparativi per la missione essendo stati seguiti da voi, sul quale resta la responsabilità, non vi è alcun dubbio che tutto sarà disposto affinché la vostra par-

376 Di questo documento sono state trovate tre copie, due all'Archivio di Stato di Torino, Fondi Marina e Miscellanea Quirinale, e uno alla Biblioteca dell'Università di Genova, settore documenti antichi, rari e di pregio, Sardegna (Regno di), Marina Militare, Ms.D.IX.10. In questa sede è stata utilizzata la copia della Biblioteca Universitaria di Genova. Nella traduzione si sono mantenute il più possibile la sintassi originale e la punteggiatura, o la mancanza di essa e sono state lasciate in bianco le parti non comprensibili. Le sottolineature sono nell'originale.

tenza non sia rimandata al di là di quest'epoca.
1° Non appena avrete ricevuto i vostri ultimi ordini vi dirigerete verso lo stretto di Gibilterra che attraverserete senza fermarvi se è possibile, in quella baia, e vi avvicinerete il più possibile a Tangeri dove invierete un Canotto per mettervi in comunicazione con il Console Gen. di S.M. se il tempo ve lo permetterà, e se lo potrete fare senza perdere troppo tempo. Dopo farete scalo alle Isole Canarie per completare la provvista d'acqua, e procurarvi le provvigioni che vi saranno necessarie, e per controllare per mezzo di una serie di osservazioni eseguite a terra e a bordo il Cammino dei tre cronometri dei quali sarete provvisto.
2° Lasciando le Isole Canarie perlustrerete le Isole di Capo Verde e vi dirigerete poi verso l'America Meridionale per doppiare direttamente Capo Horn se i venti vi fossero favorevoli e se giudicherete di non aver bisogno di approvvigionarvi prima del vostro arrivo a Valparaiso; in caso contrario e il più probabile voi atterrerete all'Isola di Sta Caterina dove ci si può facilmente procurare l'acqua, la legna e altri approvvigionamenti ad un prezzo più moderato che in altri porti di quella parte dell'America Meridionale.
3° Sempre nell'ipotesi di uno scalo all'Isola di Sta Caterina potrete approfittare della circostanza (dopo aver completato l'approvvigionamento d'acqua, di legna ecc.) per recarvi a Montevideo che non è troppo distante da quell'isola, l'arrivo della fregata in un porto frequentato dai nostri bastimenti mercantili non potrà che essere di vantaggio agli interessi del commercio dei soggetti del Re; sarà anche un'occasione per S.A. il principe Eugenio di visitare non solamente quella città, ma anche Buenos Ayres per mezzo dei pacchetti stabiliti tra le due Capitali, le corse regolari dei quali permettono di non impiegare che pochi giorni per andare e tornare dall'una all'altra.
Vi procurerete per mezzo degli Agenti Consolari di S.M. in questi nuovi stati, tutte le notizie relative al commercio, alla politica del paese, alle loro risorse ecc e avrete cura di tenermi al corrente di tutto quello che il Governo di S.M. potrà essere interessato a conoscere. Fatto ciò, farete al più presto possibile vela per andare a doppiare Capo Horn, seguendo la costa della Patagonia e facendo una ricognizione delle Isole Falkland se la direzione del vento e della corrente non vi obbligheranno a tenervi più al largo.
4° Dopo aver doppiato Capo Horn, risalirete la costa dell'America Meridionale seguendo la costa del Cile; potrete fare una ricognizione dell'Isola di Chiloé il porto di Baldivia [sic; Valdivia] e quello di La Conception, e vi recherete a Valparaiso per sbarcare il Consle di S.M. destinato a quella residenza: approfitterete di quello scalo per esaminare il sartiame, l'alberatura, vele ecc. facendo eseguire le riparazioni che giudicherete necessarie; vi procurerete in quel porto gli articoli d'approvvigionamento che non vi sarete potuto procurare all'Isola di Sta Caterina; non appena il Console del re si sarà insediato, e avrete terminato i vostri preparativi vi recherete a Calao [sic; Callao] per andare a sbarcare a Lima il Console che vi si dovrà stabilire e farete lo stesso a Gaiaquil [sic; Guayaquil] ancorandovi all'Isola di Puna e non risalendo il fiume con la fregata senza prima esservi assicurato che non regni in una di quelle ultime città alcuna malattia che possa compromettere la salute del vostro equipaggio, l'aria essendo in generale molto malsana soprattutto in certe stagioni: vi assicurerete anche se la forza della corrente, la quantità dei banchi e la scarsa profondità di qualche parte dei Canali non renderebbero la navigazione sul fiume troppo pericolosa per un bastimento quale la fregata, nel qual caso vi occuperete di trovare qualche mezzo di trasporto per il Console e il suo bagaglio.

Visiterete ugualmente i principali porti del Cile, del Perù e della costa ovest del messico dove i nostri Bastimenti di Commercio approdano per prendere dei carichi che possono offrire loro qualche vantaggio quali Acapulco, San Blas de California ecc.
5° Partendo dall'ultimo porto attraverserete il grande Oceano centrale per portarvi alle Isole Filippine; durante questa traversata potrete far scalo alle Isole Sandwich, all'Isola Mulgrave, Isole Marianne; _____ attirare l'attenzione dei marinai sul rapporto dell'istruzione, così come su quello del grado di civilizzazione e del genere di Commercio che vi è praticato. Da li potrete raggiungere Manila (Isola di Luzon) dove dopo esservi approvvigionato e aver fatto le riparazioni alla fregata che potrebbero essersi rese necessarie, farete rotta verso i mari della Cina e vi dirigerete su Macao che visiterete prendendo tutte le precauzioni che la prudenza vi suggerirà per la sicurezza del Bastimento, dell'equipaggio e delle imbarcazioni che voi ____ nel caso di mettere in mare o i numerosi pirati (Ladrones) che infestano questi paraggi[377].
Essendo l'ancoraggio della rada di Macao poco sicuro e non offrendo una profondità sufficiente con la bassa marea per i grandi bastimenti, perché possano essere al sicuro con il cattivo tempo, farete in modo di rimanervi il meno possibile e vi farete indicare il luogo più favorevole per condurvi la fregata (come Lettin[378]) e anche se i bastimenti da guerra sono autorizzati a risalire il Tigre[379] e il fiume di Canton fino al porto di Whampoa vi ci potrete recare per visitare i comptoirs[380] di quella città ugualmente commerciale che non è molto lontana.
6° Dopo aver visto Macao, e se è possibile Canton, visiterete qualcuno dei porti della Cocincina, l'Isola Borneo, vi recherete a Batavia per entrare nel mare delle Indie attraversando lo stretto di Malacca, o quello della Sonda, a seconda se i Monsoni saranno più o meno favorevoli all'uno o all'altro passaggio.
7° Potrete visitare qualcuno dei principali insediamenti e comptoirs del Golfo del Bengala e dell'Indostan e particolarmente Calcutta Capitale dell'insediamento Inglese in India e dove risiede ordinariamente il Governatore Generale, e renderete tutti gli omaggi dovuti a quell'alta e principale dignità (e farete lo stesso per le principali autorità dei Governanti delle capitali, città e porti che visiterete). Prenderete tutte le informazioni che vi potrete procurare su quella importante piazza di commercio, e sui differenti generi di speculazioni che i commercianti soggetti del Re potrebbero vantaggiosamente intraprendere.
Per quanto riguarda l'affare consolare e ai rapporti politici riceverete senza dubbio delle istruzioni dal Ministero degli affari esteri.
Da Calcutta la fregata potrà far scalo rapidamente a Madras, all'Isola di Ceylon, a Cochin, Calicut, Goa e soprattutto a Bombay.
8° Entrando poi nel Golfo di Ormuz, potrete far scalo a Muscatt, visitare l'Isola Kismis[381] nel Golfo Persico, e di là raggiungerete Moka [sic; Mokhā] all'ingresso del mar rosso.
9° Da Moka potrete far rotta verso il Canale di Mozambico, visitando se il tempo lo permette, qualche punto dell'isola di Madagascar, come, Port S. Augustin e Port Dauphin: dopodiché vi porterete al Capo di Buona Speranza facendo scalo, se lo giudicherete conveniente, all'Isola Maurizio (Ile de France).
10° Dopo che vi sarete approvvigionato al Capo di Buona Speranza, e che avrete riparato

377 Non è chiaro il significato di questo periodo: forse Des Geneys si riferisce al caso che le imbarcazioni della *Regina* fossero impiegate per i collegamenti con la terraferma o per rimorchiare la nave all'uscita dal porto.
378 Anche in questo caso non è chiaro cosa si intenda con Lettin, forse una particolare area o località della rada di Macao.
379 Bocca Tigris era il nome dato dai portoghesi all'estuario del ramo più settentrionale del fiume Si Kiang
380 Il *comptoir* (banco) era un ufficio di commercio stabilito da ciascuna nazione europea in Asia ed in India.
381 L'attuale isola di Qeshm, che in passato era conosciuta come Kishm.

le avarie che potrebbe aver subito la fregata, metterete alla vela per ritornare in Europa, facendo una ricognizione dell'Isola di Sant'Elena o a quella di Ascension, e farete rotta per lo stretto di Gibilterra senza far scalo in alcun altro punto intermedio, a meno di circostanze impreviste che vi ci possano obbligare.
Tuttavia se al momento della vostra partenza dal Capo di Buona Speranza, giudicherete di aver ancora abbastanza tempo per ritornare per l'America, potrete dirigervi su Rio de Janeiro da dove dopo aver ricevuto i dispacci dell'incaricato d'affari di S.M. e dopo che S.A. sarà stato presentato alla corte dell'Imperatore se lo desiderasse, Baya [sic], Fernambouc [sic] e altri porti frequentati dai nostri bastimenti mercantili, regolando la vostra navigazione in modo da non oltrepassare in alcun caso il termine fissato per il vostro ritorno a Genova, vale a dire circa 30 mesi dopo la vostra partenza.
11° Rientrando nel Mediterraneo, vi potrete fermare qualche giorno a Gibilterra per riposare e rinfrancare il vostro equipaggio; fare poi rotta per Genova o per la Spezia, se sfortunatamente avrete qualche malattia contagiosa a bordo.
12° Ritengo inutile raccomandarvi tutte le precauzioni che possano garantire la salute dell'equipaggio e la sicurezza del Bastimento, persuaso che non trascurerete quelle che possono essere efficaci e indicate nelle memorie delle quali siete stato provvisto concernenti le misure igieniche delle quali l'esperienza ha provato i buoni risultati.
13° Nelle regioni nelle quali la bandiera di guerra di S.M. non è mai ancora apparsa, non dubito che per la vostra fermezza e tutta l'urbanità che vi è naturale, e con le quali accompagnerete le vostre comunicazioni con le autorità dei Governi dei porti e scali e anche con i bastimenti da guerra, la vostra condotta sarà costantemente tesa a sostenere l'onore della Bandiera, e a sostenere la reputazione della Marina del Re e la considerazione che essa si è assicurata in tutti i porti che essa ha frequentato all'estero. Non esigere mai dei saluti, dei trattamenti non usuali e mai farli senza necessità è una condizione essenziale da osservare, e alla quale molti dei Comandanti dei bastimenti da guerra non si sono sempre attenuti, e che diviene importante avendo un Principe del Sangue a bordo.
14° Benché la missione della quale siete incaricato differisca essenzialmente da quelle delle quali furono incaricati i cav.ri Olzati e Serra nelle loro successive crociere lungo le coste dell'America Meridionale io vedo tuttavia a proposito di aggiungere un estratto delle loro istruzioni, la maggior parte delle disposizioni che esso contiene possono trovare ugualmente in parte applicazione nella campagna che voi andate a intraprendere, e particolarmente quelle relative alla repressione della tratta dei neri.
15° Vi dovrete conformare completamente alle istruzioni dell'Accademia Reale delle Scienze, delle quali avete ricevuto una copia, per le osservazioni e informazioni che essa desidera procurare relativamente alle contrade che avrete a percorrere. Non dubito affatto del vostro zelo a soddisfare le richieste di questo Corpo Scientifico, e sono completamente persuaso che farete ogni sforzo affinché il primo viaggio di circumnavigazione sia utile alla Scienze e alle Arti, tanto quanto che il limite imposto alla durata della vostra campagna, e la brevità del vostro soggiorno nei diversi porti che ne dovrà risultare, ve lo potrà consentire.
16° Non potrei raccomandarvi abbastanza di approfittare di tutte le occasioni che vi si potranno presentare nel corso della navigazione, per farmi pervenire i vostri rapporti, in modo che io possa tenere il Ministero al corrente di tutti gli avvenimenti che l'accompagneranno senza dimenticare in questi rapporti i piccoli dettagli che potrebbero essere interessanti sia per quanto concerne S.A. il Principe Eugenio, sia sulla situazione dell'equipaggio e

della Fregata, infine tutti gli avvenimenti e relazioni con l'estero che avranno luogo, avendo tuttavia la precauzione di privilegiare la via più sicura per riferire i più importanti. Dovete comprendere quanto tutti questi rapporti interesseranno S.M.
17° Dovendo il primo viaggio intorno al mondo che viene intrapreso da un Bastimento da Guerra della Marina del Re, naturalmente suscitare il più vivo interesse, è fuor di dubbio che si attenderà di avere una relazione dettagliata e sono persuaso che metterete tutto il vostro zelo nel riunire giornalmente tutto il materiale e le notizie che possa renderla sia completa che interessante tanto in funzione degli avvenimenti della vostra navigazione, che per tutto quello che attiene all'idrografia, la geografia, la storia naturale, industria, usi e costumi dei diversi paesi che avrete occasione di visitare e osservare oltre al grado più o meno avanzato al quale è portata l'architettura navale, e le risorse che possono presentare i differenti cantieri e arsenali; includerete ugualmente le osservazioni astronomiche, fisiche, geologiche e magnetiche che saranno eseguite sotto la vostra direzione durante la Campagna; i piani dei Porti, rilievi delle coste, viste, disegni ecc che potrete far eseguire dai Guardiamarina e piloti, infine tutto ciò che può interessare la Marina, le scienze e le arti.
18° Dovrete conformarvi e far eseguire rigorosamente le istruzioni che riceverete dal Consiglio Amministrativo della Marina, sulla tenuta della Contabilità dei viveri a bordo, la loro distribuzione e l'acquisto di approvvigionamenti all'estero, conformemente alle disposizioni contenute nel Regio Biglietto del 9 Giugno ultimo scorso e altre determinazioni posteriori che si applichino.
Troverete allegate le Istruzioni dell'Accademia delle Scienze delle quali sono muniti i signori Naturalisti Casaretto e Caffer, ai quali accorderete tutte le facilitazioni possibili senza troppo prolungare le vostre soste affinché possano adempiere alla propria missione il più vantaggiosamente possibile, e non dubito affatto che nella vostra qualità di Presidente della Commissione Scientifica prendere il più grande interesse ai buoni risultati che ci si attendono.
Firmato: l'Ammiraglio Comandante in Capo della Marina Reale, G Des Geneys
Controfirmato: di Villamarina
22 ottobre 1838

APPENDICE 2

Lettera di presentazione dei consoli del Regno di Sardegna indirizzata ai Presidenti delle Repubbliche del Perù e del Cile[382]
(Traduzione dall'originale in francese)

22 agosto 1838
A S.E. il Presidente della Repubblica del Perù/Cile
Il Re mio Augusto Sovrano desidera dare al commercio tra gli Stati, e le Province soggette al Governo della Repubblica del Perù/Cile tutta l'attenzione, e lo sviluppo che è possibile, e assicurare ai suoi sudditi oltre che agli abitanti delle dette province i vantaggi, che potrà loro procurare, ha preso la decisione di nominare un Console Generale nella residenza di Lima/Valparaiso nella persona del signor Conte Ceca di Vaglierano (a Lima) e del cav. Augusto Piccolet d'Hermillon (a Valparaiso) che avrà l'onore di consegnare la presente a V.E. insieme alle lettere Patenti della sua nomina.

382 MAE, Divisione 5, Protocolli generali, Registro della corrispondenza con vari uffici e particolari, mazzo 1018; 22 agosto 1838.

S.M. non dubitando che il Governo della Repubblica del Perù/Cile vedrà in questa decisione una prova della sua intenzione di stabilire entro i due Stati delle relazioni amichevoli, e di reciproca convenienza, si lusinga che da parte sua il Governo della Repubblica del Perù/Cile contribuirà con tutti i suoi mezzi all'ottenimento dello scopo che Si è proposta, e che accorderà conseguentemente all'Agente che si viene ad accreditare presso di Lui tutti i favori, la fiducia, e l'appoggio del quale ha bisogno per svolgere in una maniera adeguata la missione che gli è stata affidata.
Anche se il Re pensa che la Repubblica del Perù/Cile vedrà nel fatto stesso che la nomina da parte sua di un Agente accreditato presso di Essa una prova che il suo Governo è da parte sua riconosciuto, ha tuttavia autorizzato il Conte/Cavalier Ceca di Vaglierano/Piccolet d'Hermillon a firmare in suo nome un atto speciale di riconoscimento nel caso che il Governo del Perù/Cile lo desideri esplicitamente e formalmente.
Nel portare a conoscenza di V.E. queste decisioni del Re mio Augusto Sovrano, io spero che Ella mi darà l'occasione di entrare in rapporti diretti con V.E., che da parte mia farò tutto quello che dipenderà da me per renderli piacevoli a V.E. e vantaggiosi ai due Paesi.
Riceva ecc.

APPENDICE 3[383]

Avarie accadute a bordo della Ra Fregata *la Regina* li 27 e 28 marzo 1839

Il bastingaggio della dritta dall'albero di Maestra a prora	Portato via
Il fasciame di polena della dritta	Idem
Il giardinetto superiore della dritta	Idem
Il terzo canotto della sinistra	Idem
Il guarda corpo di polena in ferro, e suo fasciame	Idem
La mettà [sic] del violino	Idem
Vari ornamenti e fodrine della poppa	Idem
Il Bot di savamento[384] [sic] sfasciato	da riparare
Due finestre della camera superiore	Rotte in minuti pezzi
La porta del giardinetto della dritta	Rotta e da ripararsi
Quattro sedie ed un cadregone	Idem
Due grue del 3zo Canotto rotte quando si perse il Canotto	Da rimpiazzare
Una detta di ferro del Bot	Rotta e da ripararsi
Due baili[385] del buon ponte	Rotti oppure guasti
Quattro teste di baili dello stesso ponte	Guasti e da cambiare
Il portabraccio della sinistra	Idem
Due Maschette una della dritta, e l'altra della sinistra	Rotte e da cambiare
Il pezzo di fuori del taglia mare	Idem
I due pezzi interni del suddetto	Guasti e da cambiare
Sei infantinetti della polena	Rotti e da cambiare
Le casse ossiano [sic] canali delle pompe	Crepati e da rifare
Il recipiente di piombo disaldato [sic] nei quattro latti	da doversi rifare

383 FMM RSM, registro 354; 13 agosto 1839 relazione n° 268.
384 Si intende il battello di salvataggio; il termine "bot", abbastanza desueto, nelle Fiandre indicava genericamente un battello, un canotto o una scialuppa; Simone STRATICO, Vocabulaire de Marine en trois langues, Tome II, Milano, 1813, pag. 28.
385 Bagli.

I due tubbi [sic] rotondi delle pompe di piombo schiacciati e disaldati — da riparare

Più pezzi di bordaggi frà interni e esterni della prora incominciando dalla ruotta [sic] di prora sino al portello di caccia tanto alla dritta come alla sinistra — Guasti interamente

Un pezzo di ruotta deci [sic] fogli di rame sino al Bompresso — Marcia

I due apostoli e tutti i scarmoti[386] dalla ruotta sino al portello di caccia tanto alla dritta come alla sinistra — Marcia

Rio Janeiro li 26 maggio 1839
Il Magg.r Gen.le Comandante
Albini

APPENDICE 4

Rapporto n° 1 del 6 marzo 1840 del Console Picolet da Valparaiso al Ministro degli Affari Esteri del Regno di Sardegna[387]

CONSOLATO GENERALE DI SARDEGNA VALPARAISO

(Traduzione dall'originale in francese)

Eccellenza,

Dopo un viaggio molto lungo e molto doloroso, ho infine la soddisfazione di poter annunciare a V.E., al momento stesso del mio arrivo alla mia destinazione, la mia ammissione pressoché immediata all'esercizio delle mie funzioni.

Così come, da Rio de Janeiro, ho avuto l'onore di anticipare a V.E., ho seguito la via di terra per recarmi al mio posto, non ritenendola come la più comoda, ma almeno come quella che mi avrebbe dato maggiori possibilità di arrivare; ho anche attribuito un poco di importanza allo studio di un paese le cui relazioni erano strettamente legate a quello che avrei vissuto, e nel quale, inoltre, spero di essere un giorno destinato. Mi ritengo del resto sufficientemente ricompensato e delle mie fatiche e dei rischi che ho corso, dalle informazioni che ho ottenuto, le conoscenze che ho acquisito, tanto delle persone che mi hanno grandemente raccomandato, che delle località di queste immense contrade, delle quali le incalcolabili risorse potrebbero essere molto vantaggiosamente sfruttate dal nostro Commercio Genovese; più tardi avrò l'onore di sottomettere a V.E. qualche osservazione a questo proposito.

Partii da Rio de Janeiro il 7 ottobre, il 30 dello stesso mese, fui a Buenos-Ayres; ho noleggiato una piccola Goletta a Montevideo e passato il Blocco, con un lasciapassare che l'ammiraglio francese M.r Le Blanc mi ha fatto immediatamente consegnare - arrivato a Buenos-Ayres, ho scritto al Governatore Rosas, chiedendogli gli ordini per il Cile e la via (il servizio di corriere essendo completamente interrotto), mi ha fatto rispondere di rimandare la mia partenza, perché un'invasione d'Indiani doveva aver luogo e che mi sarei esposto a un ineluttabile pericolo. Ho dovuto seguire il suo consiglio, e lo feci tanto più volentieri perché la Cordigliera non è ancora aperta e non è che verso la metà di dicembre che comincia ad essere praticabile; non fu che il 18 dello stesso mese che mi fece dire di ritenere che potessi proseguire il mio viaggio e il 22 mi misi in viaggio - durante le sei settimane che ______________ __ __________ due volte gli Indiani si sono gettati contro le provincie di <u>Santa Fe e di Cordova</u>, e due volte sono stati respinti con grandi perdite senza dubbio ma

386 Gli scarmotti erano i pezzi superiori delle coste.

387 MPECN, Valparaiso, mazzo 2; 6 marzo 1840 n° 1, Picolet a Solaro. Anche in questo caso si sono mantenute la sintassi originale, per quanto talvolta molto complicata e di difficile comprensione, e la punteggiatura; sono state mantenute anche le eventuali forme errate di alcuni nomi di persona o di località e sono state lasciate in bianco le parti non comprensibili. Le sottolineature sono nell'originale.

dopo aver massacrato molte famiglie, rapito le donne, i bambini e il bestiame. Ho percorso in queste due provincie dei tratti di trenta leghe senza trovare un abitante, obbligato a far condurre davanti a me 20 o 25 cavalli, per cambiarli lungo la via; qualche cadavere di indiano era ancora steso al suolo al momento del mio passaggio e [abbiamo?] cercato attraverso questo enorme deserto i turbini di polvere ________ o segni di queste orde selvagge, che fortunatamente non si sono mostrate.
Devo far conoscere a V.E. i segni di attenzione dei quali il Governatore Rosas ha voluto onorarmi, <u>in considerazione delle amichevoli relazioni che esistono fortunatamente tra il Governo di S.M. e quello delle Provincie confederate della Repubblica Argentina</u>. Alla mia partenza da Buenos-Ayres mi ha fatto consegnare insieme ai suoi dispacci per il Perù, Cile e lungo la via, delle lettere aperte, per ciascuno dei governatori delle diverse provincie che avrei attraversato; che ingiungevano loro di fornirmi tutto l'aiuto, di qualsiasi natura e in qualsiasi quantità che avrei potuto richiedere loro, senza limite alcuno; uomini, cavalli, truppe ecc. aveva fatto ordinare a tutti i giudici di pace, dei diversi comuni della provincia di Buenos-ayres di ricevermi e di scortarmi con un picchetto di guardie nazionali a cavallo, lungo tutto il territorio posto sotto la loro giurisdizione. Per quanto è stato in mio potere ho loro evitato lunghi e faticosi percorsi.
Non è stato che nella provincia di Santa Fe che cominciava il pericolo degli indiani e a questo punto le lettere del Governatore non potevano più essere di alcuna utilità, le poche truppe che vi stazionavano si erano ritirate dopo i combattimenti che avevano appena avuto luogo; non le ho utilizzate che nella provincia di Cordova dove mi sono fatto scortare, per 30 leghe, da 25 Corazzieri che del resto ho grandemente ricompensato – arrivato a Mendoza, prima di lasciare il territorio argentino, ho inviato i miei ringraziamenti al gov. Rosas, assicurandogli che non avrei mancato di partecipare a V.E. le testimonianze così evidenti delle sue buone disposizioni verso il Gov. Di S.M. e il 29 gennaio dopo nove giorni di Cammino a Cavallo attraverso le Ande le ho lasciate alle mie spalle.
Arrivai s S^t^. yago, ben fornito di raccomandazioni ______ che avevo raccolto lungo tutto il mio immenso percorso; non ero più uno Straniero; particolarmente presentato al Presidente [del Cile] D^n^ Joaquim Prietto [Prieto][388], e al Ministro delle relazioni esterne D^n^ Joaquin Cocornal, sono stato ricevuto con amicizia; quest'ultimo era malato e il Ministro della guerra era provvisoriamente incaricato di sostituirlo. Dopo qualche visita, essendosi stabilite delle relazioni più ______, ho ritenuto di dire a Mr Cocornal che desideravo presentare a lui stesso le mie lettere patenti e che avrei atteso che si fosse ristabilito completamente, cosa che non mi sembrava lontana, ha apprezzato questo segno di deferenza, accompagnato da qualche verità lusinghiera, e appena ha potuto tornare al Ministero, sono stato chiamato a presentare le mie Patenti e l'Exequatur, che mi è stato immediatamente consegnato il 20 febbraio.
Spese dei Consolati nel Pacifico. Il Cile non è inferiore in lusso ad alcun paese del mondo: il lusso dell'arredamento è sfrenato, e i mobili costano mediamente quattro volte tanto che in Europa, una casa si affitta a da tre a quattromila lire all'anno, un cavallo è indispensabile, i più infelici non vanno mai a Piedi. Il lusso dell'abbigliamento è pure stravagante e ancora più costoso, un paio di guanti costa 6 lire, infine non è possibile vivere in un modo decente e con tutta la più rigorosa economia per meno di 15.000 lire all'anno, e di ammobiliarsi per meno di una somma analoga. So che V.E. non nominandomi al Consolato di Guayaquil ha avuto la breuveillante intenzione di assegnare il salario di questo consolato a quello di Lima o di Val-

388 José Joaquín Prieto Vial (1786-1854) fu presidente del Cile dal 1831 al 1841.

paraiso, cosa che porterebbe a 6.000 L. il loro salario, V.E. potrà giudicare dalle Cifre sopraddette le spese particolari alle quali sarebbero costretti, per non essere disprezzati e disprezzati è la parola perché questo paese è quello al mondo in cui le apparenze sono più necessarie. Spero che a causa della lunghezza del mio viaggio, nulla sia cambiato nelle breuveillante disposizioni di V.E. a mio riguardo e che si degnerà di chiamarmi al Consolato di Buenos-ayres in sostituzione di mio fratello, mi permetto di sottoporgli questi dolorosi dettagli e qualche riflessione sulla possibilità di stabilire, nel Pacifico, i Consolati in un modo degno del Governo di S.M. senza un aumento di spese e senza che il servizio sia svolto meno regolarmente. Lima ha il più urgente bisogno di un agente consolare, più di 1.200 soggetti di S.M. risiedono solamente in quella città, quasi tutti mercanti, qualcuno molto ricco; le ultime convulsioni che hanno agitato quel paese, e la sconfitta di Santa Cruz[389], li hanno esposti a mille vessazioni, imposizioni arbitrarie di tutti i generi e di tutte le specie ecc.
Ho ricevuto le informazioni da questo stesso governo, indipendentemente dalle informazioni molto positive che ho raccolto su quel paese, che è quasi un sobborgo di questo. So e mi è stato riferito da negozianti rispettabili, tenuti in grande considerazione a Lima, che sarebbero lieti di essere indennizzati dal farsi carico del Consolato, dalle garanzie, le distinzioni come anche dai vantaggi Commerciali, che esso offre a coloro che ne sono rivestiti. Un Console gen.[e] Incaricato d'Affari accreditato presso le diverse Repubbliche del Pacifico, non potrà nominare i Consoli, senza l'approvazione di V.E. e risiedendo lui stesso in Cile, che è in rapporti costanti con tutti i luoghi di questo Mare, [potrebbe] corrispondere con questi consoli e inviare a V.E. i risultati delle operazioni. E ________ l'insediamento dei Consolati di Lima e Guayaquil, quello del Cile potrà essere retribuito in modo da poter sostenere onorevolmente l'Incarico di rappresentante di S.M.. Mi si assicura che il Belgio opera in questo modo.
Creda V.E. che sono rimasto al di sotto delle cifre piuttosto che averle esagerate, che ella consideri come fortunato il ritorno del mio collega nominato a Lima, dove 20.000[l] sono necessarie per la minima presentazione – per mio conto non ignoravo che sarei stato chiamato a fare qualche sacrifico pecuniario, che consideravo giusto, ma non lo avrei mai immaginato così Considerevole. Tuttavia credo di poter assicurare a V.E. che non sarò da meno degli Agenti delle altre Potenze e che farò di tutto per meritare e ottenere qui, stima e considerazione. Poiché sono sul posto, e V.E. lo giudicherà conveniente, nella supposizione che Ella adotterà le idee che senza dubbio non farò altro che ripetere, se Ella troverà conveniente di incaricarmi dell'insediamento dei Consolati su questa costa, credo di poterle assicurare che le spese che potrebbero causare, non saranno mai così Considerevoli di quelle che sarebbero necessarie per inviare un solo Console dall'Europa e io sarei felice di andare. _____ al nome di S.M. le testimonianze d'amore e di riconoscenza che pressoché tutti i soggetti sardi che ho visto mi hanno espresso per questa nuova gentilezza da parte sua, ed è con gioia che posso dire, per quanto sia arrivato da poco, che noi non abbiamo affatto bisogno delle Gazzette per conoscere tutta la sollecitudine del Re verso il suo Popolo e che i due oceani hanno degli Echi per rendercene partecipi.
Spero con la mia prossima di sottomettere a V.E. un rapporto relativo allo stato Commerciale e politico di questo paese. Arrivato da poco, non ho potuto procurarmi i documenti

389 Il generale Andrés de Santa Cruz (1792-1865) dal 1829 fu presidente della Bolivia e nel 1836 la riunì in confederazione al Perù assumendo la carica di Protettore Supremo. La confederazione si sciolse per la resistenza del Perù aiutato dal Cile; sconfitto il 20 gennaio 1839 nella battaglia di Yungay, Santa Cruz lasciò il potere e si ritirò in esilio nell'Equador.

necessari e non disponendo le amministrazioni di nulla di esatto, questo lavoro richiederà conoscenze di persone, ricerche e attenzione.
È per mezzo della fregata francese l'Andromeda, che ritorna in francia, per Rio-Janeiro, dopo 30 mesi di stazione in queste acque, che ho l'onore di inviare questa mia a V.E.
Le Circolari N° 70 e 71, oltre al Calendario Gen.[e], sono i soli oggetti che mi sono pervenuti dopo la mia partenza da Genova.
Ho l'onore di inviare in allegato a questa mia a V.E. il riepilogo delle spese straordinarie alle quali sono stato costretto – qualcuna, come quelle di andata e ritorno da Valparaiso a S[t]-yago erano state previste da V.E., altre sono previste dal regolamento; quanto all'eccedente, che è stato causato dal mio viaggio via terra, sulla somma che ho ricevuto dal Mre Generale Comm[te] la fregata di S.M. La Regina Cav[r] Albini, V.E. giudicherà se me le vorrà rimborsare.
Spero di essere presto onorato di una risposta di V.E. e la supplico di gradire l'espressione dell'alta Considerazione

Con la quale ho l'onore d'essere
Il suo umilissimo
e ubbidiente servitore
A. Picolet d'Hermillon
Console gen.[e] di S.M. in Cile.

CONSOLATO GENERALE
DI SARDEGNA
VALPARAISO

Note dei Costi e Spese Straordinarie e di viaggio sostenute dal sottoscritto Console gen[e] di S.M. a Valparaiso.

Spese di Viaggio da Riojaneiro a Montevideo	$ 70
da Montevideo a Buenos-ayres (ho noleggiato una goletta)	" 64
da Buenos-Ayres a Mendoza	" 245
spese a Mendoza, hotel, ecc.	" 54
da Mendoza a S[t] yago del Cile	" 65
trasporto per mare di una parte del mio bagaglio	" 9
spese per le bandiere e le insegne tanto a Valparaiso che a S[t] yago	" 188
costo del viaggio di andata e ritorno da S[t] a Valp[o]	" 64
	$ 759
Ricevuto dal Signor Generale Cav[e] Albini Comandante la fregata di S.M. La Regina	300
Eccedenza di spesa	$ 459

Al cambio di L. 5.40. alla piastra. L. 2,478.60.

A. Picolet d'Hermillon

BIBLIOGRAFIA

Bengal Catholic Herald, vol VI, n° 19, Calcutta, Saturday, May 11, 1844.

L. CAGNOLARO, N. MAIO, V. VOMERO, a cura di, *La collezione di cetacei dei musei di Zoologia e di Anatomia comparata dell'università di Torino*, Museologia scientifica Memorie, n. 12/2014.

Alberto DELLA MARMORA, *Alcuni episodi della guerra nel Veneto, ossia Diario del G.le Alberto della Marmora dal 26 marzo al 20 ottobre 1848 con documenti ufficiali*, Torino, Stamperia Reale, 1857.

Mauro FERRANTI, *Eugenio di Savoia-Carignano*, Umberto Soletti Editore, 2013.

Edoardo GAUTIER DI CONFIENGO, «Viaggi e missioni della Marina del Regno di Sardegna (1815-1861)» in *Atti del convegno "La Marina dal Regno di Sardegna al Regno d'Italia"*, Roma, 2009, Ufficio Storico della Marina Militare.

Giuseppe GONNI, *Cavour Ministro della Marina*, Zanichelli, Bologna, 1926.

ID., *Due Ammiragli di Casa Savoia*, Roma, Ufficio Storico della Marina Militare, 1928.

Hansard's Parliamentary Debates, vol. XLIV, Londra, 1838

James HENDERSON, *History of the Brazil*, Londra, 1821.

Teresa ISEMBURG, *Viaggiatori naturalisti italiani in Brasile*, Milano 1989.

Alessandro MICHELINI, *Storia della Marina Militare del Cessato Regno di Sardegna*, Botta, Torino, 1863

Antonio MANNO, *Il patriziato subalpino,* copia dattiloscritta, Archivio di Stato di Torino, Sezione di Corte.

Pierangelo MANUELE, *Il Piemonte sul mare, La Marina sabauda dal medioevo all'Unità d'Italia*, L'Arciere, Cuneo, 1997 Roma, 1892.

Antonio MOTTIN, Enzo CASOLINO in *Italianos no Brasil, Contribuições na Literatura e nas Ciências séculos XIX e XX*, EDIPUCRS, Porto Alegre, 1999.

Francesco POGGI, *Pier Francesco Casaretto e la sua famiglia d'origine*, in *Pier Francesco Casaretto, La moneta genovese in confronto con le altre valute mediterranee nei secoli XII e XIII*, Atti della Società ligure di Storia Patria, vol. LV, Genova, 1828.

Jean Joseph François POUJOULAT, *Toscane et Rome, correspondance d'Italie*, Meline, Cans et Compagnie, Bruxelles et Leipzig, 1840

Emilio PRASCA, La Marina da guerra di Casa Savoia, dalle sue origini in poi, Forzani & C.

Lamberto RADOGNA, *Cronistoria delle unità da guerra delle Marine preunitarie*, Ufficio Storico della Marina Militare, Roma, 1981.

Francesco ROSSI, *Sperienze sull'azione del sublimato condotto dalle correnti galvaniche nelle malattie sifilitiche inveterate e restie a ripetute cure mercuriali*, Torino, Mussano e Bona, 1838.

Mariano SACCHI, *La costruzione della rete consolare sarda nelle Americhe 1815-1860*, Annali della Fondazione Luigi Einaudi n° 40 (2006).

Francesco SALATA, *Carlo Alberto inedito, il diario autografo del re,* Mondadori, Milano, 1931.

ID., Il Diario di due viaggi di Re Carlo Alberto nel 1836, Società Nazionale per la Storia del Risorgimento - Comitato Piemontese, Chiantore, Torino, 1932.

Ferdinando SANFELICE DI MONTEFELTRO, *I Savoia e il mare*, Cosenza, Rubettino Editore, 2009.

Damiano SAULI, *Memoria dei bacini di carenaggio e particolarmente di quello costrutto in Genova dal 1847 al 1851.*

Pompeo SERTORIO, a cura di, *Desiderio Sertorio, Vele sarde nel mondo 1838-1854*, Edizioni Tigullio, Santa Margherita Ligure, 1997.

Ippolito SPINOLA, *Ricordi di un vecchio marinaro*, Roma, 1884

Simone STRATICO, *Vocabulaire de Marine en trois langues*, Tome II, Milano, 1813.

GLOSSARIO

Albero di bompresso: l'albero che sporgeva obliquamente dalla prua della nave. Il piede era appoggiato al ponte coperto e all'estremità superiore della ruota di prua. Era legato al tagliamare con molti giri di corda detti briglie o trinche di bompresso. Serviva come punto di fissaggio degli stragli dell'albero di trinchetto.

Albero di mezzana: era uno dei tre alberi che costituivano l'attrezzatura velica dei bastimenti più grandi del brigantino e portavano vele quadre. A partire da prua si trovava l'albero di trinchetto, quello di maestra e quello di mezzana. Ogni albero era composto da tre elementi: partendo dal basso l'albero maggiore, l'albero di gabbia e l'albero di velaccio o alberetto.

Apostoli: i primi due scalmi dello scafo di una nave affiancati uno per parte alla ruota di prua.

Atterrare, atterraggio: l'azione di riconoscere un punto della costa dopo una lunga navigazione.

Bacino di carenaggio: grande vasca scavata sotto il livello del mare che può essere allagata o prosciugata ed è chiusa da porte mobili che permettono il passaggio dei bastimenti che devono essere raddobbati; è circondata da grandi scalinate in muratura.

Bagli: grosse travi trasversali che collegavano le coste dei due lati della nave e reggevano il tavolato dei ponti.

Bastingaggio: parapetto posto intorno al ponte di coperta.

Batteria: serie di cannoni collocati sui due lati di uno stesso ponte.

Brigantino: bastimento a due alberi a vele quadre; il brigantino da guerra era armato con 15-20 cannoni collocati sul ponte di coperta.

Brigantino-goletta: bastimento a due alberi dei quali quello di trinchetto dotato di vele quadre e quello di maestra di sole vele auriche, ossia vele trapezoidali o triangolari collocate parallelamente all'asse longitudinale del bastimento.

Briglie: vedi buchi di sottobarba.

Buchi di sottobarba: fori praticati nel tagliamare in cui passavano i cavi di sottobarba, detti anche briglie, che assicuravano inferiormente il bompresso al tagliamare contro gli sforzi esercitati dagli stragli del trinchetto.

Calafataggio: operazione di inserire la stoppa tra i comenti del fasciame per renderlo impermeabile.

Calafato: artigiano specializzato che si occupava del calafataggio della nave.

Calibro: misura della grandezza del cannone; fino alla seconda metà dell'ottocento il calibro era definito dal peso in libbre della palla piena utilizzata dal cannone stesso. Il valore della libbra variava da nazione a nazione e a volte anche nell'ambito della stessa nazione.

Cannoniere: aperture generalmente quadrangolari attraverso le quali passavano le canne dei cannoni quando questi erano messi "in batteria", ossia pronti a far fuoco con le canne sporgenti dalle fiancate.

Canotto: la più piccola delle scialuppe di una nave.

Cappa: una nave a vela era "alla cappa" quando, a causa del vento completamente contrario, si manteneva di traverso al vento con velatura ridotta al minimo allo scopo di fare il minor cammino possibile, nell'attesa di poter proseguire sulla sua rotta.

Carronata: pezzo d'artiglieria più corto e leggero dei cannoni e con gittata inferiore ma di calibro maggiore. Era adatto al combattimento a distanza ravvicinata.

Cassero: ponte parziale posto al di sopra del ponte di coperta nella parte poppiera della nave dal coronamento di poppa fino all'altezza dell'albero di maestra.

Castello: ponte parziale posto sopra al ponte di coperta nella parte prodiera della nave dall'albero di trinchetto fino all'estrema prua.

Chiglia: lunga trave composta da più elementi incastrati l'uno all'altro longitudinalmente che serve di base a tutta l'ossatura della nave; su di essa si incastrano le coste.

Controruota: membratura di rinforzo applicata lungo la parte posteriore della ruota di prua o di poppa.

Coronamento: parte superiore del quadro di poppa.

Corvetta: bastimento da guerra a tre alberi a vele quadre più piccolo delle fregate; era armato con circa 20-30 cannoni.

Coste: elementi trasversali della struttura dello scafo fissati lungo la chiglia da ambo i lati. Davano la forma allo scafo e venivano ricoperti con il fasciame.

Darsena: parte più interna e riparata di un porto, generalmente delimitata da due moli.

Dragante: grossa trave orizzontale fissata alla parte superiore della ruota di poppa che sosteneva l'intera struttura del quadro di poppa.

Dritta: lato destro della nave. Il termine tribordo per indicare il lato destro, così come babordo per il lato sinistro, sono francesismi che non vennero mai impiegati nella marineria italiana militare o mercantile.

Fregata: bastimento da guerra a tre alberi a vele quadre più piccolo del vascello di linea; era adibita alla ricognizione e alla scorta dei mercantili oppure alla loro caccia. Era armato con 40-60 cannoni, distribuiti tra il ponte di coperta e quello di batteria.

Gabarra (armata in): si diceva di un bastimento da guerra privato di tutta o parte dell'artiglieria ed utilizzato come nave da trasporto.

Gabbiere: marinaio specializzato che saliva sull'alberatura per manovrare le vele.

Ghirlanda: uno dei grossi pezzi di legno curvi o centinati che si collocavano perpendicolarmente alle ruote di prua e di poppa per legare tra loro le strutture dello scafo.

Giardinetto: strutture finestrate sporgenti ai lati del quadro di poppa nelle quali generalmente trovavano posto i servizi igienici degli ufficiali.

Goletta: piccolo bastimento con due alberi a vele trapezoidali.

Incinte: corsi di fasciame più spessi e larghi di quelli normali che formavano delle cinture longitudinali per irrobustire lo scafo.

Ingavonata: si dice di una nave che per cause varie è inclinata pericolosamente su un fianco rischiando di capovolgersi.

Marra: uno dei due bracci ricurvi delle ancore.

Maschette dello sperone: braccioli che si collocavano sui due lati dello sperone per irrobustirlo e renderlo solidale con i fianchi della nave.

Mastro d'ascia: carpentiere e falegname.

Mastro veliere: addetto alla cucitura e riparazione delle vele.

Nocchiere: nella Marina sarda era il primo sottufficiale della nave ed era il capo dell'equipaggio. Doveva trovarsi in coperta ogni volta che veniva eseguita una manovra importante.

Opera morta: parte dello scafo al di sopra della linea di galleggiamento.

Opera viva: parte dello scafo al di sotto della linea di galleggiamento

Ordinate: vedi coste.

Paramezzale: struttura composta da una serie di robuste travi longitudinali collocata sul fondo dello scafo sopra la chiglia per fissare la parte inferiore delle coste alla chiglia stessa.

Parasartie: tavoloni rettangolari fissati perpendicolarmente alla fiancata dello scafo che servivano ad allontanare le sartie dalla fiancata stessa, per dare loro un angolo maggiore.

Pavesata: vedi bastingaggio

Piloto (o pilota): nella Marina sarda era l'incaricato di tutto ciò che concerneva la rotta del bastimento, i calcoli e le osservazioni astronomiche giornaliere. Dipendeva direttamente dal comandante.

Ponte di batteria: ponte inferiore a quello di coperta sul quale era collocata una parte dei cannoni della nave.

Ponte di coperta: il ponte continuo da prua a poppa più alto di una nave. Sulle navi da guerra vi erano collocati anche parte dei cannoni che ne componevano l'armamento.

Ponte di corridoio: ponte sottostante a quello di batteria; generalmente era il ponte continuo più basso e al di sotto vi era la stiva.

Portelli: vedi cannoniere.

Portelli da caccia: portelli aperti sulla prua della nave ai quali venivano collocati i cannoni utilizzati quando la nave inseguiva (dava caccia) un avversario.

Quadro di poppa: parte posteriore trasversale di una nave che chiudeva lo scafo. Fino all'inizio dell'800 era quasi piatta, ma poi cominciò ad essere arrotondata, mantenendo però la stessa denominazione.

Quinte: vedi coste.

Raddobbare: operazione di riparare lo scafo di un bastimento.

Rango: nel sette-ottocento i bastimenti da guerra dei vari tipi erano suddivisi in ranghi in base al numero dei loro cannoni.

Ruota di poppa: elemento generalmente rettilineo che si innestava quasi verticalmente all'estremità posteriore della chiglia e sosteneva l'intera struttura della parte emersa della poppa.

Ruota di prua: elemento curvo composto da più pezzi ed inclinato che formava la parte anteriore della struttura dello scafo e che si innestava all'estremità anteriore della chiglia. Nella parte interna era rinforzato da un elemento di forma simile detto controruota.

Sartiame: insieme delle corde che servivano a manovrare le vele e i pennoni e a sostenere l'alberatura.

Sartie: corde che sorreggevano lateralmente e longitudinalmente gli alberi.

Scalmi (o scarmi): lunghi e grossi pezzi di legno che riempivano la prua dello scafo tra la ruota e la prima costa.

Scalmi delle cubie: scalmi nei quali erano aperti i fori (cubie) per il passaggio delle gomene delle ancore.

Scalo di alaggio: piano inclinato di legno o di muratura, parte sott'acqua e parte sulla terraferma, sul quale vengono issati (alati) i bastimenti per essere raddobbati.

Scarpa dell'ancora: piano di legno inclinato fissato alla fiancata sul quale appoggiava una delle due marre di un'ancora quando questa era legata alla fiancata.

Sperone: nei bastimenti a vela era l'insieme di tutti i pezzi sporgenti dalla ruota di prua; serviva sia da ornamento che da rinforzo della prua e, con l'estremità superiore della ruota di prua, per dare un punto d'appoggio al bompresso.

Tagliamare: uno o più pezzi di legno che venivano applicati davanti alla ruota di prua.

Stragli: grossi cavi che sorreggevano gli alberi longitudinalmente.

Trincarini: lunghi pezzi di legno applicati nell'angolo formato dal ponte con la fiancata o il bastingaggio di una nave che correvano per tutta la lunghezza del ponte.

Tuga: piccola cabina eretta sopra il ponte di coperta o sul castello.

Vascello di linea: era la principale nave da guerra del sette-ottocento. Aveva tre alberi a vele quadre, era armato con non meno di 60-70 cannoni e aveva l'artiglieria distribuita su due o tre ponti.

ABBREVIAZIONI:

Archivio di Stato di Torino, Sezioni Riunite:

FMM: Fondo Ministero della Marina, Materiale

FMM ADC: Fondo Ministero della Marina, Materiale, Armamenti, Disarmi e Campagne all'Estero

FMM CL: Fondo Ministero della Marina, Materiale, Copialettere

FMM CR: Fondo Ministero della Marina, Materiale, Costruzioni e Raddobbi

FMM MG: Fondo Ministero della Marina, Materiale, Munizioni da Guerra

FM RSM: Fondo Ministero della Marina, Relazioni a S.M.

FMP: Fondo Ministero della Marina, Personale.

Archivio di Stato di Torino, Sezione di Corte:

CDSM Casa di Sua Maestà, Casa Del Principe Eugenio Di Savoia Carignano (1831-1888)

MAE: Ministero per gli Affari Esteri del Regno di Sardegna, già Segreteria di Stato per gli Affari Esteri

MMQIV: Miscellanee, Miscellanea Quirinale, I versamento, Materie Militari, Marina

MPE: Materie politiche per rapporto all'estero

MPE LM: Materie politiche per rapporto all'estero, lettere ministri

MPE CN: Materie politiche per rapporto all'estero, consolati nazionali

AMG: Archivio dell'Istituto Mazziniano di Genova.

BUGE: Biblioteca dell'Università di Genova, settore documenti antichi, rari e di pregio

SOLDIERSHOP -COLLANA STORIA

CRISTINI EDITORE
SOLDIERSHOP PUBLISHING
STORIA

www.ingramcontent.com/pod-product-compliance
Lightning Source LLC
LaVergne TN
LVHW080455160826
845677LV00006B/1368